BLANDINE

Jean
Mabillon

Presses Universitaires de France

ISBN 2 13 041956 9
ISSN 0752-0514

Dépôt légal — 1re édition : 1988, octobre
© Presses Universitaires de France, 1988
108, boulevard Saint-Germain, 75006 Paris

pour papa

Jean Mabillon

1632-1707

CHRONOLOGIE

1632	Naissance à Saint-Pierremont (dans les Ardennes)
6 sept. 1654	Fait sa profession de moine
	Etapes à Saint-Nicaise, Saint-Thierry, Saint-Basile, Nogent
juillet 1658	Abbaye de Corbie
27 mars 1660	Ordonné prêtre à Amiens
juillet 1663	Abbaye de Saint-Denis
1664	Abbaye de Saint-Germain-des-Prés
1667	*Hymni in laudem Sancti Adalhardi et Sanctae Bathildis, et officia ecclesiae Corbensis propria*, Paris, 1667
	Sancti Bernardi opera omnia, 2 vol. in-f⁰
1668	*Acta Sanctorum O.S.B.*, t. 1 des 9 vol. in-f⁰
1671	*Petri abbatis cellencis opera omnia*
	Participation à la querelle sur l'auteur de *L'Imitation de Jésus-Christ*
1671	Voyage en Flandres
1674	*De azymo et fermentato*
1675	*Vetera Analecta*
1677	*Animadversiones in Vindicias Kempenses*
1680	Voyage en Champagne et en Lorraine
1681	*De re diplomatica libri*
1682	Voyages en Bourgogne (*Œuvres posthumes*, t. II)
1683	Voyages en Allemagne et en Suisse *(Libri Germanicum, t. IV des Vetera analecta)*
1685	*Liturgia gallicana*
1685-1686	Voyage en Italie avec Michel Germain
1687	*Museum Italicum*, 2 vol. in-4⁰
1689	*Traité où l'on réfute la nouvelle explication que quelques auteurs donnent aux mots de missi et de communion qui se trouvent dans la règle de saint Benoît*
1691	*Traité des Etudes monastiques*
1692	*Réflexion sur la Réponse de M. l'abbé de la Trappe au Traité des Etudes monastiques*
1697	Traduction de la règle de saint Benoît
1698	*Eusebii romani ad Theophilum gallum epistola de cultu sanctorum ignotorum*
1700	Publication des *Œuvres de saint Augustin*
	Voyage en Normandie
1702	La mort chrétienne (dédié à la reine d'Angleterre)
1703	*Annales ordinis S. Benedicti cum variis instrumentis et antiquis monumentis*, t. 1 de 4 vol. in-f⁰
1707	Mort de Mabillon à Saint-Germain-des-Prés
1713	*Volumen quintum opus posthumum*

Jean Mabillon

« Dom Mabillon. N⁰ 1532. Sa patrie, le mont Saint-Pierre, son diocèse, Reims, sa profession à Saint-Rémi, le 27 septembre 1654. Sa mort,
le 27 décembre 1707 au monastère de Saint-Germain-des-Prés. » Ainsi,
le registre matricule de la Congrégation de Saint-Maur[1] résume-t-il la
vie et la mort du Galilée de l'histoire savante. Un pays, une église, un
vœu, et la mort qui tout reprend. C'est peu de chose que l'existence
d'un moine suspendue à l'effarant silence de l'éternité. Paix, prières et
chuchotements. Droit fil d'une vie que rien ne tord entre les murs du
couvent, humilité sous la gloire de Dieu. Mais l'énigme d'un homme
s'épuise-t-elle ainsi ? Mabillon n'est pas un prieur anonyme mais un
savant hors du commun qui joignit l'étude à l'oraison, la science à la
foi et ce sont celles-ci qui nous conduisent aujourd'hui au bénédictin
et à ses œuvres.

1. *Matricula monachorum professorum Congregationis St-Mauri*, Paris, 1669, p. 154.

Enfance et adolescence

« *Pauvre, né de parents pauvres.* »

Sur l'enfance et l'adolescence de Mabillon, les témoignages de ses biographes tiennent essentiellement de l'hagiographie. Toujours il aurait été humble, toujours pieux, toujours sage. Pas un accroc, pas un écart et l'on finit par se demander si son ombre, au fil des ans s'est allongée sur la route[1]. Saint-Pierremont-en-Champagne, le 23 novembre 1632. Cette année-là Louis XIII régnait sur la France, Richelieu faisait exécuter Montmorency, Galilée publiait ses *Dialogues sur les deux principaux systèmes du Monde*, Descartes méditait à Deventer en Hollande, l'âge classique commençait.

---

1. On ne prétendra pas ici percer un mystère mais essayer de cerner les moments qui donnent un sens à la question qui nous importe : qu'est-ce qu'un historien ? Pour marquer les étapes qui conduisirent Mabillon vers son métier, nous avons essayé de suppléer au défaut de sources substantielles par un retour aux lieux de son enfance. Le bénédictin méritait un pèlerinage. Pour la partie consacrée à l'enfance et l'adolescence de Mabillon, on consultera Gros de Boze, Eloge de Dom Mabillon..., in *Histoire de l'Académie royale des Inscriptions et Belles-Lettres*, I, Paris, 1717, p. 355-368; Dom Thierri Ruinard, *Abrégé de la vie de Dom Jean Mabillon...*, Paris, 1709; Pierre Niceron, *Mémoire pour servir à l'Histoire des hommes illustres dans la république des Lettres...*, Paris, 1724, 1745, 44 vol., t. VIII, p. 336 à 371; Jean Labourerie, *Notice historique sur Dom Mabillon*, Paris, 1825; Abbé Bouillot, *Biographie ardennaise ou histoire des Ardennais...*, Paris, 1830, 2 vol., t. 2, p. 150 à 164; Emile Chavin de Malan, *Les Gloires de la France, Histoire de Dom Mabillon et de la Congrégation de Saint-Maur*, Paris, 1843; *Biographie générale Hoeffer*, Paris, 1860, t. XXXII, p. 437 à 449; *Biographie universelle Michaud*, Paris, 1811-1828; Henri Jadart, *Dom Jean Mabillon (1632-1707)...*, Reims, 1879.

Tout débute par ces plaines calmes sous le vent, cette campagne tranquille, ce labeur infini où par-delà la quiète réserve et la sage économie, perce la force des vies au combat. Tout commence avant l'histoire, par une géographie et une généalogie. Le 23 novembre, d'Etienne et de Jeanne, naît un enfant prénommé Jean. Autour de lui, la vie est simple et tranquille. Sa campagne c'est la *Campania*, la Champagne, pays de plaines, vallonné de saisons et veiné de cours d'eau, que boursouflent les excès d'équinoxes. Saint-Pierremont est du Rethélois, cette oreille de la province située au cœur de l'actuel département des Ardennes. Malgré les mélanges qui croisèrent autrefois les trois peuples gaulois, Lingues, Sénons et Rêmes, la région garde une sorte de timidité. A mi-chemin entre Buzancy et Vouziers, entre l'abbaye de Belval et la chartreuse du Mont-Dieu, on peut découvrir à l'aube de mars autour du village de Jean, un printemps semblable à son premier printemps. Clique cloquée des chatons sur les rameaux mouillés, confettis perlés que la lumière disperse au bout des branches, ronces couperosées par l'alcool de l'hiver tout proche. Dans le ciel convalescent de tourmentes, pies, pigeons, corneilles s'abattent au gré du jour grandissant. Insensiblement, la géologie s'enfonce devant la végétation et sur les troncs gris, le gui jaunit comme l'or d'un œil vieillissant. Alors émerge, sortant de l'hiver, avec son cortège d'os, de calcaire, de poussières, cimenté de gel et de sel, le village éblouissant offrant ses tuiles cerise au soleil. C'est là que se trouve la maison des Mabillon. « De gros moellons irrégulièrement placés forment une façade étroite sur la rue. Trois chambres mènent à un petit jardin. Il suffit de jeter un coup d'œil dedans pour juger que rien n'a été changé depuis Mabillon ; cette maison a bien l'aspect d'une habitation du XVIIᵉ siècle avec ses petites ouvertures et sa plaque de fonte qui porte le cachet de son époque. La planche en chêne épais lutte encore contre la vétusté et cette chétive maison semble vouloir participer à l'immortalité de celui qu'elle a abrité pendant quinze ans. »[2]

---

2. Abbé Garnet, *Bulletin du diocèse de Reims*, novembre 1865, cité par Henri Jadart, *op. cit.*

Ainsi la décrit un pieux abbé Garnet. Sa famille est modeste :
« Pauvre, né de parents pauvres », s'enorgueillira le moine[3]. Lignage de
laboureurs qui laisse durcir au froid et au soleil rigoureux du continent les centenaires de la branche paternelle : son grand-père s'éteint
à cent seize ans, son père à cent huit ans que Thierri Ruinard rapporte
avoir vu bon pied, bon œil, âgé de cent cinq années. Mais il n'en va pas
de même des femmes ou des enfants. La mère de Jean, tous ses frères
à l'exception d'un survivant quinquagénaire, disparaissent précocement. Quel âge avait le gamin lorsqu'il devint orphelin ? Nous ne le
savons pas exactement, mais nous pouvons imaginer l'abîme qui, d'un
coup, se creuse dans le cœur de l'enfant. Lui aussi sera « le fils de la
morte »[4]... Et là, sur cette terre de Saint-Pierremont où flotte un voile
de buée, comme une paupière sur l'œil du jour obstinément retenu,
rêver à ses premières années. Pénurie et partage. Obscurité avant la
promesse de midis éclatants dont la faiblesse étire l'échéance. Tout est
plus lent, tout est plus dur aux humbles. Il y a pour eux des hivers
interminables et des étés tardifs...

Mais vivre, c'est fuir l'asphyxie de la famille qui porte sa progé-
niture comme une terre son végétal, desserrer les ligatures primitives, s'éloigner de ses racines. L'enfance est cette échappée. Celle
de Jean file comme un courant d'air par la porte ouverte. Tôt baptisé,
tôt enseigné, le petit est confié à son oncle, l'abbé de Terrailles,
aumônier ordinaire du roi, qui après lui avoir inculqué les rudiments,
le prend à Reims où lui-même est installé, l'entretient et surveille ses
études au collège des Bons-Enfants, sis à l'Université. Destin classique : l'instruction par un curé bienveillant est au rustre ce que
l'allaitement par une louve est au héros de la mythologie. Apprentissage... Hormis le conformisme et l'excellence, nous ne savons pas
grand-chose de cette scolarité. Zèle docile pour l'étude, pain de
l'esprit et richesse imprenable du pauvre ou résignation d'un Julien
Sorel dévot qui met dans l'humilité la ferveur que le jeune homme
de Besançon mettra dans la révolte ? Bientôt, les récompenses extraient

---

3. Cit. par Thierri Ruinard, *Abrégé de la vie de Jean Mabillon*, Paris, 1709, p. 7.
4. Cf. Pierre Chaunu, in *L'égo-histoire*, Paris, 1988.

insensiblement l'enfant du rang anonyme de la multitude. Lorsque
l'archevêque de Nemours honore le collège de sa visite, le fils de
Saint-Pierremont, mis en vedette par sa bonne conduite, est désigné
pour lui réciter le compliment d'usage. Jean a choisi l'obéissance; de
bon élève, il devient clerc. Etre prêtre ou moine, pour un fils de paysan
pauvre au xviie siècle, c'est en s'élevant vers Dieu, monter aussi dans
l'échelle sociale. L'adolescent entre au séminaire de l'église de Reims,
fondé par le cardinal Charles de Lorraine au lendemain du Concile de
Trente. Le 23 août 1653, il est admis au nombre des postulants de
Saint-Rémi, l'abbaye bénédictine, et le 17 septembre 1654, il fait sa
profession. Il n'a pas dix-sept ans le jour où on lui rase le crâne et pas
vingt et un ans le jour où il promet l'*obedentia*, la *stabilitas*, la *conversio
morum*, l'obéissance, la persévérance et la conduite morale qui sont les
valeurs de Saint-Benoît[5]. Comme tout moine, il se voue à la chasteté,
l'humilité, la pauvreté. En se consacrant à l'ordre prestigieux qui a
assuré par ses martyrs, ses clercs et ses papes la grandeur du christianisme occidental et qui, avec Grégoire le Grand et Grégoire VII, a
compté les deux plus grands papes du Moyen Age, Mabillon recueillait
une double tradition : celle de la règle et celle de l'étude.

La règle, rédigée par les soins de Grégoire le Grand, a été fixée
par saint Benoît, le fondateur de l'ordre. Né en 480 à Nurcie, au
moment où l'Empire s'écroulait sous les menées contraire des Hérules
et des Ostrogoths, ce fils de famille patricienne sut donner une direction nouvelle à la piété occidentale, en remplaçant l'ermite par le
moine. Après avoir été lui-même anachorète pendant trois ans et
manqué mourir de faim, il fonda, au pied du mont Cassin, l'institution
qui exigeait la profession proférée par Mabillon. La *Regula* s'adresse
aux seuls cénobites, *ad coenobitarum fortissimum genus disponendum*. Elle
présente une version adoucie de l'exigence mystique orientale telle que
l'avait incarnée l'ermite au désert. Elle remplace la vie solitaire par
l'existence conventuelle, le dérèglement ascétique par l'emploi du
temps réglé, elle substitue à l'humiliation de la chair, une contention
de l'esprit, au mysticisme corporel, un mysticisme spirituel. Piété huma-

5. Cf. Philibert Schmirtz, *Histoire de l'Ordre de Saint-Benoît*, Paris, 1948, p. 28.

nisée, si on la compare aux fureurs imprégnées de gnosticisme du christianisme oriental. Dans les rituels bénédictins pourtant scandés de jeûne,
d'abstinence et d'insomnie, on ne trouve rien d'équivalent à l'effrayant
sadisme du corps qui est la marque de la rage érémitique. L'emploi du
temps mobile au gré des variations saisonnières, laisse huit heures pour
le sommeil, six heures pour le travail manuel, quatre heures pour l'étude
et la lecture, trois heures et demie pour l'office, une heure ou moins
pour le repas. Et chacun est libre de s'infliger ou non des pénitences.

Benoît tient que l'*otium*, l'oisiveté est la grande ennemie de l'âme.
Deux remèdes peuvent la combattre : la *lectio divina*, la lecture des
textes sacrés et les *opera manuum*, les travaux manuels. Au centre des
exercices de la vie claustrale, le fondateur de l'ordre a placé l'*opus
Dei*, l'office divin, auquel rien ne peut être préféré. Psalmodie de
l'office de nuit, matines ou vigiles, des laudes, primes, tierces, sextes,
nones, vêpres qui chargent le jour de prières et de chants[6]. Au sein de
l'étude, l'activité qui allait devenir le fleuron de la règle bénédictine,
la copie, n'était pas mentionnée dans la règle originelle qui ne se préoc-
cupait que de la *lectio divina* : « Son horizon est tout ecclésiastique...
l'étude proprement dite n'est pas selon saint Benoît, l'objet essentiel
de la vie conventuelle, ce qu'il veut promouvoir avant tout, ce sont
les vertus sinon propres au moine, du moins caractéristiques de son
état. »[7] Ce n'est que sous la direction de Cassiodore que l'on voit apparaître le fameux *scriptorium* bénédictin, secrétariat, mais surtout atelier
de copie. Le plan de Saint-Gall de 820 nous le montre adossé au côté
nord du presbyterium, au-dessous de la bibliothèque. Entre les fenê-
tres, contre le mur, se dressent les pupitres au nombre de sept. Une
grande table occupe le milieu de la pièce, l'ameublement comporte
encore les sièges des copistes, les étuis à encre et à couleurs, les coffres
qui renfermaient les provisions de parchemins et les ouvrages à
copier...[8]. A l'intérieur du *scriptorium*, l'admirable énergie des copistes

---

6. Matines la nuit entre 2 heures et 3 heures. Laudes 5 à 6 heures du matin. Primes
vers 7 h 30. Tierces vers 8 heures. Sextes, midi. Nones entre 2 et 3 heures. Vêpres, 4 h 30.
Complies vers 6 heures. Après, les moines vont se coucher.
7. Fliche et Martin, *Histoire générale de l'Eglise*, Paris, 1937, t. 4, p. 595.
8. P. Schmirtz, *op. cit.*, t. 2, p. 90.

se donne libre cours, offrant ainsi leur chance de survie à tant de sources anciennes. Travail artisanal mais précis, inlassable et considérable. Pendant plusieurs siècles, l'habitude de reproduire indéfiniment les textes s'est installée. On a calculé qu'un bon copiste fournissait en moyenne de trois, cinq à six folios par jour d'un format *in quarto*. Au rythme de trois folios par jour, c'est-à-dire de six pages de format *in quarto* à deux colonnes par page, il fallait environ un an pour reproduire le texte de la Bible... Certains copistes ont passé leur vie à l'ouvrage, tels Diesmund de Wessobrun qui, au XIᵉ siècle, a copié plus de quarante ouvrages, ou Otton de Ratisbonne qui a transmis dix-neuf missels, huit évangiliaires, deux lectionnaires, deux ouvrages de saint Augustin, un psautier, etc.[9]. Infatigable activité qui a transformé l'écriture elle-même : la précaroline italienne, la bénéventaine, la minuscule caroline de nos caractères romains viennent toutes de la dilection des copistes. Une plaisanterie de l'ordre justifie ce culte du livre : devant le tribunal de Dieu, un moine aurait été acquitté parce que le total des lettres qu'il avait tracées en copiant des ouvrages, dépassait d'une unité le chiffre des péchés qu'il avait commis. La copie, labeur difficile, a développé la patience et l'accoutumance au travail prolongé : « Faites attention à vos doigts ! Ne les posez pas sur mon écriture ! Vous ne savez pas ce que c'est qu'écrire ! C'est une corvée écrasante : elle vous courbe le dos, vous obscurcit les yeux, vous brise l'estomac et les côtes. Prie donc ô mon frère, toi qui lis ce livre, prie pour le pauvre Raoul, serviteur de Dieu qui l'a transcrit tout entier de sa main dans le cloître de Saint-Aignan ! »[10], s'exclame douloureusement un copiste !

A Reims, Mabillon s'adonne aux devoirs de l'ordre. Il est novice. La cloche sonne à 5 heures, les premières paroles fleurissent pour une action de grâces. Jean se lève, nettoie sa cellule, comme la règle l'a voulu pour obliger à l'humilité. Les nécessités du jour clairsèment le temps donné à l'étude. On participe au chœur, on visite les églises. Le repas vient à midi d'une sobre frugalité. Après manger, les novices

---

9. Cit. par Philibert Schmirtz, *op. cit.*, t. 2, p. 70.
10. Cit. par Léopold Delisle, *Le Cabinet des Manuscrits de la Bibliothèque impériale*, Paris, 1884, t. 2, p. 400.

devisent dans le jardin, rompant le silence obligé de la grande maison. Ils courent dans l'herbe avant de se rassembler pour la récitation commune du chapelet. On les voit déambuler au long des promenoirs, sous les arceaux du cloître et les rideaux des treillis. Ils répètent infatigablement leurs prières à la gloire du Christ et trouvent encore le temps de suivre les cours à l'Université. A vingt ans, Mabillon est reçu maître ès arts. Un an plus tard, il est moine. Les jeunes clercs sortent du cloître visiter quelques lieux saints : le cimetière des martyrs peuplé de stèles, l'église Saint-Timothée riche en reliques, la cave de Saint-Maur où se réunissaient les premiers chrétiens. Les repas demeurent frugaux avec des jeûnes fréquents et une abstinence perpétuelle. D'après le témoignage de Thierri Ruinard, nous pouvons reconstituer son emploi du temps tel qu'il s'établit alors pour ne plus changer de toute sa vie. « Il se levait ordinairement dans ces premiers temps vers 2 heures du matin et continuait ses études jusqu'à l'heure du dîner sans autre interruption que celle de la prière, de la Sainte Messe et de l'office divin. »

Avant de se consacrer à l'érudition qui absorbera sa vie, Jean Mabillon a surmonté une tentation dont on ne sait l'objet si l'on connaît les suites. Vingt ans n'est jamais le plus bel âge de la vie. C'est à ce moment que l'on devient selon sa paroisse et son siècle, révolutionnaire, mystique ou... pécheur. En visitant le tombeau de saint Rémi, Jean est saisi d'une extase. Sa ferveur et son zèle croissent alors, disent pudiquement ses biographes, jusqu'au dénuement extrême, jusqu'à l'humiliation de sa santé. Que s'est-il passé, que se passe-t-il ? Jeûne ? Sans doute. Sévices, flagellations ? On ne sait. Mais bientôt, le moine tombe malade. Le but de l'ascétisme, disait Nietzsche, est de faire perdre la santé. Mais la hiérarchie bénédictine ne l'entend pas de cette oreille. Refusant à sa recrue de mourir de consumption, elle l'envoie se rétablir dans ses abbayes campagnardes. Saint-Nicaise, Saint-Thierry, Saint-Basle, Nogent, Corbie, années d'errance où le destin se force par-dessus les ornières. Pèlerin, pérégrin. Les étapes abbatiales où s'arrêtaient les clercs formaient des sentiers de randonnées spirituelles et ouvraient des chemins de la connaissance sensiblement différents de ceux qui jalonnent nos actuelles métropoles. Les Eglises étoilaient la campagne que les Universités ignorent. Au milieu des champs, proche des labeurs saisonniers et des rythmes anciens, ces centres culturels, empreints du traditionalisme propre aux vieilles institutions, ont alimenté, beaucoup plus précocement que le romantisme ne nous l'a laissé croire, l'amour des vestiges, la recherche des monuments et ont habitué à la visite du passé Mabillon et ses jeunes camarades novices, cette visite à laquelle pour sa part, il ne cessera plus de s'adonner.

Le voici à Nogent. Pour Mabillon, le départ de Reims a été un arrachement; il pleura plusieurs semaines, dit Thierri Ruinard. Il quittait les splendeurs de l'abbaye de Reims, les pompes de l'office célébré dans la majestueuse basilique, les jeunes compagnons de son adolescence pour trouver un édifice à moitié détruit, un trou isolé, des grabataires. L'abbaye de Nogent offre un spectacle désolé. Dans la construction qui garde les stigmates de sa chute ancienne et des offenses commises par les hérétiques, de vieux moines agonisent tranquillement, « ruines qui gardaient des ruines », dit plaisamment Chavin de Malan[11]. Reconstruire ? Rétablir les arceaux brisés et les dortoirs abîmés ? Remonter pierre sur pierre ? Il faudrait être architecte ou entrepreneur. Mais pour un jeune homme dont la maladie ne fléchit pas le trop-plein d'énergie, il existe une autre voie pour retrouver la magnificence originelle de l'institution flétrie, celle de l'imagination et de la connaissance du passé. Y encourage-t-on Jean ? Sans doute, puisque c'est un devoir des jeunes moines de prendre connaissance du passé de leur ordre. Mais c'est peut-être ici pourtant à Nogent que Mabillon a rendez-vous avec son destin. Car Nogent est l'abbaye qui abrita Guibert, l'un des plus grands chroniqueurs du Moyen Age, le fameux Guibert de Nogent qui gouverna la maison de 1104 à 1124. L'historien y délivra l'une des rares leçons d'esprit critique venue de cette époque. Dans son *Traité des Reliques des Saints (De Pignoribus Sanctorum)*, il mit en doute la validité de bon nombre de reliques et de miracles. « Qu'on en pense ce qu'on voudra, pour moi j'avance hardiment que ce ne fut jamais une chose agréable à Dieu

11. Chavin de Malan, *op. cit.*, p. 238.

et à ses saints d'ouvrir les tombeaux, d'en tirer leur corps et d'en diviser les membres. »[12] Il fit également scandale en raillant les moines de Saint-Médard de Soissons qui prétendaient avoir une dent du Christ, les moquant au même titre que ceux qui auraient admiré son nombril[13]. Or, au moment, où Mabillon commence de s'intéresser au passé de l'abbaye et donc à Guibert, Luc d'Achery, le grand Luc d'Achery, directeur des études de la Congrégation de Saint-Maur, l'homme qui va devenir le maître et le protecteur du Champenois, publie une collection des œuvres de Guibert, *Venerabilis abbatiiis B.M. de Novigento Opera...*, Paris, 1651. Avant que l'influence de l'esprit critique de Guibert ne se retrouve dans les futurs écrits de Mabillon, en particulier dans les *Acta Sanctorum...*[14], où l'érudit se montrera particulièrement vigilant à l'égard des fausses légendes, le jeune homme pris de passion pour son prédécesseur, se met à en chercher fébrilement les traces, jusqu'à défoncer le pavé de l'abbaye pour retrouver des témoignages de l'existence du disparu.

Qui peut dire comment l'on choisit sa vie ? C'est peut-être à Nogent que, penché sur des inscriptions et des fragments, courbé sur des blocs de granit cassé, Jean a rencontré sa vocation... cet appel qui précipite au-dessus des obstacles matériels et de l'incompréhension d'autrui, un individu, vers un ouvrage qui l'emprisonne de labeur et de gratification. Vocation... le mot fait sourire. Un écrivain comme Colette s'est moqué de ses correspondants qui étalaient complaisamment les signes de leur élection alors qu'elle se contentait d'exhiber ses certificats de travail. En un sens, il n'y a pas de vocation individuelle sans la demande énoncée par un groupe et les moyens donnés par une institution. Pas de Colette sans cet homme, qui ferma sa porte à double tour, transformant sa chambre en cellule dont elle ne sortait qu'une fois ses pages écrites. Pas de Mabillon sans la Congrégation de Saint-Maur et son projet collectif de rassemblement des sources. Mais au-delà de ce que la société nous apprend de la division du travail et

---

12. Cf. *Nouvelle Biographie*, Hoefer, Copenhague, 1960.
13. *Biographie universelle*, Michaud, 1857, t. 18.
14. A l'exception du style latin du chroniqueur. *Multa scripsit eruditi sed stylo scabroso*, dit Mabillon dont le propre latin sera, il est vrai, éblouissant.

de la productivité imposées dans le cadre de la professionnalisation, reste la « plus-value », le « sur-travail » qu'imposent à tel individu, non aux autres, les exigences de sa passion. Mabillon n'est pas un érudit parmi d'autres mais celui qui a tout donné à l'érudition. Saurons-nous jamais pourquoi ? Mais au moins, pouvons-nous un instant nous arrêter devant cet étrange spectacle d'un jeune homme emporté par sa fureur de savoir et qui, au milieu des agonisants, défonce le pavé pour ressusciter un mort. Dans le débordement des espérances de l'adolescence, la vocation est mystérieuse. L'énigme reste entière à propos de tous ceux qui sont gagnés par l'amour de l'histoire, comme elle est intacte pour l'enfant qui, passionné de légendes, de récits ou de contes acquiert la pratique des collections, cultive sa mémoire, aiguise sa curiosité, devient pédant avant d'être érudit. Qu'est-ce qui le pousse et le taraude ainsi ? D'où vient le charme de l'histoire ? Pourquoi, dans une salle d'école communale aux vitres froissées de brume froide, une écolière oublie soudain le parquet gris, la lumière incertaine de l'abat-jour de faïence et laisse se noyer sa plume sergent-major dans l'encrier de porcelaine, parce que l'institutrice raconte dans une classe tendue d'audition et d'attente, la vie de Jeanne Hachette ? Peut-être découvre-t-elle que l'historien a l'étonnant pouvoir de faire revenir, au moins pour lui-même, les disparus. Imaginons cela : le jour tremble gris sur gris et la chandelle s'allume... ou peut-être la nuit noie encore la campagne autour de l'abbaye d'une brume sans couleur, froide comme un linge trempé, laissant indéfiniment patienter le jour, tandis que le moine travaille ; sa communication avec ce qu'il essaie de retrouver devient si intense qu'elle abolit le présent. Tout ce temps penché sur des traces informes, des inscriptions lacunaires, des fragments dispersés. Mais peu à peu... les creux se comblent, les déchirures s'abolissent, les ensembles se recomposent. Imaginons la force et la fascination exercées sur Jean de cette observation qui conjure le néant au point qu'aujourd'hui elle tient toujours attachés aux déchiffrements difficiles de leurs archives, les historiens sauvés pour un moment de leur éphémère singularité.

A Nogent donc, Mabillon trouve le souvenir d'illustres défunts : l'abbé Godfroi qui avait restauré l'abbaye en 1086 et fondé un hospice, la dévotion de la puissante comtesse Adélaïde et Guibert encore.

Rencontres fortuites ? En un sens tout est accident, en un autre, tout est nécessité. Cette alternative de l'histoire et de la mystique n'est pas contingente. L'une et l'autre tracent des voies d'accès à la transcendance. Ce que la mystique cherche dans l'extase, l'immanence, le corps à corps de la spiritualité intérieure, joindre l'éternité au bout de l'instant, l'historien le découvre dans le travail, la médiation, le tâtonnant exercice de recherche des documents. A l'un comme à l'autre, des épreuves. Mais, au premier, des émotions, au second, des corrections; au mystique, une intense humiliation du moi qui le transporte, à l'historien, une méfiance du jugement qui le conforte. Le mysticisme est l'orgueilleuse spiritualité des sensibles, l'histoire, l'impatient exercice des curieux. Je note à dessein cette différence : la vocation historique de Mabillon est tangente au mysticisme. Pour le jeune homme qui se déprend de l'élan mystique, l'histoire est un autre chemin vers la transcendance.

Après Nogent, c'est à Corbie qu'on l'envoie pour se rétablir complètement. Corbie, puissante abbaye du Nord, petit Etat monastique qui pouvait battre monnaie, et qui, sous les auspices de sainte Colette sut, au IXe siècle, marcher à la conquête de la Suède et de la Norvège puis revenue victorieuse, fonder en Saxe la nouvelle Corbie. L'air salin, l'azur stridé de poutres et de vents, battu d'orages et de souffles, les plates plaines et pleins plateaux gavés de brise marine sous le ciel immense où rien n'arrête la météorologie, ni la tourmente des intempéries, ni l'ardeur des rayons, tant de ciel sur une terre si dénudée guériront Jean. Là, dans l'atmosphère chargée des sels de Somme du diocèse d'Amiens, une épreuve attend le moine qui s'est mentalement voué à l'étude, celle du travail administratif. On le nomme d'abord portier, distribuant l'aumône aux pauvres à l'entrée du monastère. Puis dépositaire : il tient les livres de comptes des provisions, inspecte la basse-cour, les écuries, prépare les voyages des frères, surveille quotidiennement la cuisine, la cave, la fruiterie, l'imprimerie, contrôle l'us et réprime l'abus. Bientôt cellerier. Mais il refuse le gouvernement temporel de l'abbaye : faire les baux à ferme, veiller à la répartition des bâtiments, assurer le contrôle des rentes et dîmes, bref, tout ce qui concerne l'administration de la puissance foncière de l'abbaye. Le jeune savant qui aspire à l'érudition obtient enfin d'être déchargé. Il a le temps de retrouver le souvenir de saint Adhalon, compagnon d'Alcuin et qui avait impressionné Hincmar et d'autres témoignages du passé de Corbie avant d'être appelé à Saint-Denis, étape qui précède son arrivée à Saint-Germain-des-Prés.

Mabillon reçut un jour l'ordre d'aller à Saint-Denis. « Il venait de Reims où l'on sacre les Rois, il alla à Saint-Denis où on les enterre » (Henri Jadart). A Saint-Denis, abbaye royale célèbre entre toutes, où régna l'abbé Suger dont les conseils firent de Louis VI le Gros le fondateur de la puissance royale ; là où se trouvaient les tombeaux des rois de France, où étaient déposés les manuscrits des rois méro-vingiens : à l'abbaye royale de Saint-Denis qui avec Saint-Germain-des-Prés avait constitué l'assise médiévale de l'union de l'Eglise et du Royaume de France déployée à partir de Paris. Ainsi l'ombre portée de la monarchie guette-t-elle les déplacements du moine, la grande ombre de l'Etat sur l'Eglise. Le 3 juillet 1662, il partit seul à pied de Corbie, comme il avait toujours fait, transportant toutes ses hardes dans un seul baluchon et parcourant dix-sept lieues d'un coup pour ne pas coucher hors des monastères. Il arriva à Saint-Denis, à ses trésors, à sa bibliothèque. On lui confia plusieurs occupa-tions : « Il fut aussitôt nommé thrésorier, dit Thierri Ruinard... On le chargea aussi des prédications et des catéchismes qui se font dans l'Eglise de l'Abbaye pendant le cours de l'année. Il ne laissait pas de se trouver encore fort souvent aux disputes qui se faisaient dans les écoles de Théologie... »[15], et il s'attela aussi à aider Dom Claude Chantelou de l'abbaye de Saint-Germain-des-Prés qui avait entrepris une nouvelle édition des œuvres de saint Bernard.

« Thrésorier » ? Imaginons cela : thésaurus, objets précieux, feux obscurs des mystérieuses reliques enchâssées de pierreries qu'on ne montre qu'à ceux qui veulent être éblouis[16]. Dans une immense salle gothique attenante à l'Eglise on pouvait ouvrir les armoires de chêne sculptées aux panneaux de cèdre et d'ébène : il y avait là des croix de

---

15. Thierri Ruinard, *Abrégé de la vie de dom Jean Mabillon*, Paris, 1709, p. 43.
16. Cf. D. Germain Millet, *Le Trésor sacré de Saint-Denis*, Paris, 1846 (il est aujourd'hui dispersé).

toutes matières, de toutes formes, plus riches ou plus éclatantes les unes que les autres. L'une en or massif garnie de saphirs, ornée de huit cents perles d'Orient gardant une relique de la Croix rapportée par les croisés, l'autre en or portant au milieu une immense améthyste entourée de saphirs, d'émeraudes, de grenats, de perles qui venait, disait-on, de l'oratoire de Charlemagne. Une grand-croix d'or massif dite croix de saint Laurent dont les émaux enchâssés de perles recouvraient une baguette de fer où le saint avait été brûlé. Des châsses : une châsse de vermeil en forme de Sainte-Chapelle donnée par Jeanne d'Evreux. Une châsse d'argent où l'on voyait Notre-Dame de Paris qu'avait offerte Louis XII. Des statues de la Vierge : la première assise sur un feuillage d'or semé de grenats et de rubis portant d'un bras l'enfant Jésus, de l'autre, un lys d'or sur un soubassement émaillé porté par quatre lions. La seconde en ivoire serrait dans sa main droite une rose d'argent doré où s'ensablaient les reflets de sa couronne d'or, de saphirs et de pierres orientales. La troisième en ambre gris. Des bustes : celui de saint Hilaire de Poitiers en argent doré, de saint Benoît couvert de pierres et de perles sous leurs mitres couvertes d'agathes. Des reliques : le bras de saint Siméon couvert d'or et de pierreries, la main droite de saint Thomas soutenue par deux anges d'argent doré portés par quatre lions et couronnée par un baldaquin gothique semé de pierreries. Le calice de saint Denis en cristal de roche garni d'or et de pierres précieuses, sa crosse couverte de lames d'or, d'émaux et de perles, son anneau d'or orné de saphirs. Des souvenirs de saint Denis : dans un reliquaire immense au clocheton gothique, son anneau d'or semé de fleurs de lys garni d'un grand saphir carré, sa tasse en bois. Les calices des reines de France garnis de cercles d'or, de perles, d'émeraudes, de saphirs, au pied taillé dans une agathe. Des vases de cristal, un petit vaisseau de chrysolite, couleur de mer, ouvrage de saint Eloi, le cor d'ivoire de Roland, l'épée de Jeanne d'Arc, le sceptre d'or de Charlemagne et sa main de justice. Des évangéliaires, des missels disposés sur les larges pupitres à mosaïque, écrits en lettres d'argent sur vélin violet, avec des couvertures en ivoire doré ou avec des lames d'argent ou d'or.

Mabillon « Thrésorier » ? Sur les conditions qui mirent fin à cette charge dont Thierri Ruinard a souligné qu'elle était pénible[17] court une anecdote[18]. Comme Mabillon n'était pas sans douter de l'authenticité de certaines reliques, il demanda à quitter son emploi, alléguant sa répugnance à mélanger la fable et la vérité. Le motif ayant été jugé insuffisant, il demeura en poste mais, un beau jour, brisa par mégarde un miroir dont on disait qu'il avait servi à Virgile pour se faire la barbe. Dès lors, il fut remercié. L'histoire n'est pas absolument établie mais quand il ne s'agirait que d'un conte, il dirait joliment que des trésors aux traces, des reliques aux chartes, il n'y a point de rayon droit mais l'éclat défalqué d'un miroir brisé.

Mabillon eut alors le temps de se consacrer à l'édition des œuvres de saint Bernard dont Claude Chantelou avait la responsabilité. Il étudiait beaucoup et travaillait davantage à revoir les ouvrages de saint Bernard sur les anciens manuscrits dont disposaient les bibliothèques de l'ordre. Son zèle fut remarqué et comme Dom Luc d'Achery maintenant âgé avait à son tour besoin d'une aide pour venir au bout de l'édition de ses Spicilèges, l'on fit appel au jeune profès. Un jour de juillet 1664, Mabillon partit à Saint-Germain-des-Prés. Devenu religieux à dix-huit ans, il avait attendu l'âge de trente et un ans pour devenir mauriste à part entière. Mais l'œuvre est une longue patience. Avec son zèle évangélique et des journées de travail de dix-huit heures, il avait quarante-trois années devant lui pour révolutionner l'histoire savante.

17. T. Ruinard : « ... Il fut aussi-tost nommé thrésorier, occupation pénible à cause du grand concours de toute sorte de personnes, qui abondent à cette Abbaye, pour y voir les monumens de la piété de nos Rois, que l'on y conserve dans le Thrésor », *op. cit.*, p. 41.

18. Cette histoire a couru très tôt. Elle est déjà racontée par D. Tassin : « Si l'on s'en rapporte au *Nouveau Dictionnaire historique portatif par une société de gens de lettres. D. Mabillon ayant heureusement cassé un miroir qu'on prétendait alors avoir appartenu à Virgile, il en prit occasion pour quitter cet emploi qui demandait un homme moins vrai que lui. Ce récit a tout l'air d'un conte fait à loisir », *Histoire littéraire de la Congrégation de Saint-Maur*, Bruxelles, 1932, p. 207. On retrouve encore l'anecdote chez C. Louandre, Mabillon, les bénédictins français et la cour de Rome au XVIIe siècle, *Revue des Deux-Mondes*, Paris, 1847, p. 328, mais réfutée de nouveau par D. Leclercq, *Dom Mabillon*, Paris, 1953, 2 vol., t. 1, p. 56-57, les arguments de ce dernier prêtent à caution : « Virgile, écrit-il, n'a jamais pu posséder qu'un miroir en bronze poli, ses contemporains n'en connaissaient pas d'autres et Mabillon eût été fort embarrassé comme le serait de nos jours un conservateur ou un gardien de musée, de briser une lentille de métal de pareilles dimensions. » C'est exactement ce qu'aurait pu raisonner Mabillon si d'aventure, le miroir attribué à Virgile avait été en glace, donc cassable...

Mabillon à Saint-Germain-des-Prés

> *Obsculta o fili, praecepta magistri et inclina aurem*
> *cordis tui.*
>
> Règle de Saint-Benoît, Prologue I.

Mabillon arriva à l'abbaye de Saint-Germain-des-Prés au mois de juillet 1664, comme deux ans auparavant le même mois il était arrivé à Saint-Denis. Il avait trente et un ans : on n'est plus un jeune homme à trente et un ans; on n'est plus qu'un homme jeune. C'était l'été qui traversait Paris avec le frère champenois, qui passait par la porte Saint-Denis, gagnait le Pont-Neuf, arrivait jusqu'aux clochers de l'abbaye. La ville n'était pas encore une ville ouverte comme elle le sera six années plus tard, à partir de 1670, lorsque les victoires de Louis XIV sur les marches de la France lui donneront un sentiment de sécurité suffisant pour abattre ses murailles. Mabillon traversa l'enceinte bastionnée qu'on appelait l'enceinte des fossés-jaunes[1] et que formaient une double rangée de murs ou de monticules déjà affaissés sous les lotissements. Au loin, un fouillis de maisons de pierre ou de bois pressées les unes contre les autres. Çà et là, la belle ardoise grisait de vibrations bleues des toits immenses. C'est en face du Louvre, à une centaine de mètres de la berge, qu'il découvrit sans doute la plus riche abbaye de l'Ile-de-France. Hors de l'enceinte de Paris, le monastère, qui avait perdu ses hauts murs cerclés de tours, ses ponts-levis et ses portes fortifiées, gardait, dans la multiplicité de ses bâtiments, quelques-uns des caractères de la

---

1. Surtout vers 1664, cf. Pierre Lavedan, *Nouvelle histoire de l'urbanisme à Paris*, Paris, 1978; Orest Ranum, *Les Parisiens au XVIIe siècle*, Paris, 1973. Sur l'abbaye de Saint-Germain-des-Prés, cf. Dom J. Bouillard, *Histoire de l'abbaye de Saint-Germain-des-Prés*, Paris, 1724.

citadelle qu'il avait été. De tous les monastères qui entouraient la ville, il était de loin le plus fameux et le plus étendu. A ses pieds, au-dessous de lui, d'un emplacement qui allait de l'actuel Luxembourg jusqu'à l'actuel Champ-de-Mars, le long des berges de la Seine, on voyait, lotissant un tapis bigarré de petits jardins potagers, de vignes, de prés, de carrières dont les Parisiens s'occupaient les jours fériés, des fermages loués à l'abbaye, des hôtels du faubourg dont les propriétaires payaient au monastère le cens annuel, toute l'imposante juridiction de Saint-Germain.

L'usage pour tout visiteur était d'aller d'abord se recueillir à l'Eglise dont les trois tours dominaient la rive gauche. Mabillon se trouva devant le parvis qui ouvrait sur la rue Childebert sise à peu près sur l'emplacement actuel de la chaussée du boulevard Saint-Germain. Il passa devant un pan de muraille incurvé dont une niche plus tard accueillera son buste, il traversa l'allée dans l'Eglise qui longe la plaque où plus tard reposeront ses cendres, mais pensait-il à la gloire, pensait-il à la mort, pensait-il à l'éternité ? Il n'était pas non plus tout à fait un bénédictin comme les autres, si les autres ont été justement définis par Georges Tessier : « Les jeunes qui sollicitaient leur admission dans la Congrégation de Saint-Maur n'étaient pas des candidats à l'école des Chartes. Ils n'envisageaient pas une carrière d'archiviste ou de bibliothécaire, ils ne cherchaient pas à s'initier aux disciplines de l'érudition. Leur vocation première n'était pas celle d'un Léopold Delisle ou d'un Maurice Prou. L'école dont ils entendaient devenir les élèves était celle des conseils évangéliques et de la vie parfaite. L'instruction qu'on leur proposait était la Règle de Saint-Benoît et les constitutions de la Congrégation. Les perspectives qu'on leur offrait étaient la récitation des longues heures canoniales, les méditations, retraites et recollections mises à l'honneur par les spirituels du xvie siècle, le silence, l'abstinence, les macérations, la cellule sans confort et sans feu. »[2] Mabillon, lui, imaginait sérieusement d'être archiviste, il avait déjà été désigné comme aide-bibliothécaire et il était déjà initié aux

---

2. Georges Tessier, Saint-Germain-des-Prés et les mauristes, *Mémorial du XIVe centenaire de l'abbaye de Saint-Germain-des-Prés*, Paris, Turin, 1959, p. 22.

disciplines de l'érudition. Néanmoins, c'est dans l'atmosphère austère de l'abbaye, dans la régularité des exercices conventuels, dans la difficulté de l'ascèse bénédictine qu'il allait trouver un cadre, des supérieurs, des compagnons, produire une œuvre.

Bientôt il visiterait les diverses chapelles, les deux cloîtres, la boulangerie, le réfectoire, traverserait les nombreux jardins, les magasins, les étables, le nouveau palais abbatial, après avoir été reçu par ses supérieurs et accueilli par ses compagnons. A la fin du jour, il devrait gagner sa pauvre cellule, contempler le lit avec la paillasse, la table avec la chaise de bois, le prie-Dieu, le bénitier d'étain, le chandelier de fer, la lampe de fer blanc, et partager avec les quarante-huit religieux retrouvés à l'office ou au réfectoire, l'abstinence perpétuelle de viande, le silence, la prière. Nous ne sommes pas au désert, mais au cœur de la ville, nous ne sommes pas au fond des étangs, des bois, mais au milieu des rues dont s'abrite l'enclos abbatial. Le lendemain et les jours qui suivront, il retrouvera la règle. Jamais elle n'atteindra ici aux austérités de la Trappe mais la règle est sévère, la règle est âpre, la règle est difficile. Le silence doit généralement être observé. Les récréations ne se prennent en commun qu'à certaines heures et il y faut toujours garder le mutisme, la promenade sous le cloître doit être solitaire, le régime alimentaire est maigre sauf si l'on est malade. Il y a de nombreux jours de jeûne et d'abstinence prévus par les constitutions. L'emploi du temps rigoureux ne laisse guère de place au loisir ou au confort : à Saint-Germain-des-Prés, le déjeuner — qu'on appelle alors dîner — a lieu à 10 heures pendant la semaine, à 10 heures et demie le dimanche et les jours de fête; le dîner — qu'on appelle le souper — est fixé à 5 heures et demie habituellement. Dans les pauvres cellules souvent privées de feu, le sommeil est chichement accordé qu'éventre la veille de nuit bénédictine. Les religieux se couchent vers 8 heures moins le quart mais doivent se lever à 2 heures du matin en pleine nuit pour assister aux matines et laudes. Il est rare qu'ils puissent dormir plus de six heures par nuit. En été, de Pâques à mi-septembre, on ajoute au milieu de la journée un temps de repos — une méridienne — d'une heure. Enfin les offices, prières,

oraisons et méditations occupent ici comme ailleurs les moines plus
de sept heures par jour[3]. Pour ceux qui vont se consacrer aux études,
cette règle est à la fois un encouragement et un obstacle. Un encouragement parce que dans le calme du cloître, elle aménage la place
pour une existence partagée entre la prière et la pensée. Là, Mabillon
va trouver l'ardeur d'une vie que le travail déplie en ressources, en
galeries insoupçonnées, la passion de l'étude en son application, la
patience du zèle en sa docilité, l'apprentissage en sa longue durée.
Là, à Saint-Germain-des-Prés, dans un lieu qui, plus tard, sera envahi
par l'agitation désordonnée, et la parade bruyante de discussions
plus éphémères et plus colorées, il va trouver l'auvent que la clôture
donne aux œuvres lentes qui ont besoin de temps. Mais là aussi, il va
buter sur un obstacle, parce que, au fur et à mesure que les travaux
vont se développer et requérir un effort de plus en plus intense des
bénédictins qui en sont chargés, il faudra assouplir certaines dispositions de la règle, autoriser les voyages, faciliter les dispenses des offices.
A long terme, lorsque le nombre des bénédictins abonnés aux travaux
d'érudition se sera multiplié, une telle évolution ne sera pas sans poser
de problèmes. La vie mauriste s'aiguise et se durcit de cette tension.

  Pour l'instant Mabillon va rencontrer, avec ses supérieurs, trois
hommes qui vont infléchir son existence de manière définitive,
Bernard Audebert, Dom Luc d'Achery, Dom Claude Chantelou,
les études mauristes déjà sédimentées dans le temps, déjà program-
mées, déjà érigées. Derrière ces trois hommes une ombre a grandi,
celle du premier provincial de la Congrégation de Saint-Maur,
Grégoire Tarrisse, qui en accord avec Richelieu a parachevé la réforme
de Saint-Maur et jeté trente années auparavant les bases du système
des études lequel, pendant plus de cent soixante ans se déploiera
dans une triple direction : la recherche des antiquités ecclésiastiques,
la recherche des antiquités nationales, un immense effort archivistique de constitution des sources[4]. A cette étape imprégnée d'esprit

---

  3. Cf. Léon Deries, *Un Moine et un Savant, Dom Jean Mabillon*, Ligugé, 1923, p. 16-17.
  4. Selon des modalités que nous étudierons plus précisément dans le livre III, cf. la
Congrégation de Saint-Maur. Sur Grégoire Tarrisse, cf. François Rousseau, *Dom Grégoire
Tarrisse, premier supérieur général de la Congrégation de Saint-Maur, 1575-1648*, Paris, 1924.

gallican, chacun de ces trois hommes, Bernard Audebert, Luc d'Achery, Claude Chantelou est à sa manière en train d'appliquer le programme imaginé par Grégoire Tarrisse de recherche des antiquités ecclésiastiques, de patrologie et de théologie positive.

Le général de la Congrégation, Dom Bernard Audebert, a plus de soixante ans et il est décidé à développer les études historiques parmi ses moines. C'est lui, selon Léon Guilloreau, qui est l'inventeur de Mabillon : « Devenu Supérieur général, Dom Audebert usa de son autorité pour donner une vigoureuse impulsion aux travaux déjà entrepris du temps de son prédécesseur. Il avait été le protecteur de Dom Quatremaire et de Dom Chantelou. Il eut surtout le mérite de tirer de l'ombre du second plan où il se trouvait caché, le modeste Mabillon... »[5] Le chapitre général de 1651 avait décidé d'établir à Saint-Germain-des-Prés deux moines pour recueillir les matériaux nécessaires à l'histoire de la Congrégation. Le premier d'entre eux, calé sur les lettres circulaires promulguées par Grégoire Tarrisse pour organiser les études bénédictines et sur les propres instructions qu'il a rédigées pour tous les érudits religieux est Luc d'Achery. Les documents sur l'organisation des études dans la Congrégation ont été publiés[6], parmi lesquels sa longue et importante lettre[7] au chapitre général de 1648, mérite une étude particulière. Des douze rubriques qui s'en détachent[8], nous retiendrons celles qui orga-

5. Cf. *Ms. fr.* 19622. Dom G. Mommole, *Relation des actions mémorables des quatre premiers supérieurs généraux de la Congrégation de Saint-Maur et de quelques autres supérieurs de la même Congrégation.* Cf. *Mémoires de Dom Bernard Audebert estant prieur de Saint Denis et depuis assistant du R.P. général publiées par le R.P. Léon Guilloreau moine bénédictin*, Paris, 1911. Préface, p. VIII et Léon Guilloreau ajoute : « ... C'est lui en effet qui confia au jeune moine champenois l'édition des œuvres de saint Bernard, à peine ébauchée par Claude Chantelou, lui encore qui détermina ce vrai savant à commencer la publication des *Acta Sanctorum Ordinis Sancti Benedictini* et à entreprendre la composition des Annales, lui enfin qui mit Dom Garel et Dom Gerberon aux éditions de Cassiodore et de saint Anselme », *ibid.*

6. L. Delisle, *Le cabinet des Manuscrits*, *op. cit.*, t. 2 ; Dom Paul Denis, Documents sur l'organisation des études dans la Congrégation de Saint-Maur, *Revue Mabillon*, 1910-1911 et 1911, n°s 6 et 7 ; François Rousseau, Dom G. Tarrisse, *op. cit.* Nous étudions plus précisément ces documents dans le livre III (la Congrégation de Saint-Maur).

7. *Collection de Picardie*, t. CLXIV, fol. 203 et 297 et public. de Dom Paul Denis, *op. cit.*, p. 145 à 150. Cf. Annexe Ia.

8. « I. Faire les festes de St. Boniface, de St. Augustin, de St. Anselme ; II. Porter

nisent la prospective des études. La célébration des fêtes des grands
saints du calendrier bénédictin renseigne sur l'état d'esprit franchement gallican de Luc d'Achery. N'évoque-t-il pas à propos de saint
Boniface, l'évangélisation « en grande partie des Allemaignes et
spécialement le duché de Saxe où l'hérésie de Luther est plus puissante ? »[9]; à propos de saint Anselme, le pape obligé de recourir
à ses services en plein Concile[10]. La recommandation que chaque
religieux ait une Bible dans sa chambre, « et qu'on en lira tous les
jours quelques périodes », instruit sur l'orientation fondamentaliste
de la Congrégation[11]. Ailleurs, dans ses souvenirs sur Dom Grégoire
Tarrisse[12], Luc d'Achery a clairement attribué la paternité de cette
décision au premier provincial de Saint-Maur[13]. Orientation d'autant
plus importante que, si la lecture de la Bible est au cœur des controverses théologiques et que Luc d'Achery en justifie la nécessité par
le chapitre de la réformation demandée par le Concile de Trente de
se consacrer à l'intérieur des monastères à la lecture des Saintes
Ecritures, la connaissance de l'*Ancien Testament*, elle, continue de
faire problème et que, nous le verrons bientôt, l'abbé de la Trappe,
non seulement en dispensera ses moines, mais même la leur inter-
dira explicitement. Pertinente aussi l'inflexion qui se trouve aux

plus d'honneur au St. Sacrement; III. Etude de l'Ecriture simple accessible à chaque
religieux; IV. Bonnes lectures aux novices. Les conduire à la solitude; V. Apprendre
à bien chanter; VI. Les nouveaux profez : apprendre à bien écrire; VII. Leur enseigner les
humanités; VIII. Travail discret en études et bonnes lectures; IX. Travailler à l'histoire
de l'ordre et de la Congrégation; X. Réimprimer les Autheurs Bénédictins; XI. Religieux
progrès à cela; XII. Serviteurs tenus modestes. »

   9. Dom Denis, art. cité, p. 146.
   10. Art. cité, p. 147.
   11. Dom P. Denis, art. cité, p. 148.
   12. Dom Luc d'Achery, *Remarques faictes de quelques actions et parolles du R.P. Dom
Grégoire Tarrisse p. Dom Luc d'Achery*, 1643, publié par Henri Stein, Le premier supérieur
général de la Congrégation de Saint-Maur, Dom Grégoire Tarrisse, 1575-1648, *Mémorial,
op. cit.*
   13. Dom Luc d'Achery, « La bonté de son esprit luy fournissoit quantité de beaux
desseins... le premier estoit de faire estudier les religieux à la Sainte Escriture. C'est
pourquoi afin de jetter des bons fondements, il fit apprendre aux jeunes religieux le grec
et l'hébreux. C'est pourquoi il fit venir à Paris le bon père D. Thomas du Four pour
l'hébreux... donna environ douze religieux audit Père D. Thomas, auxquels il enseigna
la Sainte Langue... (Plus tard) convoyant ledit D. Thomas demeurer à St. André de
Villeneuve, afin qu'il peut conférer avec les Juifs et qu'il se perfectionna d'autant plus
en la Langue sainte... », *op. cit.*, p. 61-62.

gués où se fraye le passage de la théologie scolastique à la théologie positive. Voici la définition que propose Luc d'Achery de la théologie : « et pour cela il fauldroit reprendre l'ancienne coutume de l'ordre d'enseigner la théologie qui n'est aultre que l'interprétation de quelques livres de la Bible »[14] lui donnant et ses lettres de noblesse — c'est l'ancienne coutume de l'ordre — et sa différence spécifique : elle n'est pas, elle n'est plus de la scolastique mais de l'exégèse biblique. Or ce choix d'accorder une préférence à l'exégèse des textes, d'abord du premier des textes, celui des Ecritures, ensuite de tous les autres textes, *Diplomata* et *Chartae*, pour l'établissement des *Acta*, avait déclenché un débat au sein de la Congrégation entre Dom Anselme le Michel et Grégoire Tarrisse[15] : « ... sur ce que D. Anselme le Michel enseignait la théologie en la mesme Abbaye de St. Germain, il advança quelques propositions dans les prolégomènes, qu'il estoit absolument nécessaire qu'un Supérieur fût théologien, ce qui causa beaucoup de bruit, de riotes et mocqueries parmy les escholiers, quelques uns nommant tout hault avec mespris quelque Supérieur qui n'avait point estudié en théologie... »[16]. Luc d'Achery prend clairement parti : « ... je dis théologie scolastique, laquelle n'est pas absolument nécessaire, comme il prétendoit prouver »[17], affirmant sa dilection pour le tour que prendra ultérieurement l'étude mauriste avec la théologie positive, examinant les textes, et délaissant les querelles scolastiques, pour se tourner vers les antiquités chrétiennes. De là, son projet de travailler à « l'histoire générale (dont nous avons quantité de mémoires) et en particulier à celle de la Congrégation »[18], « d'employer quelques religieux pour transcrire et mettre en lumière les vies de nos Saincts en mesme stil qu'elles se trouvent dans les manuscripts »[19], de réimprimer les auteurs bénédictins. Dans ces mêmes souvenirs, Luc d'Achery rappelle combien Grégoire Tarrisse était attaché à la réfection de la biblio-

14. Dom Luc d'Achery, *in* Dom P. Denis, p. 148.
15. Cf. Dom Luc d'Achery, *in* H. Stein, p. 62.
16. Cf. Dom Luc d'Achery, *in* H. Stein, p. 63.
17. *Op. cit., ibid.*
18. Dom Luc d'Achery, *in* P. Denis, p. 149.
19. *Ibid.*

thèque : « Comme il affectionnoit fort les livres et incitoit souvent de vive voix et par lettre les Supérieurs à en achepter suivant la portée de leur monastère, leur représentant qu'ils estoient autant nécessaires pour entretenir les esprits, que le bled dans le grenier; car comme pour faire du pain et nourir le corps, il fault mouldre le bled, le paistrir et le cuir et le manger; de mesme il faut faire la lecture des livres, peser bien les mots et la substance avec une intention ardente de plaire à Dieu et mettre en pratique ce qui a esté enseigné. »[20] La lettre de Luc d'Achery au chapitre général de 1648 énumère la liste des moines qui avaient été précisément désignés pour travailler « tant à l'histoire générale de l'ordre qu'aux manuscripts et vie des Saincts »[21]. Ainsi, installé dans son quartier général à la bibliothèque de Saint-Germain-des-Prés dont il a la charge, Luc d'Achery l'enrichit et y rédige son catalogue, avec la complicité de ses supérieurs qui l'appuient à tour de rôle. Le bibliothécaire de l'abbaye, héritier de l'œuvre accomplie par l'helléniste et hébraïsant Dom Menard[22] qui avait mis à jour un texte disparu de la littérature patristique, une épître de Barnabé, le compagnon de saint Paul, découverte en version latine dans les manuscrits de Corbie, « réussit — dit Georges Tessier — par une politique judicieuse d'acquisition à en faire un véritable laboratoire de l'érudition »[23]. Après avoir publié, on l'a vu, les *Œuvres de Guibert de Nogent* (en 1651) et un peu auparavant les *Œuvres de Lanfranc* (1647), il travaille à ses *Spicilèges* dont il composera treize volumes in-quarto de 1655 à 1677, imposante collation de documents différents, canons, conciles, chroniques historiques, vies de saints, correspondance, diplômes et chartes, pièces qu'il avait découvertes ou qui l'avaient été par d'autres moines dans les monastères de la

20. Dom Luc d'Achery, *in* H. Stein, art. cité, p. 68 qui ajoute : « On lui doit la restauration de la belle et célèbre bibliothèque de St. Germain des Prez, laquelle a causé une très bonne odeur de la Congrégation... (p. 69)... Il n'avoit pas seulement soin de la bibliothèque de St. Germain mais aussi, il incitoit les Prieurs des aultres monastères d'achepter de bons livres... » (p. 70).
21. Ce sont Philippe de Romagny, Placide Berteau, Jean d'Huire, Claude Chantelou (la lettre orthographie Chanteleu), Noël Mars, D. François, Philbert Jamet, donc sept mauristes, *op. cit.*, p. 150.
22. Cf. D. Leclercq, t. 1, p. 62.
23. G. Tessier, art. cité, p. 17.

Congrégation. L'orientation des études dans lesquelles il s'est engagé correspond à la première grande vague des productions de la Congrégation, à un programme essentiellement tourné vers les œuvres ecclésiastiques, destiné à occuper les moines, à les édifier en même temps qu'à célébrer leur ordre et à défendre l'Eglise en faisant connaître les monuments qui attestent dans les siècles passés, sa grandeur, un programme de patrologie et de théologie positive, un programme de retour aux antiquités nationales par les antiquités ecclésiastiques. Il ne s'agit pas seulement de défendre l'Eglise catholique devant les attaques dont elle est l'objet par des pétitions de piété, ou de s'en tenir exclusivement au dogme et à la scolastique. Il s'agit d'appliquer aux écrits des pères, les méthodes de la philologie humaniste. C'est cet homme qui sera le mentor de Mabillon.

Le second moine qui pilote les études mauristes et qui joue un rôle décisif dans la vie de Mabillon est Dom Claude Chantelou... Par sa disparition. Six mois à peine s'étaient écoulés depuis l'arrivée à Saint-Germain-des-Prés de Mabillon, que Dom Claude Chantelou, déjà atteint par la maladie, mourut. A Saint-Denis, Mabillon n'avait été que son correspondant dans la préparation de l'édition de saint Bernard et à l'abbaye parisienne il n'était que son aide; cette fois, on lui demande de prendre la place du moine et le Prieur de Saint-Germain-des-Prés annonçait à l'un de ses amis : « Nos Rev. Pères ont subrogé en sa place et son employ un autre religieux nommé Dom Jean Mabillon, champenois de nation. »[24] Or ce coup d'essai fut un coup de maître. Lorsque parut en 1667 le premier tome des *Œuvres complètes de saint Bernard* agrémenté d'une préface, de notes, d'avertissements, d'observations très précis, Mabillon fut salué et reconnu et le jugement d'Ellies Dupin recueilli par Dom Tassin résume bien l'événement : « Les connoisseurs jugèrent qu'il tiendroit un rang considérable parmi les savans de son siècle. »[25] Le jeune mauriste étonne par sa rapidité d'exécution qui n'est possible que parce qu'elle repose sur le fonctionnement désormais à plein régime

---

24. Cité par D. H. Leclercq, *Dom Mabillon*, Paris, 1953, 2 vol., t. I, p. 62.
25. Dom Tassin, *Histoire littéraire, op. cit.*, p. 220.

de l'*atelier bénédictin*. Sur les quarante-huit moines que compte la Congrégation en 1665, à peine une douzaine d'entre eux se consacrent aux études historiques et encore tous ne le font pas au même niveau et de la même manière. Un siècle plus tard, Dom Grenier, dans le *Plan de Réforme* qu'il présentera aux commissaires du roi[26] établira une distinction très nette entre les littérateurs à part entière, leurs simples correspondants, les aides, mais la division existait déjà lorsque Mabillon en 1665, devient à son tour un des maîtres d'œuvre de l'érudition. Les tâches s'effectuent collectivement. Affecté auprès de Luc d'Achery et de Claude Chantelou, tous deux âgés et en mauvaise santé, le Champenois se verra à son tour adresser deux associés dont il fera des compagnons, Michel Germain et Thierri Ruinard[27], et l'effort s'accomplit sur la base du programme qui a été tracé à l'avance[28], quelque vingt années auparavant et que doivent réaliser les monastères dispersés sur l'étendue de tout le royaume comme s'ils ne formaient qu'une seule maison. Dans chaque institution mauriste, des moines sont désignés pour collationner des documents ou les transcrire, rassembler les matériaux qui sont expédiés ensuite à l'équipe qui centralise l'œuvre et qui est chargée de la rédaction et de l'impression. Le programme envisagé correspond à peu près à la durée d'une génération de mauristes. Si Mabillon va si vite, c'est qu'il a déjà une génération derrière lui, et qu'avant que ne commence son œuvre, une mission instituée par le généralat de la Compagnie ayant inspecté dans la France entière toutes les archives et les bibliothèques monastiques, permet, grâce à ses premiers travaux, que soient rédigées de manière accélérée les œuvres qui vont suivre.

A côté des supérieurs, il y a les compagnons. Sur les quarante-huit religieux qui vivent alors à l'abbaye, quinze seulement y résideront jusqu'à leur mort, dont l'éloge figure au nécrologue de Saint-

26. Cf. *Plan d'études que la Congrégation de Saint-Maur présente aux commissions du Roi en 1766. Fonds Moreau*, n° 305, fol. 48 et sq. Cf. notre livre V.

27. Cf. livre III.

28. M. Laurain-Portemer a distingué dans son analyse des travaux d'érudition des mauristes trois grandes époques (1650-1710), (1710-1760), (1760-1790), in *Mémorial du XIVe centenaire de l'abbaye de Saint-Germain-des-Prés, op. cit.*

Germain-des-Prés. Avec les habitants du monastère mais aussi avec les nombreux moines qui n'y font qu'une halte ou qu'un séjour, Mabillon va nouer des relations intimes ou vagues, proches ou distantes. Comment les imaginer ? Nous savons leurs costumes et la sobre composition de leur vestiaire : une robe, une soutane, un scapulaire, un froc (ou coule), un bonnet, une ceinture, des chaussures, sandales, deux paires de bas, trois pièces de linge et quelques sous-vêtements ; nous connaissons la robe noire « d'un drap médiocrement tondu qui ne soit ni fin, ni luisant, ni pressé »[29], cousue de bas en haut avec une ouverture unique au milieu de la poitrine qui descend jusqu'au-dessus des pieds et ses manches sont assez larges pour recouvrir les deux poings, le scapulaire plus long que la tunique et de même largeur que le lainage, les sandales et les bottes, blanches, les ceintures de cuir, les dessous blancs, noirs ou gris, le froc de serge légère qui recouvre tout, si caractéristique avec son capuchon. Mais l'habit ne fait pas le moine, dit-on. Comment deviner sous le capuchon, les traits d'un visage, la couleur des yeux, voir sous la robe la taille et l'allure, la carnation et le grain d'une peau, comment retrouver le soleil de la vie, lorsque, à quelques exceptions près, n'existent ni gravure ni peinture permettant d'identifier les profès ? Les moines n'existent-ils que comme des ombres ? Ne savons-nous d'eux que ce que nous livre le nécrologue de l'abbaye : des dates, des lieux, instants décolorés, paysages déplacés que la mort a surpris, que le temps a vaincus ? S'il est difficile de faire revivre ces hommes et plus encore de ressusciter leurs âmes puisqu'ils la réservaient à celui vers lequel montaient leurs prières, ils ne nous ont pas non plus laissé seulement le résidu d'un passé sans colère ou la cendre d'une vie sans rayon ; ils nous ont légué leurs lettres, leurs livres, leurs collections de diplômes et d'actes. Oh ! dira-t-on, poussiéreux in-folio, que seul un autre bénédictin pourrait avoir l'envie d'ouvrir. Pas exactement. Celui ou celle à qui prend le goût d'aller dans la belle salle fraîche du Cabinet des Manuscrits de la Bibliothèque

29. Madeleine Laurain-Portemer, L'habit des mauristes au xviiie siècle, *Sous la règle de Saint-Benoît, structures monastiques et société en France du Moyen Age à l'époque moderne*, Paris, Genève, 1982, p. 129.

nationale, dont les étagères sont emplies des collections que les
bénédictins ont engrangées, demander les registres du fonds Saint-
Germain ou de la collection Moreau des manuscrits français, trouvera
des pages écrites élégamment sur un papier que le temps à peine
a froissé, s'il en a déteint l'encre. Mémoires, recueils, copies, prospectus
et correspondances : des plaintes, des cris, des mots d'esprit s'échappent et des pensées se débattent comme toujours aux prises avec
l'incompréhension, la mesquinerie, le doute, cognés aux embûches,
aux déceptions, à l'imprévisibilité des ronces buissonnantes de la vie.
Et puis d'un coup, au détour d'une lettre, un croquis s'envole comme
un oiseau gicle d'un bosquet : une silhouette s'esquisse, celui-là
grand et robuste, le cheveu blond que la maladie consume aujour-
d'hui, celui-ci chétif, doué d'une combativité terrible qui résiste à
toutes les agressions. Le premier est geignard, le second content
de tout, mais les deux sont habiles. L'un est servile, l'autre moqueur
sous l'apparente humilité qu'il réserve à son correspondant « votre
grandeur ». On participe à des débats et à des combats intellectuels
et on observe l'élan d'une immense volonté de savoir[30]. L'armée
des ombres des neuf mille mauristes n'a pas laissé que des os blanchis
aujourd'hui retombés en poudre, elle a aussi entassé, amassé, organisé un arsenal d'archives où l'on peut encore entrer.

La génération qui a, sinon jeté les bases de ce travail, du moins
produit les premiers résultats, la génération de Mabillon et des amis
qu'il va se faire à Saint-Germain-des-Prés, est la génération du siècle
de Louis XIV. Née dans les années 1630 ou 1640, un peu plus tard

---

30. L'un des plus beaux passages du livre qu'Emmanuel de Broglie a consacré à
Mabillon (*Mabillon et la société de l'abbaye de Saint-Germain-des-Prés*, Paris, 1888, 2 vol.)
est à notre sens celui où il exprime son émerveillement devant les correspondances bénédictines : « Lorsqu'on ouvre pour la première fois un des gros in-folio manuscrits qui
renferment les correspondances bénédictines, ou du moins ce qui a échappé de ces correspondances à l'incendie de Saint-Germain-des-Prés en 1794, la surprise est grande, et ce
n'est pas sans étonnement qu'on voit passer devant ses yeux les noms les plus divers et
les plus disparates. Ces feuillets jaunis, dont quelques-uns portent les traces encore visibles
du feu où ils ont été arrachés, semblent faire revivre pour un moment toute une galerie
de figures différentes les unes des autres, un peu étonnées peut-être de se trouver ensemble.
Ces lettres, réunies sans grand ordre, sont aussi un saisissant témoignage des collections
que, d'un bout de l'Europe à l'autre, les savants de tous ordres, de toute nature et de
toutes les confessions religieuses entretenaient ensemble », t. 1, p. 128.

quelquefois, elle arrive à l'âge d'homme à la mort de Mazarin et elle
s'éteint un peu avant, un peu après le monarque dont le règne personnel a commencé en 1661. Le siècle de Louis XIV, dans la grande
écluse qui retient les eaux françaises en attirant le deuxième XVIIe siècle
est gros de querelles religieuses de toute sorte qui ruissellent, s'en-
trecroisent, affluent, ou s'ensablent : les jansénistes luttent avec les
jésuites, Pascal s'élève contre la Compagnie. Arnauld, Nicole, la
Mère Angélique, Barcos, Quesnel, Gerberon, les parlementaires coa-
lisés contre la bulle *Unigenitus* résistent au roi et à ses confesseurs.
La querelle du jansénisme finit par imprégner tout le tissu socio-
politique. Il y a d'autres controverses : Fénelon, Mme Guyon et le
quiétisme, mais aussi l'affirmation de la politique gallicane de la
monarchie et les remous qu'elle entraîne, suite des desseins de Richelieu qui culmine en 1682 avec la *Déclaration des quatre articles*, laquelle
formule une dernière fois la doctrine selon laquelle au temporel,
le clergé français est soumis à l'autorité du pape et la supériorité
du Concile sur le Pontife. 1682 : aboutissement et point de non-
retour de l'affaire de la Régale entamée en 1678. C'est dans ce cadre
de la politique gallicane engagée, enflée et manquée qu'il faut inscrire
l'œuvre de la génération des compagnons de Mabillon et les disputes
dans lesquelles elle s'engage : querelle de la théologie positive,
querelle avec la Trappe, querelle de la diplomatique, querelle avec
le Carmel espagnol. Querelles religieuses qui n'ont plus grand sens
aujourd'hui ? Disputes oiseuses de moineries ? « Tournois sublimes,
mirifiques batailles que la nuit seule pouvait fuir. Juges et combattants, tous se retiraient pleins d'admiration pour eux-mêmes, gonflés,
vides et presque idiots... On se demande si la Chimère bourdonnant
dans le vide, ne pourrait pas dévorer les secondes intentions ? »
Michelet a moqué leurs prédécesseurs. Il y a pourtant autre chose
en ce XVIIe siècle français parce que la raison et la déraison, la science
et la prophétie sont religieuses, que les mots pour dire et les phrases
pour penser les débats idéologiques ou culturels, les disputes intellectuelles, sont mots et phrases de religion, et que si l'on veut les
démêler, il faut accepter de les entendre.

Venons-en aux mots, venons-en aux hommes même si nous ne

pouvons que sortir leurs fiches et regretter que l'histoire doive
s'arrêter là où commencerait le roman. Parmi les compagnons du
Champenois, il y a d'abord des proches. Claude Estiennot de La Serre
(1639-1699), arrivé à l'abbaye de Saint-Germain-des-Prés en 1669,
se lie d'amitié avec notre héros avant de devenir à Rome un procureur
général de la Congrégation particulièrement efficace pour soutenir
le Champenois[31]. C'est lui qui, en 1672, accompagnera Mabillon en
Flandres et fera de 1673 à 1684 (près de dix années) une chasse aux
documents, rabattant, ramassant, emportant dans les monastères du
Berry, du Poitou, de l'Orléanais, du Blésois et de la Touraine, puis
du sud-est et du sud-ouest de la France. « On peut sans trop de
hardiesse, écrit Vidier, supposer que c'est Mabillon qui, après avoir
encouragé les travaux d'Estiennot sur le Vexin, après l'avoir vu à
l'œuvre en Flandre, le désigna au choix du Supérieur général éclairé
qu'était Dom Marsolle pour procéder à la vaste enquête jugée
nécessaire dans les archives et les bibliothèques monastiques de la
France entière. »[32] Selon ses propres mots, « fort attaché à l'antiquaille
et y passant dix à douze heures par jour quand je trouve de quoi
les employer », Claude Estiennot accomplira en quinze années une
besogne colossale et rapportera plus de quarante volumes in-folio
qui serviront de sources aux auteurs des *Annales de l'histoire de saint
Benoît* et à ceux des *Historiens des Gaules et de la France*. Installé ensuite
à Rome, il préparera les voyages de Mabillon en Italie. Une petite
partie de son immense correspondance, en particulier avec Mabillon,
a été publiée par Valéry et Gigas[33]. Extrêmement vivante, elle contient

31. Cf. A. Vidier, Un ami de Mabillon : Dom Claude Estiennot, in *Mélanges à l'occasion
du deuxième centenaire de la mort de Mabillon*, Paris, 1908.
32. Vidier ajoute : « Le caractère officiel de cette mission ressortirait d'après
M. l'abbé Venel, des notes de d'Achery qu'il cite malheureusement avec une cote inuti-
isable; à défaut de ces notes, l'on a le témoignage de Mabillon lui-même dans la biographie de Dom Marsolle (*Ouvrages posthumes*, t. II, p. 37) et dans une lettre écrite beaucoup
plus tard, le 29 avril 1700, après la mort d'Estiennot, et adressée au prieur de Nouaillé.
Mabillon dit en effet dans cette lettre que le R.P. Marsolle, général de l'ordre, avait
chargé Estiennot « de faire des recueils partout pour composer les Annales de notre
Congrégation », *op. cit.*, p. 284-285.
33. Valéry, *Correspondance inédite de Mabillon et de Montfaucon avec l'Italie*, Paris, 1846,
3 vol.; Gigas, *Lettres des bénédictins de la Congrégation de Saint-Maur*, Copenhague, 1892-
1893, 2 vol.

une foule de détails sur les affaires et les querelles de la Congrégation
— qui est ami, qui est ennemi ? — mais aussi sur la politique italienne
et la politique française, la chronique des événements romains. Il
profite de son installation au Vatican pour fourrager, mais avec bien
davantage de difficultés en raison des susceptibilités et des suspicions
des Romains à l'égard d'un mauriste gallican, dans la Bibliothèque
vaticane. Avec un don particulier pour arranger les affaires mal en
point de la Congrégation : « A toutes les parties d'un homme de
lettres, écrit Tassin dans la notice biographique qu'il lui consacre[34],
il joignait une dextérité merveilleuse pour les affaires, hardi avec
prudence, secret sans affectation, adroit sans le paraître, insinuant
sans bassesse, ferme sans entêtement ; il y avait peu de conjonctures
embarrassantes dont il ne se tirât avec honneur » ; il fera merveille
notamment au moment de la querelle avec la Trappe. Après Claude
Estiennot, le grand ami proche, le compagnon et le collaborateur
de tous les instants de Mabillon, est Michel Germain (1645-1694).
De treize ans plus jeune que notre Champenois, né à Péronne en
Picardie — il y aura beaucoup de Picards dans cette génération
mauriste —, profès comme Mabillon à Saint-Rémi de Reims, Michel
Germain est appelé à l'abbaye parisienne pour seconder l'auteur des
Acta Sanctorum comme le premier l'avait été pour aider Claude
Chantelou. On avait remarqué, témoigne Tassin, dans le cours de
ses études « un grand fonds d'esprit, une imagination vive et une
mémoire heureuse »[35]. Grand, robuste, travailleur infatigable, toujours prêt à pourfendre les ennemis du grand Mabillon avec beaucoup
d'humour et de courage, écrivant des lettres pleines de verve et de
vie[36], c'est lui qui rédigera le quatrième livre du *De Re Diplomatica*.
Il accompagnera Mabillon dans ses voyages en Allemagne et en
Italie comme Claude Estiennot l'avait accompagné dans les Flandres.
Son œuvre capitale à la publication retardée est l'histoire abrégée
de tous les monastères de la Congrégation de Saint-Maur et trois
volumes in-folio, le *Monasticon Gallicanum*. Avant qu'elle ne paraisse,

34. D. Tassin, *Histoire littéraire...*, *op. cit.*, p. 177.
35. D. Tassin, *Histoire littéraire...*, *op. cit.*, p. 152.
36. Cf. correspondance bénédictine par Valéry et BN, *Ms. fr.* papiers Mabillon.

l'immense documentation rassemblée par Michel Germain servira puissamment les recherches des auteurs de la *Gallia Christiana*. Ses gigantesques travaux vinrent à bout de sa robustesse et il meurt précocement à quarante-neuf ans. Le second collaborateur intime de Mabillon sera plus jeune encore : avec Thierri Ruinard (1657-1709), appelé en 1682 à Saint-Germain-des-Prés pour collaborer avec son grand aîné, on change cette fois de génération : vingt-cinq ans de moins que Mabillon ! Après des études de philosophie et de théologie à Saint-Pierre de Corbie, le nouveau compagnon du premier érudit de la Congrégation va l'aider en visitant pour lui les monastères et les archives des Eglises d'Alsace et de Lorraine en 1696. Il consacre plusieurs ouvrages aux actes des martyrs puis il collabore aux *ASOSB*[37] en particulier pour les deux tomes in-folio du VIᵉ siècle bénédictin, défend Mabillon dans la querelle de la diplomatique et surtout, compose après sa mort, un *Abrégé de la vie de Dom Jean Mabillon*, Paris, 1709, récit tacitéen où la densité équilibre le laconisme et que nous utilisons encore.

A l'abbaye, Mabillon côtoie aussi des moines hauts en couleur qui, par leur implication dans la querelle du jansénisme, font retentir jusque dans le silence du cloître les bruits du siècle : Claude Martin, Thomas Blampin, Pierre Constant, Edmond Martène, Ursin Durand. Claude Martin (1619-1696) est l'un des rares mystiques de la Congrégation et l'un de ses grands personnages. Tassin porte sur lui cette appréciation : « L'un des plus grands supérieurs non seulement de la Congrégation de Saint-Maur mais peut-être de tout l'ordre de Saint-Benoît. »[38] Né à Tours, le fils de la mère ursuline, Marie de l'Incarnation, est d'abord le protégé de la nièce de Richelieu, la duchesse d'Aiguillon. Après des études de philosophie et de théologie, il entre comme profès à Saint-Maur le 3 février 1642. Mystique résolu, « l'une des principales (actions héroïques) fut la résolution qu'il prit et qu'il exécuta, de se rouler tout nu dans les épines à l'exemple de saint Benoît »[39]. Il devient en 1668, l'assistant de Bernard Audebert alors

37. *Acta Sanctorum...*, cf. *supra*.
38. Tassin, *op. cit.*, p. 163.
39. Tassin, *op. cit.*, p. 167.

général de la Congrégation. C'est à ce titre qu'il censure Mabillon
dans son édition des œuvres de Pierre de Celle, premier accroc sérieux
du Champenois avec un mystique. Animateur de l'édition des *Œuvres
de saint Augustin* que les mauristes engagent à l'instigation d'Arnauld,
il est mêlé à la querelle du jansénisme et en contradiction avec la
politique de la monarchie. Claude Martin se fait remarquer comme
opposant lorsqu'il rédige en 1672 un mémoire qui réfute le projet
du roi de réunir Cluny à Saint-Maur, puis au moment de la fuite
de Gabriel Gerberon en Hollande en 1682, il se trouve cette fois en
première ligne des soupçons qui pèsent sur le gouvernement de la
Congrégation[40]. L'affaire manque de tourner très mal : l'intendant
d'Amiens n'hésite pas à faire comparaître un à un tous les religieux de
l'abbaye de Corbie d'où Gabriel Gerberon s'est enfui, et le ministre,
de Seignelay, qui a fini de rire, fait mener une enquête sur les richesses
de la Congrégation. En 1687, le roi fait connaître au chapitre général
qui s'apprêtait à élire Claude Martin comme général, son veto et il
demeure assistant, non sans combattre encore, pour conserver à la
Congrégation les prieurés que le chancelier voulait lui enlever. Il a
publié des œuvres mystiques et ascétiques. A côté de lui, Dom Thomas
Blampin (1640-1710), né à Noyon en Picardie, profès à l'abbaye de
Saint-Rémi de Reims comme Mabillon, en 1658 entre les mains de
Vincent Marsolle qui le fait venir à Saint-Germain où il devient professeur de Théologie. Spécialiste de saint Augustin, il est chargé de
l'édition de ses œuvres à laquelle il travaillera pendant vingt ans,
de 1679 à 1700. Accusé de jansénisme parce qu'il a notamment inséré
dans le tome X des œuvres un texte d'Arnauld, il est déposé et fait
cellerier de l'abbaye puis, pour plus de prudence, on le fait quitter
Paris. Protégé par Le Tellier, il est nommé ensuite au gouvernement
du monastère de Saint-Nicaise, puis élu visiteur de la province de
Bourgogne au chapitre général de 1708. Pierre Coustant (1654-1721),
né à Compiègne qui après des études chez les jésuites, a fait sa profession à Saint-Maur en 1672, avant de devenir l'élève de François
Lami, et bientôt le collaborateur de Thomas Blampin, chargé de

40. Cf. livre III : *La Congrégation bénédictine de Saint-Maur.*

confectionner les tables et de discriminer les sermons authentiques des apocryphes. Mabillon en 1700 rédige la préface générale de l'édition à laquelle ils consacrent une partie de leur effort. Bientôt viendra Edmond Martène (1654-1731), lui aussi beaucoup plus jeune que Mabillon (de vingt-deux ans!) et qui, promis à une vie plus longue que celle de Thierri Ruinard, sera à la fois le témoin de la génération du Champenois et l'acteur de la génération suivante. Né à Saint-Jean-de-Losne, près de Dijon, d'une famille alliée à la robe, profès à Reims (abbaye de Saint-Rémi) en 1632, il commence à travailler sur la règle de saint Benoît. Sa première publication, *Commentarius in Regulam S.P. Benedicti litterali...*, Paris, 1690, en pleine querelle des études monastiques prépare la contre-offensive de Mabillon contre Rancé. Installé à Saint-Germain-des-Prés, il rédige la *Vie du vénérable P. Dom Claude Martin* dont l'impression en 1697 lui vaudra des ennuis à la mesure de la suspicion que le souvenir de Claude Martin inspire aux autorités de l'Etat, et le voici exilé dans le Bas-Maine. Là, au tournant de sa vie, il est recruté par un autre réprouvé de fraîche date, désormais tiré d'affaire, Denis de Sainte-Marthe, pour les travaux de la *Gallia christiana*. En 1708, Martène est chargé de visiter les archives des Eglises cathédrales et des abbayes de France afin d'y recueillir tous les documents nécessaires. A partir de 1709, associé à Ursin Durand, il voyagera six années durant en France mais aussi dans les électorats de Trêves, de Cologne et de Mayence puis en Flandre, rapportant deux mille pièces qu'il collationne avec son compagnon dans un ouvrage de cinq volumes in-folio, le *Thesaurus novus Anecdotorum*, Paris, 1717 et sq. Ce trésor d'anecdotes est accompagné de la relation du voyage accompli... *Voyage littéraire de deux religieux bénédictins Congrégation de Saint-Maur...*, Paris, 1717. Invités par le chancelier d'Aguesseau à s'engager avec Ursin Durand dans la rédaction du *Recueil des historiens de France*, ils accomplissent en 1718 un second voyage en Pays-Bas et en Allemagne dont la relation paraîtra en 1724 accompagnée de neuf volumes in-folio de pièces collationnées, *Veterum Scriptorum* (1724-1733). Entre autres ouvrages, Dom Martène a aussi composé l'*Histoire de la Congrégation de Saint-Maur* dont nous nous servons encore aujourd'hui. A côté de ces premiers rôles, des moines plus effacés. Dom Simon Bougis (1630-1714), religieux impeccable d'une grande régularité d'exercice, qui deviendra malgré qu'il en ait, général de la Congrégation. Issu d'une des premières familles de la ville de Sées, novice à l'abbaye de Vendôme, lui aussi est en quelque sorte un disciple de Vincent Marsolle qui était alors prieur de cette abbaye, tandis que Claude Martin était sous-prieur. Devenu secrétaire de Vincent Marsolle alors général en 1672, il sera dix ans plus tard prieur de Saint-Denis, élu visiteur de Normandie, puis prieur de Saint-Ouen. Assistant du régime en 1690, il sera élu général malgré son humilité — la nouvelle de cette élection lui fait prendre la fuite —, au chapitre de 1699. Dom Martianay (1647-1717), venu de Toulouse, latiniste et hébraïsant qui participe à la querelle du spinozisme, où il défend la *Vulgate* contre les attaques de Richard Simon et de Jean Le Clerc, polémique contre Isaac Vossius, publiant la *Défense du texte hébreu et de la chronologie de la Vulgate contre le livre de l'Antiquité des tems établis*, Paris, 1689. Il travaille à Saint-Germain-des-Prés sur la publication des *Œuvres de saint Jérôme*, qu'il éditera de 1693 à 1706 avec une dédicace à Innocent XII. Dom Jean Robert Quatremaire, d'origine normande, grand épistolier en rapport avec les monastères provinciaux, disparaît précocement. Jacques du Frische (1641-1693), né à Sées en Normandie, parent de Simon Bougis, profès en 1663 dans l'abbaye de Jumièges devant Vincent Marsolle, vient à Saint-Germain-des-Prés remplir l'office de grand pénitencier tout en s'adonnant à la patrologie. Il dirige l'édition des *Œuvres de saint Ambroise* (2 vol., 1686-1690), travaille à la traduction de *La vie de saint Augustin*, imprimée dans le dernier tome de l'édition de saint Augustin et meurt avant d'avoir pu mener à bien celle de *saint Grégoire de Nazianze*. Denys de Sainte-Marthe (1650-1725), né le 24 mai 1650 à Paris dans la famille de Sainte-Marthe, féconde en historiens, profès en 1668, puis prieur de Saint-Julien de Tours, est déposé après s'être engagé contre Rancé en faisant imprimer en 1692 un recueil de quelques pièces qui concernent les quatre lettres écrites à M. l'abbé de la Trappe ; mais appelé aussitôt à Saint-Germain-des-Prés pour s'occuper des prônes dominicaux et de la bibliothèque, dans un exil qui ressemble furieusement à une promotion ; de nouveau nommé prieur à Rouen, il revient en force en publiant l'*Histoire de saint Grégoire le Grand, pape et docteur de l'Eglise* en 1697. Il est payé de retour par un bref remerciement du pape, auquel il a dédicacé l'ouvrage. Nommé prieur aux Blancs-Manteaux en 1708, il sera chargé par le cardinal de Versailles de rédiger la *Gallia Christiana*, son grand ouvrage et élu général de la Congrégation en 1720.

De Michel Germain à Claude Martin, de Thierri Ruinard à ceux que nous oublions et qui, comme le cartésien François Lami ont brillamment traversé le siècle par leur souci de l'opinion ou l'attention aux relations, l'éventail des origines sociales représentées à Saint-Germain-des-Prés est large, qui se déplie du laboureur au hobereau en passant par le robin, la distribution des interventions diversifiées qui massées sur l'érudition, n'oublient ni la théologie, ni la politique[41]. L'équipe de Saint-Maur, réformée par Richelieu et Grégoire Tarrisse, vivifiée par le renouveau religieux du « siècle des saints » avait levé l'ancre depuis une génération pour défendre les couleurs de l'histoire ecclésiastique gallicane. C'est dans ses rangs qu'un moine issu des humbles, exilé de sa belle campagne endormie, recruté par Claude Chantelou et entraîné par Luc d'Achery, allait de la cabine même du commandant, sous les vivats des uns et les sifflets des autres, étonner le monde des doctes et révolutionner la science de l'histoire en écrivant *La Diplomatique*. Auparavant, il devait se préparer par quelques exercices.

De 1664 à 1689, de la date du jour d'arrivée de Jean Mabillon à Saint-Germain-des-Prés, il s'écoulera quinze ans. Quinze années pour faire du mauriste le savant le plus reconnu de son temps. Production différée, floraison retardée, Mabillon n'aura pas moins de quarante-neuf ans lorsqu'il publiera *La Diplomatique* qui le rendra célèbre. A jeter un coup d'œil sur la série déjà impressionnante des ouvrages qu'il va rédiger pendant cette période, on constate qu'à l'exception des œuvres de première jeunesse, ils se divisent en trois catégories : la première occupée par la publication de l'œuvre de Pierre de Celle, de saint Bernard et des actes de la vie des saints bénédictins, rassemble des écrits patrologiques et d'histoire de l'ordre, la seconde regroupe

---

41. Pour une présentation plus complète des moines de Saint-Maur, cf. livre III.

des livres plus circonstanciels de controverse ecclésiastique. La troisième incarnée par un seul écrit, est à soi seule une classe tout entière : *La Diplomatique,* ouvrage de méthodologie historique.

Elles sont touchantes les petites pièces écrites par Mabillon d'avant Mabillon. Il ne s'y trouve ni originalité, ni style personnel mais seulement l'exécution des devoirs de l'état monastique qui inclut de rendre à la mère de César ce qui est à César. D'abord un hymne composé à Corbie en l'honneur de saint Adhalard à qui le moine faisait dévotion et de sainte Bathilde[42] puis, comme l'écrit Thierri Ruinard : « Comme il fit à la mort de la Reine-Mère, Anne d'Autriche, sur laquelle nous avons une prose carrée de luy imprimée en deux différentes fois en 1666. »[43] Les *Œuvres de Pierre de Celle*[44] ont été réintroduites dans le catalogue des ouvrages de Mabillon alors qu'elles en étaient effacées malgré l'indication donnée par Thierri Ruinard[45], par Léopold Delisle qui en a retrouvé le manuscrit autographe dans le fonds français[46]. De ce manuscrit composé de vingt-huit articles, les articles 8 à 23 ont été supprimés. Une lettre découverte dans le même manuscrit par Léopold Delisle (fol. 43), adressée à Dom Claude Martin[47] assistant du P. Général, expose fort bien les circonstances de la suppression de ces articles : on avait demandé à Mabillon de censurer quelques-uns des propos du P. de Celle, observant rigoureux

---

42. *Hymni in laudem S. Adalhardi et Sanctae Bathildis Reginae officia ecclesiae Corbeinsi propria vel nova edita vel vetera emendata quae omnia in unum collecta typis vulgata sunt ad ejusdem Ecclesiae usum,* Parissis, 1677. Cf. Dom J. M. Besse, Le premier ouvrage de Mabillon, *Mélanges et documents publiés à l'occasion du deuxième centenaire de la mort de Mabillon,* qui publie le calendrier et les deux offices de saint Adhalard et de sainte Bathilde contenant les lignes de Mabillon.

43. Thierri Ruinard, *Abrégé de la vie de Dom Mabillon,* Paris, 1709, p. 51. Cf. M. H. Leclercq, p. 72 : sorte de pièce funèbre.

44. *Petri abbatis cellensis...,* Opera omnia, studio unus e sancti Mauri congregatione monachi benedictini, Parissis, 1671, in-4º.

45. Thierri Ruinard : « Le P. Mabillon prit part à l'édition des œuvres de Pierre de Celle, qui parut en 1671. On pourroit même donner place à l'édition de cet auteur parmi les véritables ouvrages de Dom Jean Mabillon, puisque c'est luy qui en a fait l'épître dédicatoire et les préfaces et qui a eu le principal soin de toute l'édition», *Abrégé...,* op. cit., p. 50.

46. *Ms. fr.* 12694, fol. 3146. Cf. L. Delisle, Dom Jean Mabillon, sa probité d'historien, *Mélanges à l'occasion du deuxième centenaire de la mort de Mabillon,* Paris, 1908.

47. Cf. H. Leclercq, *op. cit.,* t. 1, p. 68. La lettre est publiée par L. Delisle, art. cit., p. 102-103.

de la règle et critique des abus qu'il voyait se développer sous ses yeux mais, plutôt que de tronquer et de défigurer le sens de l'œuvre, le mauriste préféra, en se soumettant, enlever toutes les considérations qu'il avait développées sur le zèle de Pierre de Celle et les remplacer par un petit abrégé. Episode intéressant qui, l'opposant à ses supérieurs, met pour la première fois en lumière son « zèle et sa probité d'historien » selon les mots mêmes de L. Delisle et les difficultés qu'il aura à surmonter pour imposer ses méthodes critiques.

La publication du tome 1 des *Œuvres de saint Bernard* en 1667[48] marque la première étape de la notoriété du mauriste. Son édition qui sera complétée et remaniée dans une seconde édition en 1690[49] a été réalisée sur la base de l'édition antérieure accomplie par Horstius et à laquelle Mabillon, dans le titre même, fait explicitement référence et des travaux entrepris par Claude Chantelou dont il avait donc été l'aide et le correspondant. Mabillon a travaillé sur les nombreux manuscrits que possédaient les bibliothèques de l'ordre en les collationnant et en les comparant avec une célérité et une efficacité remarquables. Mettant là au point la méthode qu'il éprouvera ensuite, il préface les œuvres classées thématiquement et rangées chronologiquement d'une longue biographie de saint Bernard. En tête de chaque tome, est regroupée une recension des points litigieux en matière de controverse ecclésiastique mais aussi d'histoire politique du XIIᵉ siècle. L'accueil est des plus encourageants[50], et celui qui n'était connu alors que comme l'abbé général de la Réforme de Cîteaux et qui allait devenir le cardinal Bona « écrivit à l'auteur en des termes très obligeans, pour le porter à continuer des études qu'il prévoyoit devoir être très avantageuses

---

48. *Sancti Bernardi abbatis primi Claraevallensis et Ecclesiae doctoris Horstium Opera omnia in sex tomos distributa : post V. C. Johannem Merlonem ad varios codeces M. SS collata emendata et aucta studio et opera Domni Johannis Mabillon, e Sancti Mauri Congregatione monachi Benedictini*, Parissis, MDCLXVII, 6 t., 9 vol. in-fol.

49. La 2ᵉ édition, 2 vol. in-fol., Paris, 1690, est dédiée à Alexandre VIII. Ces travaux furent complétés ultérieurement par une nouvelle édition de cinq livres sur la considération (Sancti Bernardi de consideratione libri V ad Eugenium III, p. passu Clementis XI, P. R. Parisiis, 1701), dédiée à Clément X.

50. Tassin, *Histoire littéraire*, p. 200. Cf. aussi Biographie Mabillon-Haureau, t. XXXII : « Mabillon montra dans ses notes sur saint Bernard tant de sagacité et d'érudition, qu'après avoir donné la 1ʳᵉ édition, il fut compté parmi les savants du siècle. »

à l'Eglise », raconte Thierri Ruinard[51]. Mabillon réalisait en effet un des points fondamentaux du programme des études mauristes : la publication des œuvres des pères de l'Eglise latine et grecque et de leurs successeurs.

Sur le second ouvrage d'histoire ecclésiastique que fait paraître Mabillon en collaboration avec Luc d'Achery[52], le témoignage de Michelet est éloquent : « Entrez dans une bibliothèque, demandez les *Acta Sanctorum* de Mabillon, le grand recueil qui a reçu siècle par siècle, couche par couche, l'alluvion nécessaire à l'invention populaire, l'histoire de ces milliers de Saints qui, selon le temps, les nuances enfantines de la piété barbare, ont donné à chaque pays le Dieu du lieu, le Christ local. Tout finit au xiie siècle, le livre se referme ; cette féconde efflorescence, qui semblait intarissable tarit tout à coup. »[53] Celui qui n'est pas précisément un admirateur du Moyen Age, l'époque qui selon lui, chevauchait « ardemment la chimère, l'hircocerf et le bucentaure », ne trouve rien à redire à l'œuvre de Mabillon sinon qu'elle ressuscite le Moyen Age lui-même en sa prolixe et infantile réalité des âges du Fer et du Plomb[54]. Le premier volume de ces *Acta Sanctorum*[55] paraît en 1668. Un an auparavant un prospectus en avait établi le but[56] : « Voici donc notre programme — écrivaient les auteurs — nous donnerons les actes authentiques des saints répartis selon l'ordre des temps, c'est-à-dire des saints de l'un ou de l'autre sexe qui reconnurent en notre Père saint Benoît leur patriarche, même ceux qui appartiennent à des congrégations instituées longtemps après l'établissement de la Règle, ce qui est le cas pour les Clunisiens, les Camaldules, les Cisterciens, les Sylvestriens, les Olivétains, les Célestins, etc. Mais comme ces actes ne sont pas

51. Thierri Ruinard, *op. cit.*, p. 45.
52. *Acta Sanctorum ordinis Sancti Benedicti in saeculorum classes distributa, saeculum I quod est ab anno Christ D. ad DCS collegit Dommus Lucas d'Achery. Congregationis S. Mauri monachus, ac cum eo edidit D. Johannus Mabillon ejusdem congregationis, qui et universum opus notis, observationibusque indicibusque necessaris illustravit*, in-folio..., Paris, 1668.
53. Jules Michelet, *Œuvres complètes*, Paris, 1971, t. 7, La Renaissance, p. 53.
54. *Ibid.*
55. *Ibid.*
56. Sur le prospectus qui indiquait notamment la différence existant entre le dessein des bollandistes et celui des mauristes, cf. D. Leclercq, *op. cit.*, t. 1, p. 76-77.

exempts d'inexactitudes, nous ferons effort, au moyen de notes très concises de corriger le texte, d'expliquer les obscurités et de rétablir la chronologie »[57]. Il s'agissait d'édifier une histoire générale de l'ordre à partir des *Acta* accomplis par ses saints et ses grands personnages. Luc d'Achery travaillait depuis vingt ans à en réunir les matériaux. Pour cela, comme le met en évidence la correspondance des cisterciens avec le bibliothécaire et Mabillon[58], il avait fait appel au concours de tous les moines de l'ordre en France mais aussi à l'étranger. Les deux auteurs avaient demandé aux moines d'Italie, d'Allemagne, de toute l'Europe de jouer le rôle de limier et de rabattre le gibier qu'ils traquaient : les textes portant témoignage de l'histoire de l'ordre. Ce sont de simples copistes ou quelquefois d'éminents correspondants qui leur acheminent une à une les pièces transcrites des originaux. Si Luc d'Achery a fait un travail essentiel de collation, Mabillon est responsable de l'impression. Au lieu de donner les biographies des saints en suivant l'ordre du calendrier, il adopte un ordre chronologique en commençant par le 1er siècle bénédictin (VIe siècle), précédé d'une longue préface qui traite des données générales de l'établissement de la vie monastique en Occident, des règles qui étaient observées avant et à partir de saint Benoît. Son mérite, écrit très justement Dom Leclercq, « consistait à ouvrir des perspectives nouvelles en montrant les ressources historiques accumulées dans l'hagiographie, parente pauvre à laquelle personne ne demandait jusque-là un témoignage scientifique mais tout au plus un élément d'identification. La philologie, la toponymie, autres disciplines insoupçonnées allaient renaître à l'occasion de ces textes auxquels l'éditeur voulait corriger

57. Texte latin du prospectus publié dans le *Dictionnaire d'Archéologie chrétienne*, t. X, col. Hist. cit. et traduit par H. Leclercq, *op. cit.*, t. 1, p. 77 et publié aussi par d'autres, *Correspondance des bénédictins, op. cit.*, p. 307.
58. Cf. Dom Besse, Les correspondants cisterciens de Luc d'Achery et de Mabillon, *Revue Mabillon*, en trois livraisons à partir de 1909 in *Archives de la France monastique*, n°s 3, 4, 5. En vérité, la publication de Dom J. Besse montre que cette collaboration avec les cisterciens avait commencé dès la publication des œuvres de saint Bernard. Dès 1663, Dom Le Lannoy de Cîteaux envoyait à Luc d'Achery des pièces pour cette édition. D. Besse, art. cit., *Revue Mabillon, Archives de la France monastique*, n° 3, p. 233. Les cisterciens ont continué d'être associés aux publications des *ASOSB*, des *Spécilèges* et des *ASB*.

ce qu'il nommait leur « grossièreté » et ce que nous appelons leur « saveur »[59]. La préface des *Acta Sanctorum* s'ouvre sur cette pétition de principe : *Non minor hac in collectione fuit veritatis quam antiquitatis cura*[60]. Mabillon y rend hommage à Dom Grégoire Tarrisse, Jean Harel, Dom Audebert, Luc d'Achery et il ajoute[61] qu'il serait injuste de ne pas citer tous ceux qui bénévolement et généreusement lui ont apporté leur aide : Dom Simon Quillemot, Jacob Lannoy, bénédictin, Jacob de Sainte-Beuve, Antonin Vion d'Hérouval et Claude Chantelou. En rédigeant à son tour les *Acta Sanctorum* de son ordre, Mabillon se prête à un genre qui avait été mis à l'honneur par les bollandistes avec la parution en 1643 du premier tome des *Actes de leur vie des Saints*. Genre pieux, hagiographie qui justifiera les ricanements du siècle suivant ? Révérence pour l'ordre sans doute. Pourtant, à la différence de l'œuvre du P. Rosweyde et de ses successeurs Bollandus, Henschennius et Papenbroeck, le prospectus rédigé en commun par Mabillon et Luc d'Achery[62] souligne qu'il ne s'agit pas seulement d'une œuvre édifiante, mais aussi de recherches à partir des actes authentiques, de documentation historique solide, nécessaire à l'étude de l'ordre bénédictin[63]. Le premier tome paraît en 1668, adorné d'une longue préface dont le mérite principal est, en utilisant des instruments critiques philologiques et toponymiques, de puiser dans les renseignements fournis par l'hagiographie sur le VIᵉ siècle. Le second tome est édité en 1669. Mabillon y expose déjà la thèse maîtresse qu'il approfondira dans les tomes 3 et 4, qui lui vaudra une opposition prolongée de dix années à l'intérieur même de la Congrégation, celle de l'existence d'un seul et unique ordre monastique dans l'Eglise, des premiers temps jusqu'au XIIIᵉ siècle. Contre les bollandistes, Mabillon soutient que la règle de Saint-Benoît était reçue dans les monastères aux VIIᵉ et VIIIᵉ siècles, que la vie monastique, en France particulièrement, ne se réglait nullement sur les prescriptions

---

59. Cf. H. Leclercq, *op. cit.*, t. 1, p. 81.
60. Mabillon. « Dans cette collection, le souci de la vérité ne fut pas moindre que celui du passé. » *Acta Sanctorum..., op. cit.*, Préface, p. 1.
61. Mabillon, *op. cit.*, Préface, p. LXII.
62. *Op. cit., ibid.*
63. *Op. cit., ibid.*

de Saint-Colomban et des moines irlandais. Le troisième volume paru en 1672, inflige encore quelques blessures narcissiques aux Irlandais en rappelant qu'ils avaient de peu évité le schisme. Davantage, après avoir mis à mal l'orgueil espagnol dans le tome 2, en rappelant qu'au VIIᵉ siècle, malgré Isidore de Séville, Ildefonse de Tolède, l'ignorance l'emportait en Espagne, Mabillon bouscule la fierté germanique en soulignant la tardive évangélisation des peuples d'Allemagne et en appréciant le rôle de saint Benoît d'Aniane au Concile d'Aniane non comme la promulgation de la règle de Saint-Benoît en France mais comme une simple remise à l'honneur. *Les Actes du IVᵉ siècle bénédictin* paraissent en 1677. Là encore, Mabillon dans une longue préface de 154 pages in-folio reprend tous ces thèmes en les amplifiant et sans jamais s'inquiéter de la gloire des monastères de l'Empire ou de l'Angleterre, bien au contraire : le deuxième tome du IVᵉ siècle bénédictin daté de 1680, insiste sur Corbie, son abbé Guarin et son éminent théologien Paschase Radbert, défenseur de l'Eucharistie. En soulignant la grandeur, la pureté, mais aussi l'unité de la règle primitive de l'ordre monastique, Mabillon distribue quelques coups d'épingle à l'orgueil des nations étrangères et notamment à celui des peuples du Saint Empire, faisant ainsi valoir par antiphrase les antiquités nationales. Il intervient non sans quelque audace sur la fréquente messe, à défaut de la fréquente communion pratiquée par les prêtres de la primitive Eglise, sur l'utilisation des pains azymes jusqu'au schisme avec les Grecs et enfin, ce qui est le prétexte de la condamnation que veulent obtenir contre lui les P.P. Bastide et Mège, il ne manque point de retrancher quelques saints douteux de son histoire de l'Ordre. La parution du tome un des *Acta* en 1668 est un tournant : deux mauristes, les PP. Antoine Mège et Philippe Bastide, élèvent contre Mabillon une sérieuse controverse qui débute par un ensemble de lettres et de libelles d'abord privés[64]. En lui donnant l'occasion de rédiger l'énoncé clair et distinct de ses principes, cette opposition inattendue contribue à affirmer la prise de conscience que

---

64. Cf. Archives nat., L 810, et Ms. frs. 17696.

Mabillon a de sa propre méthode historique. Le débat va durer dix ans, qui prépare l'éclosion de *La Diplomatique* en 1681[65]. Comme Claude Martin, Dom Bastide est un mystique et le rationalisme historique du Champenois lui déplaît fortement comme il avait irrité les moines espagnols qui s'étaient déclarés contre lui[66]. Pour la suite de l'œuvre et de l'histoire de Jean, il n'est pas sans importance que la dénonciation que le P. Antoine Joseph Mège fait parvenir au chapitre général de juin 1678 à Saint-Benoît-sur-Loire[67], et qui ne tend pas moins qu'à interdire à Mabillon de se consacrer désormais à l'histoire de l'ordre, n'aboutisse pas. Les commissaires désignés pour rendre un avis dans la querelle se rangent à la position de Mabillon sur le plan historique et ordonnent à Dom Philippe Bastide d'éviter désormais toute polémique publique[68].

Pendant le même temps Mabillon est également mêlé à des querelles doctrinales et historiques. En 1674, à la suite d'une discussion avec le cardinal Bona, il publie une dissertation sur les azymes[69]. La querelle touchait la question de la place que tenaient les traditions vétéro-testamentaires dans l'Eglise primitive. A la différence du cardinal et du P. Sirmond qui avaient soutenu qu'avant le IXe siècle, on se servait indifféremment du pain levé et du pain azyme dans l'Eglise latine, le mauriste établit, avec beaucoup d'autorité, que le pain azyme est le seul qui ait toujours été en usage dans l'Eglise. Mabillon est soutenu par Dom Luc d'Achery et à Rome par le procureur général[70]. L'érudit entre aussi dans la dispute de l'attribution du célèbre ouvrage de *L'Imitation de Jésus-Christ*. La discussion qui oppose cette fois les

65. En raison de la portée méthodologique éminente de la querelle avec le P. Mège et le P. Bastide, nous l'examinerons de façon plus approfondie dans le livre II (chap. de l'érudition). Cf. chapitre « La Diplomatique ».

66. Cf. Tassin. Notice biographique de Dom Bastide.

67. La dénonciation a été publiée par L. Delisle, Dom Mabillon, sa probité d'historien, in *Mélanges et documents...*, Paris, 1908, p. 96 et sq.

68. *Archives nat.* 22991, fol. III, livre I, chapitre général de 1678, cit. par H. Leclercq, *op. cit.*, t. I, p. 1252.

69. *De azymo et fermentato...*, Paris, 1674.

70. Cf. lettre du 1er août 1674 de Dom Mabillon à Luc d'Achery, publiée par A. Dantier, *Rapport sur la correspondance inédite des bénédictins de Saint-Maur*, Paris, 1857, p. 94-95.

mauristes aux chanoines réguliers, était ancienne[71]. L'ouvrage avait été attribué à Thomas A. Kempis, chanoine religieux flamand et puis Constantin Cajetan l'avait édité en 1616, en imputant sa rédaction à un certain Jean Gerson, bénédictin. Depuis lors, l'attribution du livre à Jean Gerson avait été renouvelée en 1649 par Robert Quatremaire[72] et Dom François Delfau y était revenu en 1674. Mabillon défend son point de vue dans une dissertation publiée en 1677 : *Animadversiones in Vindicias Kempensis*[73]. Les enjeux de cette effusion d'encre sont à la fois théologiques et collégiaux. Le fait nouveau est que pour appuyer son raisonnement, le mauriste organise une rencontre de savants le 28 juillet 1677 dans l'abbaye de Saint-Germain-des-Prés en présentant trois manuscrits à la fine fleur de l'érudition française rassemblant ce qu'Emmanuel de Broglie a baptisé la Société de l'abbaye de Saint-Germain-des-Prés : Antoine Faure, de Sainte-Beuve, Vion d'Hérouval, Cousin, Du Cange, Eusèbe Renaudot, Etienne Baluze, Hardoin, d'Herbelot, Chastelain, F. N. Alexandre, Ellies Dupin, François de Launay, Fourny, Emeric Bigot, Charles Bulteau, C. Oudin, Clemen, Chamillard[74].

Arrêtons-nous un instant à cette savante compagnie. Parmi la multitude d'assemblées plus ou moins célèbres qu'a comptées le deuxième XVIIe siècle, du faubourg Saint-Germain au fond du Marais, la Société de l'Abbaye qui rassemblait les antiquaires, tient par de nombreux fils à la société des libertins érudits qu'a si bien étudiés René Pintard[75], et dont le Cabinet des frères Dupuy a été le centre, mais qui comptait aussi les conférences d'abord publiques puis particulières de Ménage, les conférences de M. de Vilevaut, de M. de Launay, de M. de Fontenay, les conférences du Collège de France[76]. Les rapports entre Saint-

71. La querelle a été notamment évoquée par Vincent Thuillier, *Ouvrages posthumes de Dom Jean Mabillon et de Dom Thierri Ruinard*, Paris, 1724, t. I, Préface, p. XIX.
72. Cf. D. Bouillard, 1724, *op. cit.*, p. 245.
73. *Animadversiones in vindicias kempenses a R.P. canonico regulari congregationis gallicanae adversus Dom Fr. Delfau, monachum benedictinum congregationis Sancti Mauri*, in *Ouvrages posthumes*, t. I, *op. cit.*
74. Cité par Bouillard, *op. cit.*, p. 245.
75. René Pintard, *Le Libertinage érudit dans la première moitié du XVIIe siècle*, Paris, 1943, 2 vol.
76. Victor Fournel, *La Littérature indépendante et les écrivains oubliés au XVIIe siècle*,

Germain-des-Prés et le Collège royal, bastion des études humanistes se sont noués dès la réforme voulue par Grégoire Tarrisse et sont demeurés constants tout au long du xviiᵉ siècle. Dom Grégoire Tarrisse avait fait appel à Jean Martin, professeur au Collège royal pour former ces jeunes moines et la société de l'abbaye va compter parmi ses amis et soutiens fidèles, Barthélemy d'Herbelot et Jean-Baptiste Cotelier, tous deux professeurs au Collège royal. Le milieu et les conceptions de l'érudition des deux institutions prestigieuses sont les mêmes parce qu'elles sont pareillement irriguées par les méthodes de l'humanisme philologique.

Aux réunions qui étaient convoquées à la Bibliothèque de Saint-Germain, participent des savants de premier ordre, tels Charles Du Cange et Etienne Baluze, sans doute les deux plus illustres maîtres de l'érudition française de la génération de Mabillon. Charles Dufresne, sieur Du Cange, né à Amiens le 28 décembre 1610, fils du prévôt royal de Bauquesne, élevé par les jésuites au collège d'Amiens, qui avait suivi des études de droit à Orléans et à Paris, était devenu avocat au Parlement le 11 août 1631, et, en 1645, trésorier de France à Amiens, charge que possédait auparavant son beau-père; il mourra en octobre 1688. Historien, géographe, jurisconsulte, généalogiste, numismate, Du Cange est l'expression achevée de l'antiquaire du xviiᵉ siècle. Parmi ses grands ouvrages d'histoire[77], son œuvre la plus importante et qui fait toujours autorité est le *Glossarium ad scriptoris mediae et infimae latinitaris*, Paris, 1678, 3 volumes[78]. Les manuscrits de Du Cange rassemblés pour l'essentiel à la Bibliothèque nationale constitueront un fond impressionnant pour l'histoire de France, l'histoire de Picardie, l'histoire d'Angleterre, de Hongrie, de Naples et de la Sicile, de Cons-

---

Paris, 1862, p. 332-334 et Edmond Bonnafé, *Dictionnaire des amateurs du XVIIᵉ siècle*, Paris, 1886.

77. Notamment *Histoire de l'Empire de Constantinople sous les empereurs français*, Paris, 1657, in-fº; *Histoire de Saint Louis roi de France* écrite par Jean, sire de Joinville, Paris, 1688, in-fº; son *Mémoire sur le projet d'un nouveau recueil des historiens de France* est inséré dans la *Bibliothèque historique de la France* du P. Lelong.

78. Les bénédictins la rééditeront dans sa meilleure édition *Glossarium ad scriptoris mediae et infimae latinitis, editio nova locupletior, opera et studio monachorum ordinis S. Benedicti*, 1733, 6 vol. in-fº.

tantinople et Jérusalem. Etienne Baluze, né, lui, le 24 décembre 1630
à Tulle, d'une famille de robe et mort en 1718, est aussi l'un des plus
grands antiquaires français du XVIIe siècle. Après des études de philosophie et de droit à Toulouse, il avait travaillé chez le savant Pierre de
Marca et hérité de ses manuscrits, avant d'être nommé en 1667
bibliothécaire de Colbert, puis en 1670, professeur de droit canon au
Collège royal dont il sera fait inspecteur en 1707. Disgrâcié par
Louis XIV à la suite de la querelle sur la généalogie du cardinal de
Bouillon à laquelle participera Mabillon, il se retirera à l'étranger et ne
sera rappelé qu'en 1713. Les mille cinq cents manuscrits de sa bibliothèque seront acquis par la Bibliothèque royale. Baluze n'écrira pas
moins de quarante-cinq ouvrages importants[79]. Il y a encore Barthélemy d'Herbelot, le plus grand orientaliste de son temps, fondateur de
l'étude des langues orientales en France. Né à Paris, le 14 décembre 1625, mort le 8 décembre 1695, il a appris l'arabe, l'hébreu et les
dialectes qui s'y rattachent, le persan, fait plusieurs voyages en Italie
où il s'est lié avec les cardinaux Barberini, Grimaldi, d'Holstenius et
d'Allatius puis avec Ferdinand II, grand-duc de Toscane. Protégé en
France d'abord par Fouquet, il sera pensionné par Colbert puis nommé
professeur au Collège royal. La grande œuvre de sa vie, comparable
par son ampleur, sa durée de réalisation et sa capacité à résister par la
suite du temps aux ouvrages savants les plus solides est *La Bibliothèque
orientale ou dictionnaire universel contenant tout ce qui regarde la connaissance
des peuples de l'Orient*, Paris, 1697, in-folio, publication posthume
achevée par les soins de Antoine Galland. Puis, les deux Valois :
Valois l'Aîné, Valois le Jeune : ce sont deux antiquaires proches de la
caricature que Henri de Valois et Adrien de Valois, et Mabillon aura
souvent maille à partir avec leur humeur agressive. Henri de Valois,
seigneur d'Orcé (1603-1676), dit Valois l'Aîné, après des études au
collège jésuite de Verdun, puis à celui de Clermont à Paris, est devenu
avocat à Bourges avant de s'adonner à l'étude des antiquités. Elève du

79. Parmi les plus célèbres : *Regum Francorum capitularia*, 1677, 1 vol. in-f°, et *Epistolae
Innocentii papae III*, 1682, in-f°. Sur Etienne Baluze, cf. M. Deloche, *Etienne Baluze, sa vie
et ses œuvres*, Paris, 1856.

P. Petau, il lui est resté lié ainsi qu'au P. Sirmond. Il s'intéresse à des sujets très variés, touchant notamment à l'histoire byzantine et à l'histoire de l'Eglise. Il sera nommé historiographe du roi. Adrien de Valois, seigneur de la Mire, frère du précédent, dit Valois le Jeune (1607-1692), après ses études au collège de Clermont, se consacre aux antiquités et s'est intéressé essentiellement à l'histoire de France; il publiera notamment *Gesta Francorum seu rerum francicarum*, 3 vol. in-folio, 1645-1658. En délicatesse avec Mabillon, quelques-unes de ses thèses ont été mises en cause par Michel Germain. Il sera nommé, lui aussi, historiographe du roi. Son fils Charles de Valois sera membre de l'Académie des Inscriptions. Il y a aussi Jean-Baptiste Cotelier (1627-1686). Fils d'un pasteur protestant de Nîmes, converti dès sa jeunesse, qui expliquait à treize ans la Bible hébraïque à l'ensemble du clergé de France en 1641. Bibliothécaire de Colbert, il passe vingt années avec Du Cange à réviser le Catalogue des Manuscrits de la Bibliothèque du roi. Nommé en récompense professeur de grec au Collège royal, ses travaux portent sur les antiquités et les pères grecs. Il laissera neuf volumes in-folio de mélanges sur les antiquités ecclésiastiques. Et encore des confrères ecclésiastiques : l'abbé de Longuerue (1652-1733), abbé de petit collet qui n'avait reçu que les ordres mineurs. Savant hébraïsant, personnage étrange et haut en couleur; enfant surdoué, il avait été honoré d'une visite de Louis XIV. Versé dans les langues anciennes et les langues orientales, il s'intéresse à l'histoire chaldéenne, égyptienne, hébraïque et à l'histoire médiévale d'Espagne, d'Italie et de France mais publiera peu de son vivant. On éditera sous le titre *Longueruana*, un recueil de ses pensées, Berlin, 1754. Le P. Antoine Pagi (1624-1699), né en Provence, élu quatre fois provincial des cordeliers, se consacre à l'étude des antiquités ecclésiastiques et notamment avec l'aide de l'abbé de Longuerue, à une édition critique des *Annales de Baronnius*. L'abbé Eusèbe Renaudot (1646-1720), linguiste qui sait dix-sept langues, théologien et orientaliste, membre de l'Académie française, se passionne pour l'étude de la doctrine et des rites de l'Eglise chrétienne grecque et orientale. Son principal ouvrage : *Historia patriarchorum Alexandrinorum Jacobitarum a D. Marco usque ad finem saeculi XIII*, Paris, 1713, sera un remarquable recueil sur l'histoire ecclésiastique de l'Egypte et des coptes. Lié par ailleurs à De Witt, il évitera de peu une querelle avec Bayle. L'abbé Renaudot collectionne un grand nombre de manuscrits qui sont aujourd'hui au Cabinet des Manuscrits. Se joint encore aux réunions l'abbé Bignon (1662-1745), bibliothécaire du roi, personnage considérable et qui mériterait à soi seul une biographie. Né à Paris, le petit-fils de l'avocat-général au Grand-Conseil Jérôme Bignon est le neveu de Pontchartrain. Oratorien, il avait été nommé prédicateur du roi. Il succédera en 1718 à la mort de l'abbé de Louvois, à la charge de bibliothécaire du roi dont il s'occupera passionnément. C'est Pontchartrain qui lui confiera le département des Académies des Inscriptions et des Sciences dont il fera les règlements (1699 pour l'Académie des Sciences, 1701 pour l'Académie des Inscriptions) et il obtiendra les lettres patentes pour ces deux établissements en 1723. Il s'occupera aussi de la direction du *Journal des savants* que rédigeait de La Roque. Egalement présent à l'abbaye, l'abbé Claude Fleury (1640-1723) qui, après des études au collège de Clermont, est devenu avocat au Parlement en 1658, puis prêtre. Nommé avec Fénelon précepteur des enfants de France, des ducs de Bourgogne, d'Anjou, Fleury deviendra le confesseur du jeune roi. Essentiellement juriste et théologien, on a de lui une *Histoire du droit français*, 1674 et l'*Histoire ecclésiastique*, Paris, depuis 1691 en 20 volumes, *Les mœurs des Israélites*, Paris, 1681, *Un discours sur les libertés de l'Eglise gallicane*, publié à titre posthume. Fait encore partie de la Société, le numismate Jean Foi Vaillant (1632-1706), qui avait découvert sa passion pour les médailles après des études de droit et de médecine. Colbert, pour le cabinet du roi l'enverra en Italie, en Sicile et en Grèce. Les voyages étaient dangereux à l'époque et Vaillant deux fois capturé fut réduit à l'esclavage par les corsaires barbaresques, ne trouvant que le parti d'avaler les premières médailles qu'il transportait. Membre de l'Académie des Inscriptions et Belles-Lettres à partir de 1701, il publiera de nombreux traités de numismatique sur les médailles de la Rome impériale antique et de l'Egypte ptolémaïque. Il est lié à tous les numismates de son temps et notamment à Jacob Spon. La Société de l'abbaye compte encore bien d'autres amis, comme Nicolas Toynard, le plus savant hébraïsant de son temps, qui avait travaillé avec le rabbin Alprum et dont on disait qu'il avait appris un immense nombre de langues. Vion d'Hérouval, antiquaire collectionneur d'une vieille famille de robe, les éditeurs Anisson et bien d'autres érudits aujourd'hui oubliés, Hersant, Chemillat, Chastelain, Gallois, Lecomte, etc., l'abbé Boileau et Robert de Gaignières que nous retrouverons[80].

Ce monde des antiquaires qui se réunit le mardi et le dimanche après vêpres à la bibliothèque de Saint-Germain-des-Prés, n'est pas une chapelle animée de l'esprit de clocher et personne peut-être ne l'a si bien décrit que le grand historien Arnaldo Momigliano parce qu'au XXe siècle, il restait l'un des leurs : les antiquaires, disait Momigliano, on les confond trop souvent avec les amateurs du XVIIIe siècle qui, retrouvant les ruines de Pompéi et d'Herculanum, jetant un regard étonné sur le château de la localité, ont remis à la mode l'art antique et l'art gothique. Mais, ajoutait l'historien, cette image sans être fausse est incomplète car « l'ère des antiquaires n'a pas seulement marqué une révolution du goût; elle a marqué aussi une révolution de la méthode historique »[81]. Ce qui était débattu à Saint-Germain-des-Prés par les numismates et les orientalistes, les spécialistes de patrologie et de numismatique, ce n'étaient pas seulement des questions absurdes tournées et retournées par l'amour oiseux du détail ou la curiosité malsaine de l'érudit, c'était l'idée retrouvée *d'antiquitates*, « l'idée d'une civilisation rappelée à la vie par le rassemblement ordonné de tous les vestiges du passé »[82]. Le retour à l'antiquité par la collation des vestiges, trace, diplôme, documents avait été inauguré par l'humanisme philologique. On était à une époque d'accumulation des données et ces messieurs confrontaient avec plus ou moins de bonne foi leur travail. Les amateurs d'antiquités avaient la manie de la conservation et du catalogue mais aussi le souci de la vérité. Or les

80. Sur cette République des lettres laïques, cf. H. Brown, *Scientific Organisation in Seventeenth Century*, Baltimore, 1934; E. Charavey, *Notice sur Nicolas Toynard d'Orléans, rédigée d'après les notes de J.-L. Brunet*, Paris, 1868; E. de Bory, *Les correspondants de l'abbé Nicaise*, Paris, 1889.
81. A. Momigliano, L'histoire ancienne et l'Antiquaire, *Problèmes d'historiographie ancienne et moderne*, trad. franç. par A. Tachet, Paris, 1983.
82. *Op. cit.*, p. 251.

principes de la critique des documents écrits, sur la véracité, la validité ou la fiabilité desquels on s'empoignait et que brandissait Mabillon pour justifier les principes qui l'avaient conduit dans l'édition des œuvres de saint Bernard et des Actes de la vie des saints, n'avaient pas encore été rigoureusement codifiés. Sans doute existait-il dans la pratique mi-avouée, mi-tacite, une méthode et des moyens de recherches éprouvés. Il restait à les transcrire au grand jour, à leur donner une forme aiguë et nette. Les antiquaires avaient pris l'habitude de donner plus d'attention aux textes originaux. Mais qu'était-ce vraiment qu'un texte original ? En quoi un « diplôme », comme ceux dont s'enorgueillissaient les cartulaires des abbayes, avait-il plus de valeur que le témoignage de la tradition cent fois répétée, que le commentaire d'un annaliste, d'un chroniqueur, d'un hagiographe ? Cette question était au cœur de la controverse qui divisait Mabillon et ses contradicteurs Bastide et Mege. Il fallait montrer qu'une pièce authentique de date et de production certaine était un *discrimen veri ac falsi*, définitif, il fallait établir la science des diplômes esquissée déjà largement par les débats philologiques sur la langue, la foi et la loi au xvie siècle. En 1675, une attaque mieux venue pour le jeune mauriste que celle de ses confrères, puisqu'elle partait d'un grand ordre concurrent, formulée par le bollandiste Papenbroeck lui donna l'occasion qu'il cherchait et à laquelle il s'était préparé en secret en mettant au point ses principes. Dans son introduction à l'un des tomes de la grande collection des *Acta Sanctorum Bollandiana*[83], Papenbroeck mettait en cause l'authenticité des *papyrii* mérovingiens déposés à l'abbaye de Saint-Denis que Mabillon connaissait fort bien. La réponse que lui fit le mauriste permettait à la fois de sauver sa méthode, l'honneur de saint Benoît, et de fonder la science archivistique. En 1681, parut le *De Re Diplomatica libri*, dédié à Colbert et que Mabillon avait rédigé, désigné par Dom Vincent Marsolle, et aidé par Michel Germain, Baluze, Du Cange, Vion d'Hérouval. Dans sa préface, Mabillon remercia aussi le cardinal Casanate, le président Achille de Harlai, Pierre de Carcavi,

---

83. Nous étudierons de façon plus approfondie les conditions et les conséquences de la rédaction de la Diplomatique dans le livre II.

Magliabecchi. Avec eux il avait bénéficié des puissants moyens institutionnels (manuscrits et bibliothèques) que les deux grandes institutions royales et ecclésiastiques pouvaient prodiguer à un érudit. Portée par trente ans d'études mauristes, un siècle et demi de philologie, la Diplomatique établissait avec clarté et distinction les règles critiques qui permettaient dorénavant de distinguer un diplôme authentique d'une pièce falsifiée, elle donnait l'impulsion à un grand réaménagement de la recherche historique et à une série imposante de recherches dans toute l'Europe. Ce n'était plus un coup d'essai, c'était toujours un coup de maître. A quarante-neuf ans, Mabillon avait écrit le chef-d'œuvre de l'histoire savante. Célèbre et disputé, il fut conduit à Louis XIV. L'archevêque de Reims, Le Tellier, le présenta au monarque comme l'homme le plus savant de son royaume : « Et le plus humble », reprit Bossuet[84]. Désormais la monarchie avait l'œil sur lui et Le Tellier, Colbert l'engagèrent à voyager pour le compte de l'administration royale. Le bénédictin allait partir sur les routes de l'Europe.

84. Tassin, *Histoire littéraire de la Congrégation de Saint-Maur, op. cit.*, p. 210, n° 1.

Les voyages de Mabillon

Je suis le savant au fauteuil sombre. Les branches
et la pluie se jettent à la croisée de la bibliothèque.

Arthur Rimbaud.

« Amer savoir celui qu'on tire du voyage » ? La conséquence baudelairienne qui clôt les odyssées romantiques s'applique mal à l'expérience du moine. Période assez longue que celle des pérégrinations dans la vie de Mabillon puisqu'elle va l'occuper de 1672, date du premier itinéraire en Flandre jusqu'en 1686, époque de son séjour en Italie. Le bénédictin visitera les Flandres (1679), l'Allemagne et la Suisse (1683), l'Italie (1685-1686), la Lorraine encore et surtout l'Alsace dix ans plus tard (1696), avant un ultime périple en Normandie (1700).

Mabillon va voyager pour copier des diplômes. Il va copier en Flandre, en Champagne, en Lorraine, en Alsace, en Bourgogne, comme en Suisse, en Allemagne, il va copier toute sa vie sans désemparer. Pour ses propres besoins savants, il était déjà parti en Lorraine, afin de mettre au point sa Diplomatique[1]. Pour les impératifs de son ordre il repartira en Alsace et en Normandie afin de rédiger les *Annales ordinis Sancti-Benedicti*. Pour les nécessités de la Monarchie, il va maintenant voyager en Bourgogne, en Allemagne, en Italie, à la demande de Colbert, de Michel Le Tellier, du roi. S'étant aperçu au retour des Flandres qu'il avait oublié au fur et à mesure une grande partie de ses observations, Mabillon prit la décision de rédiger son journal de

---

1. Mabillon : « Je reviens d'un voyage assez long que j'ai fait en Lorraine pour y voir les archives et les bibliothèques du pays afin de mettre la dernière main à notre ouvrage des chartes », Lettre à Maggliabecchi, in *Correspondance inédite de Mabillon et de Montfaucon avec l'Italie*, par M. Valéry, Paris, 1846, 3 vol., t. I, p. 4.

voyage et c'est ainsi que nous avons son premier ouvrage, l'*Itinerarium Burgundicum* (1682)[2], suivi de l'*Iter Germanicum* (1683)[3], l'*Iter Italicum* (1686)[4], le *Museum Italicum* (1687)[5].

Le voyage en Bourgogne. — Suivons-le dans cette patrouille qu'il mène avec flair, précaution et avidité pour recenser les richesses célées dans les chartriers. Et commençons par le premier voyage dont il a fait le récit, *Itinerarium Burgundicum*. Nous sommes en 1682. Au lendemain du succès de la Diplomatique, Colbert a confié à Mabillon la mission de retrouver des pièces intéressant la maison royale. C'est une habitude déjà ancrée de la monarchie de confier de semblables missions aux érudits : naguère par Richelieu aux frères Dupuy ou aux Godefroy et Colbert, à l'abbé Amable de Bourzeix[6]. C'est le temps de la *Bella Diplomatica*, la guerre diplomatique. Il faut prendre le mot au sens strict. On instruit les querelles sur « diplômes » comme l'on disait alors, c'est-à-dire sur titre. Les souverains donnent à leurs savants la tâche de ramasser et rassembler les titres qui justifient leurs desseins et leurs droits. La Bourgogne avait un intérêt d'autant plus vif qu'elle avait longtemps été la terre irrédente des ennemis héréditaires de la monarchie française, les ducs de Bourgogne. Mabillon se mit donc en route; il n'était pas toujours aisé de voyager. Partir, c'était toujours risquer l'aventure, quelquefois encourir la mort. A l'épreuve de santé s'ajoutait la menace pour la sûreté. Des auberges qui se révélaient des coupe-gorges, des bandits qui balayaient les grands chemins. Pour un prêtre qui allait le plus souvent à pied, ne transportait ni beaux atours, ni richesses, mendiait de temps à autre son pain comme Mabillon s'y obligeait pour respecter les devoirs de son ordre, les périls étaient moins graves. Le seul système de tourisme à l'usage des honnêtes gens réelle-

---

2. *Itinerarium Burgundicum*, in *Ouvrages posthumes de Dom Jean Mabillon et de Dom Thierri Ruinard, Bénédictins de la Congrégation de Saint-Maur*, par M. Vincent Thuillier, Paris, 1724, 3 vol., t. II.

3. *Iter Germanicum*, in *Veterum Analectorum...*, Paris, 1675, 1685, 4 vol., t. IV.

4. *Iter Italicum litterarium Dom Johannis Mabillon et Dom Michaele Germain...*, années 1685 et 1686, Paris, 1687.

5. *Museum Italicum, seu Collectio veterum scriptorum ex bibliothecis et libris eruta*, de *Dom Johannis Mabillon et Dom Michaele Germain*, Paris, 1687, 2 vol.

6. Cf. Livre IV.

ment implanté et digne de confiance, était la chaîne des abbayes. L'installation n'était pas d'un palais mais elle était convenable. Bravant ainsi les tourments de la météorologie et de la géographie, Mabillon, accompagné de Michel Germain, cheminait sans trop d'inquiétude, d'étape en étape, où des asiles attendaient le voyageur. La Congrégation de Saint-Maur disposait d'un grand nombre de centres d'accueil mais toute maison religieuse digne de ce nom était à même d'offrir une hôtellerie et un hospice où, sans formalité, les visiteurs étaient accueillis avec simplicité ou chaleur. La règle de Saint-Maur prescrivait de saluer le convive à genou et, s'il s'agissait d'un moine déchaussé, de lui laver les pieds. A l'heure du repas, on le conduisait au refectoire propre et net, ou, plus fastueux, lorsque la condition de l'hôte l'exigeait, s'il est fastueux de garnir la table de fleurs et d'argenterie. A l'heure du coucher, on le menait à sa chambre, aux murs nattés de paille. Il trouvait un lit fait, un oratoire, un fauteuil simple mais à haut dossier, une table où étaient disposés un écritoire, des plumes, du papier, un bréviaire, quelques volumes de dévotion, bref tout l'arsenal du parfait copiste[7].

Mabillon visite ainsi et il le raconte avec un scrupule extrême une foule de monastères et de maisons dont nous ne citerons que les plus importants : Joigny où il est accueilli par les capucins et travaille dans l'admirable bibliothèque du cardinal de Gondi. Il y signale parmi d'autres livres, un Marcile Ficin[8]. Les environs de Tonnerre chez les Minimes où il fait état d'un bel exemplaire orné du Roman de la Rose[9]. Dijon, où le voici en visite dans les bibliothèques du président Robert, de Philibert La Mare, du président Bouhier dont il donne une admirable description. Il y reste deux jours à compulser les manuscrits et poursuit sa route vers l'Abbaye de Cluny, Lyon, Roanne avant d'arriver au monastère de Souvigny, où se trouvent les fameux papiers intéressant la Maison royale. Il observe la présence d'un exemplaire du *Corpus Juris Civilis*. De là, il gagne la Charité-sur-Loire, la Collégiale de Saint-Aignan. Au fur et à mesure, l'historien recueille des copies, moissonne des documents. Il publiera les plus intéressants d'entre eux dans

7. E. de Broglie, *op. cit.*, t. I, p. 270.
8. *Itinerarium Burgundicum*, *op. cit.*, p. 3.
9. *Op. cit.*, p. 5.

la suite des *Vetera Analecta*, dont le premier tome avait paru en 1675.

Course rapide mais qui préfigure par ses modalités, les prochains périples : mission officielle; utilisation pour une randonnée d'intérêt public, de l'infrastructure logistique bénédictine; collaboration de l'Eglise et de l'Etat.

Le voyage en Allemagne. — Enchanté par les résultats du voyage de Jean au monastère de Souvigny, Colbert devient cette fois le commanditaire à part entière du moine et, comme l'écrit le bénédictin, son voyage en Allemagne[10] se fit : *Ex voluntate et munificientia illustrissimi Johannis Colberti.* Le ministre qui avait l'initiative de l'aventure prit aussi la responsabilité de la dépense. Avant son départ, il fit remettre à Mabillon accompagné d'un fidèle, Michel Germain, vingt-cinq mille livres. Le but de la mission était de copier dans les monastères allemands les pièces intéressant la politique de la France et de dresser un relevé des documents concernant la monarchie, présents dans les bibliothèques d'outre-Rhin. Le moment n'était guère propice à un tel travail. En juin 1683, date de départ des moines, chacun sentait que la paix de Nimègue signée en 1678, n'était qu'une trêve au milieu des hostilités. L'annexion accomplie par Louis XIV, en pleine paix, de Montbéliard, des villes de la Sarre, d'une partie du Luxembourg et surtout de Strasbourg, avait été acceptée par les habitants sans remous mais elle avait soulevé l'indignation des Européens, au premier rang desquels les Allemands. Mabillon et son compagnon partaient au moment même où la médaille ciselée par les numismates du roi en commémoration de l'annexion était frappée de ces mots : *Gallia Germanis Clausa*, la France fermée aux Allemands. L'Allemagne s'ouvrirait-elle aux Français ?

Dire que le voyage se déroula de bout en bout sans encombre serait inexact mais le plus étonnant est que de juin 1683 jusqu'en octobre de la même année, il a permis aux bénédictins d'accomplir l'essentiel de leurs missions. On y voit dans des conditions particulièrement défavorables — ajoutons que le siège de Vienne par les Turcs empêcha nos

---

10. Mabillon auparavant risque une incursion en Normandie pour les besoins de son ordre.

savants de poursuivre jusqu'à la capitale des Habsbourgs — l'efficacité de la collaboration bénédictine aux missions d'Etat. Mabillon
était un excellent envoyé. Dans la République des Lettres, *La Diplomatique* avait été un grand succès et sa notoriété était assurée dans le
monde savant. On suivra mieux que nous allons l'exposer ici le calendrier de l'Itinéraire ci-joint en annexe. Le 30 juin 1683, il part de Paris
avec Michel Germain en voiture publique. Ils devaient traverser la
Franche-Comté, la Bavière, le Tyrol, la Suisse et l'Allemagne. Une
étape de plusieurs jours les immobilise à Besançon où ils examinent les
antiquités romaines de la ville et une intéressante collection réunie par
l'abbaye de Luxeuil, où Mabillon fait une découverte exceptionnelle-
ment importante, de celles qui sont la providence de l'érudit parce
qu'elle offre la chance d'un ouvrage qui bouleverse l'état des connaissances : en l'espèce, un ancien lectionnaire de type gallican, écrit en
beaux caractères mérovingiens du VIIe siècle, grâce auquel il composera
son traité sur la liturgie gallicane paru en 1685, et réédité en 1729[11].
A Bâle, haut lieu de la réforme érudite, il rencontre un savant hébraïsant
Buxdorf qui s'offre à le guider dans les bibliothèques de la ville où
Mabillon s'arrête devant une version grecque des quatre évangiles, les
œuvres de Grégoire de Nazianze, le testament manuscrit d'Erasme,
et a le temps de noter l'existence de très vieux manuscrits d'Isidore
et de Bède[12].

S'il reste au mauriste un sens de la distance ethnographique, une
verve un peu hostile, un peu chauvine, c'est aux Suisses allemands qu'il
la réserve lors de sa description de leurs auberges. Il note l'abondance
des mouches qui s'échappent du poêle de faïence éteint, l'odeur nau-
séabonde du tabac, le pain noir empli de son, les mets trop épicés, les
lits courts, recouverts d'édredons mais garde assez de lucidité pour
saluer l'honnêteté des aubergistes[13]. Après un difficultueux passage du

---

11. *De liturgia Gallicana Libri III in quibus veteris missae quae ante annos mille apud gallos
in usu erat forma ritusque eruntur, ... Accedit disquisitio de cursu gallicano...,* Paris, 1685. Mabillon
signale ainsi sa découverte dans l'*Iter Germanicum* : « *Inter bibliothecae reliquos codices insignis
est praeceteris unus litteris francogallicis ante annos mille conscriptus inquo Epistolae e Evangelica
per annum, secundum priscum ordinem gallicanum, integra referunt* » p. 12.

12. *Iter Germanicum, op. cit.*

13. Mabillon, *Iter Germanicum, op. cit.,* p. 17-18.

Rhin, il atteint Baden-Baden où il est saisi par la beauté des églises allemandes et la splendeur de leurs autels. De là Mabillon va pérégriner
dans une suite impressionnante d'abbayes. Murri (Murensis) du 13 au
26 juillet où il loue un interprète pour le reste du voyage, Einsiedeln
(Notre-Dame-des-Ermites) du 27 au 30, Saint-Gall du 1er au 5 août,
Weingarten du 6 au 8, Kempten le 11, Ottenborn du 12 au 13, Irsin
du 13 au 14, Saint-Ulrich, après l'arrivée à Augsbourg du 14 au 15.
Arrêtons cette énumération haletante qui rend la marche forcée des
moines français, et faisons halte avec lui à Murri et à Saint-Gall. Car c'est
à Murri qu'il est une fois distrait de ses études par l'étrange coutume de
sonner toutes les heures de la nuit, en précaution contre l'incendie,
dans une région où l'emploi immodéré du bois pour les constructions
est la règle. Car à Saint-Gall, l'église n'a pas encore été reconstruite
selon l'exubérance et le foisonnement pictural et sculptural qui en
fera, à partir de 1769, l'une des merveilles de l'art baroque mais elle est
déjà l'une des plus célèbres abbayes bénédictines de la Suisse. Notre
bénédictin n'est d'ailleurs guère disert sur ses découvertes. En revanche, il fait état d'exemplaires antiques du Nouveau Testament et de
textes de saint Jean Chrysostome trouvés à la bibliothèque publique
d'Augsbourg[14]. Dans la ville impériale, l'accueil commence à se faire
grinçant. Les voyageurs doivent montrer leurs passeports et sta-
tionner un moment à la porte de l'abbaye obstinément bouclée... à
l'heure du repas ! De là, on traverse le lech et on entre en Bavière où
la discipline et l'ordre rassurent et ravissent les habitués de la règle de
Saint-Benoît. Passage dans les monastères « Rebacense, Scheyrence,
Jeispeldense » à fouiller archives et chartriers comme on creuserait
une mine, comme on forcerait un défilé. A Ratisbonne où les compagnons font étape au monastère de Saint-Emmeranne, découvrant de
nombreux et utiles manuscrits, ils rencontrent enfin un appui, celui de
l'envoyé du roi, le comte de Crécy qui, disent-ils, leur fait grand accueil
et leur prête son carrosse pour visiter les environs. Le 25 août Mabillon
reprend la route vers Salzbourg, le 28 loge à l'abbaye de Saint-Pierre
où il s'arrête trois jours tandis que le prince-évêque de la ville impé-

14. *Ibid.*, p. 47.

riale les convie, en signe d'amitié, à une représentation de l'histoire de Nabuchodonosor. Dès lors, les conditions du voyage vont se gâter. A l'abbaye de Benediktbayern, le bibliothécaire leur ferme la porte au nez. « Français ! Mauvaises gens ! » Du 8 au 11 septembre, lors de leur séjour à Munich, les lettres de la dauphine remises par Bossuet, l'appui de Monsieur de La Haye, ambassadeur de France, ne les empêchent pas de trouver la bibliothèque fermée. Et les embûches se précisent au sud du lac de Constance où nos deux visiteurs apprennent que des officiers impériaux sont en route pour les interroger. Pour échapper à cette inquisition, les bénédictins pressent le pas et se réfugient à l'abbaye de Reichenau, située dans une petite île au milieu du Rhin, l'une des plus antiques maisons de Saint-Benoît. Chargé d'un mince viatique pécuniaire par l'abbé, Mabillon traverse la Forêt-Noire qui l'effraie moins que sa sombre réputation, arrive à Fribourg-en-Brisgau le 27 septembre 1683, où il apprend la nouvelle de la mort de Colbert. Les moines consacrent une messe *Die 27 Friburg missam celebravimus pro Duo Colberto cujus mortem ibi rescicimus*, au dédicataire de *La Diplomatique*. Du 28 au 1er octobre, ils accomplissent un trajet au cœur de la petite Alsace, arrivent le 10 octobre à Strasbourg, puis après Sedan, Lyon, Soissons, les mauristes regagnent Paris à la fin d'octobre, après une absence de quatre mois. Mabillon en rapportait des gerbes de copies et des notes pour trois ouvrages, l'*Iter Germanicum*, un tome supplémentaire des *Vetera Analecta*, et la *Liturgie Gallicane*. En somme, le voyage avait été un succès : en pleine paix armée, non loin des assiégeants orientaux, les bénédictins avaient pu à leur guise ou presque, fourrager dans les greniers d'archives les plus remplis de Suisse et d'Allemagne et acquérir une vision à peu près cohérente des richesses qu'ils recélaient. Ce n'était qu'un coup d'essai, le voyage en Italie sera un accomplissement.

Le voyage en Italie. — Voilà, nous sommes le 1er avril 1685 et les bénédictins emportent des ballots, de l'argent, des projets. Le voyage avait été bien préparé. Quelques années plus tôt, Jean n'avait pas caché à Magliabecchi, l'un de ses plus fidèles correspondants, combien il était tenté par une tournée italienne. « Pour moi, écrivait-il, je m'estimerais heureux de l'avoir vu seulement une fois, et le voyage d'Italie me serait agréable pour ce dessein. Mais, un solitaire, et un solitaire de presque cinquante ans ne doit plus penser à de tels voyages et il faut se contenter de vous présenter de loin, nos respects Monsieur... »[15]. La Providence allait arranger les choses. Thierry Ruinard explique que les brillants résultats de l'expédition allemande convainquirent l'archevêque de Reims, Maurice Le Tellier de proposer à Louis XIV d'envoyer Mabillon en Italie. Cette fois, il partait non plus pour la seule congrégation de Saint-Maur, ou la fantaisie et les frais d'un ministre mais officiellement, au nom du roi pour visiter les bibliothèques, chercher des livres et des manuscrits, les acheter pour la Bibliothèque royale. Des instructions lui furent remises par M. Le Tellier avant son départ[16]. Depuis décembre 1684 au moins, la nouvelle était dans l'air et Dom Claude Estiennot, procureur général de la Congrégation au Vatican, lui écrivait : « On parle ici aussi bien qu'à Paris de votre voyage d'Italie », et il ajoutait : « Vous viendrez... faire une station de quelques mois. Nous vous donnerons cellule, pain, vin, etc., l'hospitalité entière et vous serez *padrone della casa.* »[17] Un mois plus tard, le 6 janvier 1684, les préparatifs étaient déjà beaucoup plus avancés. Estiennot rapportait : « J'ai vu Monseigneur le Cardinal Casanate ces fêtes, qui me demanda de vos

15. Mabillon, lettre inédite à Magliabecchi du 8 janvier 1682, in *Correspondance inédite de Mabillon et de Montfaucon avec l'Italie*, par M. Valéry, Paris, 1846, 3 vol., t. I, p. 29.
16. Cf. *Mémoire pour le P. Mabillon* : « Le P. Mabillon, en passant par Lyon, prendra l'adresse du sieur Anisson, libraire, et dès qu'il sera entré en Italie, il adressera à Lyon, audit Anisson, toutes les lettres qu'il m'écrira; le P. Mabillon chargera pour cet effet ledit Anisson de m'envoyer à Paris par la poste toutes les lettres qu'il lui adressera pour moi pendant le cours de son voyage.
« Il en sera pour les ballots de livres comme pour les lettres, et de chaque ville où il aura fait quelque achat, il m'enverra devant que d'en partir ce qu'il aura acheté.
« Il m'écrira toutes les semaines une fois, il me rendra compte tant des achats de livres imprimés que des rencontres curieuses qu'il fera de pièces manuscrites, et de ce qui se passera dans son voyage.
« Quand sur les lettres de crédit que je lui donne, il aura pris de l'argent, il aura soin de me le mander et de me dire quelle somme il aura prise afin que, sur cet avis qu'il me donnera, je fasse rembourser le sieur Clerex, banquier, qui m'a donné ces lettres de crédit.
« En partant de Milan », et ensuite de Venise, il me marquera quel jour à peu près il pourra arriver à Rome », *Lettres et Mémoires sur Mabillon*, Bibl. nat., *fonds français*, 19639, f⁰ 404, publié par E. de Broglie, *op. cit.*
17. Lettre de Dom Claude Estiennot à Mabillon du 30 décembre 1684, in *Correspondance...*, par M. Valéry, *op. cit.*, t. I, p. 48.

nouvelles et me dit qu'il fallait que vous vinssiez. Monseigneur le Cardinal d'Estrées me dit la même chose. Vous prendrez à la Bibliothèque de la Reine (il s'agit de la reine Christine, établie dans la ville éternelle) tout ce que vous voudrez, mais on vous donnera avec quelque réserve ce que vous demanderez de la Bibliothèque vaticane... » « J'ai, expliquait le procureur général, l'index des Manuscrits grecs qui sont beaux mais je n'ai pu encore avoir celui des latins qui nous accommoderait bien mieux. J'ai aussi celui d'une partie des manuscrits de Venise. A Florence, vous verrez tout sans peine, ainsi votre voyage ne vous sera peut-être qu'avantageux et au reste Rome, un consistoire, etc., sont à voir. Le mont Cassin vous sera ouvert... »[18]. A toutes ces indications jetées pêle-mêle on voit quel intérêt la venue du bénédictin suscitait, de quels appuis il pouvait disposer et quelles réticences il devait rencontrer. L'instruction certainement la plus intéressante de l'*Iter Italicum* touche à la collaboration inentamée de l'Eglise et de l'Etat, au moment même où tout semblait la menacer. Cette fois, il ne s'agit pas seulement de l'assujettissement d'une congrégation française à son gouvernement mais de l'échange et de l'appui gracieux entre un Etat et l'Eglise romaine. Pourtant les circonstances ne s'y prêtaient guère. En 1685-1686, on était en pleine affaire de la Régale. Le conflit entre le roi qui prétendait disposer d'un plein droit de nomination des évêques, excipait d'une régale spirituelle autant que matérielle, et le refus obstiné du pape avaient sérieusement abîmé les bonnes relations de la Monarchie et de la Papauté. En 1682, la Déclaration des Quatre Articles rappelait les principes affirmés au xve siècle par le Concile de Constance : interdiction pour les papes de déposer les rois, supériorité des conciles sur les papes pour les questions de foi, autonomie du clergé français face au Saint-Siège, traditionnelles libertés de l'Eglise gallicane, avait exaspéré le Saint-Siège[19]. La querelle battait donc son plein lorsque les bénédictins séjournent à Rome et on en a l'écho par une lettre de Michel Germain en date du 11 septembre 1685 : « Hier, écrit-il, le P. Colloredo nous demanda si l'Antiquité — *sic* —

---

18. C. Estiennot, Valéry, *op. cit., ibid.*
19. Cf. Jean Orcibal, *Louis XIV contre Innocent XI*, Paris, 1949.

fournissait des preuves que les rois d'Angleterre aient autrefois nommé des évêques. Nous répondons que oui et les preuves en sont bien certaines. Ne doutez pas Monseigneur que dans l'intérêt commun de l'Eglise, ce qui rend les Romains si précautionnés sur cette affaire, ne vienne de la crainte qu'ils ont de faire des pas de clercs ou plutôt d'ignorants à la vue de la France, dont les savants ne manqueraient pas dans l'animosité présente, de leur relever les moustaches. »[20] Il ne fallait pas trop souffler sur ces moustaches-là...

Malgré ce handicap, le voyage de Mabillon en Italie est la meilleure illustration d'un concordat *de facto* en matière de sciences historiques et de belles-lettres, entre les ecclésiastiques et l'administration de la Monarchie. Aux efforts des bénédictins installés en Italie pour faciliter son travail, s'ajouta l'appui des autorités publiques. Mabillon disposa cette fois de toutes les protections officielles. Le doge de Gênes lui versa cinq mille livres pour ses frais en chemin[21]. A Venise lui et son associé retrouvèrent M. de La Haye, leur vieille connaissance de Bavière qui se fit un devoir de leur présenter tous les lettrés de sa connaissance. A Rome, le duc d'Estrées, ambassadeur de Louis XIV et le cardinal d'Estrées, les assistèrent de leur mieux et leur obtinrent des audiences avec des prélats susceptibles de les aider. A Florence, prévenu par l'un de leurs plus fidèles correspondants, Magliabecchi, le grand-duc de Florence donna l'ordre qu'on ouvrît devant eux les deux battants de la bibliothèque de Laurent de Médicis. Les autorités ecclésiastiques ne furent pas en reste. Mabillon jouit de l'appui constant du tuteur des lettres, le cardinal Casanate qui, pour montrer sa bonne grâce, le chargeait au nom de la Congrégation de l'Index, d'examiner les livres d'Isaac Vossius. On observera que les ponts n'étaient pas véritablement coupés entre le Saint-Siège et la Monarchie française. L'explication des facilités de Mabillon à accomplir sa tâche réside cependant moins là que dans l'existence des appuis que la collaboration européenne des doctes, qui venant de la multiséculaire unité des clercs à l'intérieur

---

20. Cf. Michel Germain, *Lettre à Placide Porcheron du 11 septembre 1685*, in M. Valéry, *op. cit.* t. 1, p. 118.
21. Cf. Lettre de Michel Germain du 20 avril 1685, cité par E. de Broglie, *op. cit.*, t. 1, p. 351.

de la chrétienté, prêtait encore à une politique du savoir, toujours en grande partie mobilisée par des intérêts ecclésiastiques. Mabillon continuait à travailler pour lui-même et pour son ordre, alors même qu'il avait commencé de servir les intérêts savants d'un Etat national.

Ce voyage qui sera le couronnement de toutes ses courses est aussi le plus long puisqu'il s'étend sur deux années. Ce n'est que le 2 juillet 1686 que le mauriste sera de retour. Entre-temps, il aura visité les grandes villes de la péninsule, Turin, Milan, Venise, Rome, Naples, Florence, Gênes, non sans sillonner des centres moins illustres. Nous ne suivrons pas le détail d'un itinéraire si étendu et si divers, laissant le lecteur se reporter au calendrier que nous joignons en annexe. Le ton de l'*Iter Italicum* est différent de celui de l'*Iter Germanicum*. On sentait que Mabillon, gêné par un environnement hostile, se livrait rarement à une émotion. On le voit la laisser s'épandre ici, assoupli qu'il est par la vue des merveilles, car tout change avec l'Italie et le récit comme la correspondance des bénédictins trahissent l'inflexion de leur humeur, la montée de leur sympathie, quelquefois l'exaltation de leur sensibilité. Il y avait du sombre et du pressé dans l'*Iter Germanicum*, il y a du doré et du lent dans l'*Iter Italicum*. Nos érudits acclament la beauté de Naples qui arrache au savant un cri presque musical : *Fragmentum coeli delapsum in terram*. « On dirait un morceau du ciel tombé sur le sol. » Mabillon note que toutes les saisons se résument à une seule, le printemps; des vers de Virgile lui montent aux lèvres. Les bénédictins s'enchantent des douceurs de Florence et Michel Germain, aussi spontané et emporté que Mabillon est tempéré et réfléchi, ravi du paysage florentin qu'on aperçoit de Fiesole, observe « les vignes ou maisons de plaisance des seigneurs et des bourgeois de Florence. Tous les environs sont pleins, de sorte qu'on peut croire que ces lieux délicieux occupent bien autant que la ville même qui est peuplée de soixante mille âmes et qui contiendrait trois cent mille, si les maisons étaient aussi remplies qu'à Paris »[22]. De l'abbaye des chanoines réguliers de Fiesole, ouvrage de Cosme de Médicis où ils tra-

---

22. Michel Germain, in *Correspondance inédite de Mabillon et de Montfaucon avec l'Italie...*, par M. Valéry, *op. cit.*

vaillaient, nos bénédictins ont-ils vu comme tout visiteur, l'inoubliable perspective de la ville ? Presque à hauteur des lèvres, les vallons toscans boursouflés de ceps en leurs courts et humains ressauts, descendant en pente douce vers la corbeille florentine ? Clochetons, dômes y éclosent en œufs de Pâques rougis et vernissés sur la paille des ruelles, à l'abri, sous les suées argentées du jour. Et tant d'autres spectacles au sortir des bibliothèques. Partout la beauté mangeant la laideur, la lumière gommant la crasse, la vétusté magnifiant la pauvreté, la taille-douce des ombres évaluant les nuances. Du bien-être que la beauté déverse, la correspondance et le livre d'heures du voyage de nos moines sont imprégnés.

Pendant tout ce temps, ils ont aussi beaucoup travaillé. D'un travail physiquement difficile : « Quand j'entends, dit Michel Germain, Dom Jean remuer les chaînes qui capturent les manuscrits de Saint-Laurent-des-Cordeliers, je songe à la bouchère d'Amiens qu'on dit faire son purgatoire dans une rue de cette ville et y traîner quantité de chaînes sur le dos... Il en a les mains toutes honnies et les miennes en plus de quinze endroits de l'infirmité causée par les cuivres piquants et hors de leurs places qui défendent les livres manuscrits. »[23] Le jeune bénédictin résume leur état d'esprit : « Tous nos messieurs qui nous regardèrent faire ne nous considèrent pas autrement que comme des soldats français qui montent à l'assaut. En effet il faisait chaud et l'on me prenait pour un cordelier tant nos habits étaient gris de poussière. »[24] Patrouille, détachement avancé, corps expéditionnaire de l'érudition française, les moines ne cachent pas les calculs colonisateurs qui président à leur activité. Mais il ne s'agit que de prendre possession des *terrae incognitae* des diplômes et si l'allure de la mission a quelque chose de militaire c'est qu'elle est régie par les impératifs du temps et de l'argent, quelquefois du secret. A Arone, pour acheter tel manuscrit de l'*Imitation de Jésus-Christ*, il faut négocier interminablement sans éveiller la curiosité, le soupçon et en évitant les fuites.

Les bénédictins vont ainsi explorer pour le compte de la Monarchie

23. Michel Germain, cité par Léon Deries, in *Un moine et un savant, Dom Jean Mabillon*, Ligugé, 1932.
24. Michel Germain, cf. M. Valéry, *op. cit.*, t. I, p. 250.

toutes les grandes bibliothèques italiennes. L'Ambrosienne à Milan où ils se trouvent du 26 avril au 12 mai. La Vaticane à Rome sous la conduite de l'abbé Schelstrate, une ancienne connaissance du monastère de Saint-Gall et bien sûr pendant son séjour dans la ville jaune qu'il appelle abrégé du monde *(orbis epitomen)*, mère de tous les mortels *(communis omnium mortalium parens)*[25], toutes les bibliothèques et les archives de la capitale, se laissant guider par Fabretti, le plus célèbre archéologue de Rome pour la découverte des antiquités classiques. La bibliothèque de La Valetta à Naples où il demeure du 20 octobre au 16 novembre. Celle du mont Cassin du 16 au 26 novembre, avant la bibliothèque laurentienne de Florence, les magnifiques collections du couvent de Santa-Croce dont la richesse en antiquités de toutes sortes, surexcite la surprise admirative des voyageurs. Nous oublions leurs découvertes à Venise, Padoue, Ferrare, Ravenne, Pesaro, tant d'autres villes.

Le voyage en Italie a un autre bénéfice dans la vie du moine, celui de multiplier les contacts avec la société que la clôture de Saint-Germain-des-Prés, malgré sa situation privilégiée de carrefour du monde des lettres, raréfiait ou limitait. Notre bénédictin découvre la hiérarchie romaine, fait connaissance avec le monde des érudits italiens, côtoie des grands. Il donne et reçoit des visites, échange des contacts et des hommages, fait pèlerinage auprès des célébrités. A Venise, il rencontre le procureur Jean Baptiste Cornaro Piscopia, père d'une jeune femme, Hélène Lucrèce dont la science avait établi la renommée et qui venait de décéder. Hélène Lucrèce Cornaro Piscopia est l'une de ces femmes savantes que la culture européenne, *nolens volens*, a produites, a moquées, a oubliées. Elle savait les trois langues anciennes, était aussi réputée pour son savoir théologique que philosophique. Faute d'un doctorat de théologie qu'il eût été peu canonique pour une femme d'obtenir, elle avait brillamment soutenu une thèse sur Aristote dans la cathédrale de Padoue. A l'époque c'était un personnage et son audience était internationale. Louis XIV lui avait adressé les cardinaux de Bouillon et d'Estrées, les papes, l'empereur, le roi de Pologne

25. Mabillon, *Iter Italicum, op. cit.*, p. 47.

étaient en correspondance avec elle. Nos moines avaient une raison supplémentaire de rendre des devoirs à son père. Liée à l'Eglise par des vœux
simples, Hélène Lucrèce avait, sous ses habits de ville, porté la robe
de Saint-Benoît. A Rome, « l'homme le plus modeste de France »
approfondit sa connaissance de la société de cour qui faisait et défaisait
les réputations, abaissait ou élevait les conditions. A la reine Christine,
il va porter son ouvrage, *La Liturgie gallicane*, qu'elle accueille avec
colère et générosité, fidèle à sa réputation. Croyant bien faire, Mabillon
a porté sur la dédicace le titre de sérénissime ; la reine laisse éclater son
mécontentement : « Je suis Reine, je m'appelle Christine, cela suffit ! »
L'érudit était un grand ignorant. Mais sans rancune, l'irascible princesse lui ouvre les portes de sa précieuse bibliothèque. De l'humeur,
des fantaisies, des incroyables caprices et privilèges des grands avec
lesquels il devra bientôt compter quand l'orage éclatera avec Rancé,
Mabillon a déjà un aperçu. Les cancans vont bon train et Claude
Estiennot rapporte dans sa correspondance les excentricités de la
reine. Un jour, elle oblige les pontificaux à lui céder la prise d'un malan-
drin qui s'était accroché aux barreaux d'une fenêtre dans sa libre juridiction. Un autre, elle se moque ouvertement du pape qui, à l'occasion
d'une fièvre où elle avait failli périr, lui assure que ses prières l'auront
guérie. Elle répond qu'elle ne croit pas qu'il fût assez saint pour faire
un miracle en sa faveur et qu'elle veut bien périr catholique, mais pas
mourir idiote. « Io voglio morir cattolica, ma non sciocca. »[26] Longtemps les grands ont eu de l'insolence. Ailleurs et tout au long de son
parcours, notre bénédictin est accueilli par ses correspondants et ses
pairs. Ils y mettent d'autant plus d'application que les Italiens avaient
vent de la publication prochaine d'un ouvrage de l'évêque de Salisbury,
Burnett, dont on chuchotait qu'il faisait une critique ravageuse de l'érudition italienne. En acclamant Mabillon, on comptait sur une réparation.

Mais les meilleures choses ont une fin. Les moines demeurés à
l'abbaye de Saint-Germain donnaient des signes d'impatience. Mabillon
et Michel Germain durent rentrer. Le 11 juillet 1686, ils étaient
à Reims pour rendre compte à Maurice Le Tellier de leur mission,

26. *Correspondance inédite...* par Valéry, *op. cit.*

chargés selon le mot de Ruinart, des dépouilles de l'Italie antique. Cette fois, le bénédictin ne rapportait pas seulement deux ouvrages, l'*Iter Italicum*, le *Museum Italicum*[27], de multiples provisions pour des compositions personnelles ultérieures, il ne revenait pas uniquement chargé de souvenirs et d'expériences, il traînait également avec lui un important butin pour la bibliothèque du roi[28]. Aussi exact à dresser ses comptes qu'à tenir un journal littéraire, Mabillon a noté le détail et le prix de ses acquisitions qui ne comptaient pas moins de 4 192 livres, estampes et manuscrits, lesquels furent versés à la bibliothèque royale. Le voyage italien est l'expression la plus achevée de tous les itinéraires des bénédictins mais avant d'en tirer le bilan, disons quelques mots des dernières aventures. Elles n'auront lieu que beaucoup plus tard, quelque dix ans après.

Derniers voyages avant que la vie ne s'essouffle définitivement. En Lorraine, en Alsace, puis en Normandie et entrepris cette fois pour l'Ordre, le Saint Ordre des Bénédictins qui préparait la publication des *Annales de Saint-Benoît* dont le premier tome paraîtra en 1700. C'est Thierri Ruinard qui rédigera le carnet de route[29]. Mabillon visite avec lui les monastères de Lorraine, d'Alsace, de Champagne, il s'arrête aux abbayes de Senones et Moyenmoutier, séjourne à Strasbourg. Toutes les portes s'ouvrent. Le prince de La Tour d'Auvergne et le prince de Soubise leur font fête[30]. L'avocat général de Strasbourg Ulrich Olbrecht leur permet de copier ces diplômes impériaux conservés dans les archives de la cité. Ils font le tour des églises luthériennes et le jour de la fête des Tabernacles, dont Ruinard donne une description, de la synagogue de Toul. Rentré à Paris après deux mois de pérégrinations, Mabillon fera encore de courtes incursions en 1698 en Touraine et Anjou, en 1699 en Champagne, sa terre natale, et en 1700 en Normandie.

27. Cf. *Bibl. nat.*, *fonds latin*, n° 44187, p. 71-72-75-115 et 136.

28. La liste des acquisitions de Mabillon a été conservée par Nicolas Clément dans le registre des livres acquis par la bibliothèque du roi depuis l'année 1684. Cf. H. Omont, Mabillon et la bibliothèque du roi à la fin du xviie siècle, in *Mélanges et Documents*, *op. cit.*, Ligugé, 1908.

29. Dom Thierri Ruinard, cf. in *Ouvrages Posthumes de Jean Mabillon et Thierry Ruinard*, par D. Vincent Thuillier, Paris, 1724, 3 vol., t. III.

30. Thierri Ruinard, *op. cit.*, p. 456.

Les voyages de Mabillon en Allemagne ont commencé en 1683, à ce moment charnière de la *Crise de la conscience européenne* qu'a repéré Paul Hazard. Comme ce dernier l'a si bien dit : « Les grands classiques sont stables, les errants ce seront Voltaire, Montesquieu, Rousseau, mais on n'est pas passé des uns aux autres sans un obscur travail. »[31] L'un des artisans de cet obscur travail est précisément notre moine. Il a poursuivi au xviie siècle la tâche léguée par le xvie siècle en l'infléchissant notablement. Si le voyage européen du siècle précédent s'accomplissait selon un parcours obligé du nord au sud, « si le Nord s'instruisait au Sud »[32] comme ces fils de l'aristocratie anglaise qui venaient contracter en France l'accent qui imprégnera Oxford et les tournures qui marqueront la littérature anglaise du xviiie siècle, les itinéraires de Mabillon n'obéissent pas au renversement qui caractérisera le xviiie siècle, où le Sud ira apprendre au Nord lorsque Voltaire cheminera en Angleterre, aux Pays-Bas, en Allemagne, en Suisse. Ils jalonnent en revanche l'événement capital dont a parlé Pierre Chaunu, « la réincorporation de l'Europe danubienne après les dernières flambées en 1664 et en 1683 de l'impérialisme turc »[33]. Les récits de voyages rédigés par l'érudit ne ressemblent pas à la littérature de voyage philosophique que le xviiie siècle portera à son comble avec le *Robinson Crusoé* de Daniel Defoe (1719) et les *Lettres persanes* de Montesquieu (1724), impulsés par les deux best-sellers de l'époque en matière de récits de voyage, le *Journal de voyage du Chevalier Chardin en Perse et aux Indes orientales par la mer Noire et par la Colchide* (Londres, 1686) et la *Nouvelle relation de l'intérieur du sérail du Grand Seigneur* de Jean-Baptiste Tavernier (Paris, 1675)[34]. Les réflexions du mauriste n'ont rien de commun avec celles de Malebranche, de Fontenelle et de Fénelon, ou encore

31. Paul Hazard, *La crise de la conscience européenne*, 1680-1765, Paris, 1961, p. 5.
32. Pierre Chaunu, *La civilisation de l'Europe des Lumières*, Paris, 1971, p. 46.
33. P. Chaunu, *op. cit.*, p. 31.
34. Malgré des lacunes soulignées par Geoffrey Atkinson, in *Les relations de voyage du XVIIe siècle et l'Evolution des idées. Contribution à l'étude de la formation de l'esprit du XVIIIe siècle*, Paris, 1924, Slatkine reprint, 1972. La bibliographie élaborée par Emile Bourgeois, in *Les sources de l'Histoire de France (1610-1715)* et Emile Bourgeois et Louis André (Paris, 1913) montre combien la littérature des voyages est, à cette date, impressionnante.

avec les récits enthousiastes que les Pères Jésuites font des sages
chinois[35], il ne s'agit pas pour Mabillon de donner le sens de la
relativité des croyances, d'assouplir la dogmatique, encore moins de
diffuser le déisme ou des idées antichrétiennes. Ses carnets ne se
rapprochent pas davantage des narrations qui, aux XIXe et XXe siècles,
de Chateaubriand à Paul Morand en passant par Stendhal illustreront
le génie du voyage littéraire français. Mabillon n'est pas allé comme
l'écrivain romantique à Sparte, Athènes ou Jérusalem « chercher
des images ». Il n'est pas venu empli de sentiments épars, confronter
sa mémoire à la charpie du passé. Il n'a pas voulu comme Stendhal,
sonder, entre les vestiges et les vivants, les tendres mirages et les
méchantes réalités du charme italien. C'est que, dans l'*Iter Burgundicum*, l'*Iter Germanicum*, l'*Iter Italicum*, il s'agit de toute autre chose
que d'un collage de réminiscences culturelles, d'instantanés sensibles,
d'un guide touristique des décombres de l'Esprit comme on les
trouve dans les *Venises* de Paul Morand. Nulle divagation imagina-
tive, nulle épopée du souvenir, nulle remontée des rêves, nul remords
d'un moderne soulevé de malaise devant un passé qui fuit et qu'il
voudrait étreindre le moment d'un dernier sursaut. Il n'y a pas
d'Orient ou de Sud mythique dans les pérégrinations bénédictines.
Pas de déplacement du passé dans l'espace, de transposition de l'histoire dans la géographie, de révélation que là où s'exhausse le monde
moderne, s'abîme une civilisation perdue. Pas encore de sens de
l'irréversibilité du temps, de l'accélération du destin, de rejet de
l'avenir comme celui qui étranglera la voix romantique. Les voyages
du bénédictin n'ont rien d'une Education sentimentale. Ils sont
savants. Relever les observations amassées dans les différents chartriers, conserver la copie mentale des curiosités rencontrées, cata-
loguer les trouvailles : tels sont les buts de ses récits. Voyage européen, « à la curiosité paisible » contrastant avec l'aventure des mondes
lointains et des peuples ensauvagés qui s'insèrent dans la production
des « narrations, descriptions, rapports, recueils, mélanges curieux,

---

35. Malebranche, Entretien d'un philosophe chrétien avec un philosophe chinois,
in *Œuvres*, Paris, 1852 ; Fontenelle, Relation de l'île de Bornéo, in *Nouvelles de la République
des Lettres*, janvier 1686, Ed. M. Bayle, Amsterdam ; Fénelon, *Aventures de Télémaque*, 1699.

bibliothèques »[36], spicilèges, etc., qui peuplent les bibliothèques savantes et ameutent l'intérêt d'une opinion savante avide de nouveautés anciennes.

Les récits de voyage de Mabillon sont passionnants mais d'un genre tout autre que ceux qui ont illustré la littérature de voyage. Le bénédictin visite le chartrier d'un monastère, les abbayes d'une région, les bibliothèques d'un pays. Jusqu'au bout, il garde cet œil du paysan qui sait embrasser la ligne de fuite d'un horizon, repérer la géologie, frémir devant la richesse ou la pauvreté des terres, s'émouvoir à l'ordonnancement d'un village, curieux du gîte, soucieux des mets. Toute sa vie, il conserve la perception d'un homme venu des labours et marchant d'un pas ferme sur les chemins des abbayes au milieu des campagnes, moins assuré au cœur des cités, saisi de vertige qu'il est par la magnificence des édifices et la somptuosité des architectures. Mais le paysage, les coutumes absorbent moins son attention qu'un incunable, un cartulaire, un cérémoniaire ou un évangéliaire rarissime. Malgré les nombreuses notations sur l'habitat, l'hospitalité ou l'hostilité des habitants qui jalonnent ses rapports, le moine demeure en grande partie indifférent à l'ethnographie.

Si l'on néglige le droit fil que force tout itinéraire, on est alors, à lire Mabillon, confronté à un incroyable fouillis, à un fourre-tout qu'on a peine à s'expliquer et où, hétéroclites et énumératives sont juxtaposées des indications sur les centres visités et sur les documents dignes d'intérêt. L'érudit donne aussi souvent l'impression de conserver par-devers lui autant de renseignements qu'il en livre ou de passer, l'air négligent, sur la découverte de tel lectionnaire dont nous verrons qu'il tirera un ouvrage. La publicité s'enrobe de secret, l'exposition, d'omissions. Son récit relève à la fois de la consigne d'objets trouvés où l'incroyable bouscule l'usagé, de l'inventaire d'hôtels des ventes où le dépareillé côtoie le princier, mais plus fondamentalement, du compte rendu d'expédition archéologique et du musée. Au XVIIe siècle, un homme qui se livre à l'activité

36. P. Hazard, *op. cit.*, p. 8.

du bénédictin s'appelle volontiers antiquaire, et ce titre que Mabillon partage avec ses amis laïcs de l'abbaye de Saint-Germain-des-Prés, avec Du Cange, avec Baluze, renvoie certainement à une indivision des usages commerciaux et savants, publics et privés de choses antiques. Antiquaire, le bénédictin l'est en effet, dans la mesure où il applique aux pièces et aux documents qu'il examine, l'attachement obsessionnel et émerveillé dont l'archéologue fait plus souvent montre que l'historien moderniste. Car l'archéologue n'étudie pas seulement des archives, il met à jour des vestiges. Les trous y sont plus grands que les pleins, les lacunes plus vastes que les renseignements. Dans un océan d'incertitudes, quelques signes miraculeux et vacillants remontés de la nuit, clignotent fixement de désespérants signaux où s'esquisseront les interprétations. Car l'archéologue ne déchiffre pas seulement des traces, il exhume des trésors. Restes fragiles, rudiments uniques dont la rareté fait le prix, l'or, l'argent, les sceaux scellés de la puissance, tous les étalons de la valeur qui ont résisté au temps, en sont faits. A l'Age classique, les distinctions chronologiques qui nous sont devenues familières entre l'Antiquité, le Moyen Age, les Temps modernes, ne sont pas encore clairement apparues à la conscience historique et ce qui est ancien fait figure d'antique. Les archives ne sont pas encore établies, les bibliothèques ne sont pas encore organisées, les sources ne sont pas encore répertoriées, les diplômes, les livres ou les manuscrits même s'ils n'appartiennent pas à l'Antiquité, sortis qu'ils sont d'un passé presque entier ployé sous la nuit, semblent les yeux luisants de l'obscurité. C'est pourquoi, lorsqu'il s'agit d'énumérer ses trouvailles, de les présenter, de les exposer, le savant intitule ses ouvrages, *spicilège*, *analectes*, *musée*. Glaner des épis, rassembler des fragments : l'histoire savante du xviie siècle ne pouvait qu'accommoder les restes et patiemment recoller quelques morceaux. L'hégémonie du regard archéologique, les lunettes de l'antiquaire, tiennent moins aux objets étudiés qu'à un stade insuffisamment avancé de la connaissance historique pour laquelle le passé est morcelé, ou effondré comme l'est celui des civilisations antiques. Constituer un musée — ici un musée purement littéraire, le *Museum Italicum* — parce qu'un musée qu'est-ce d'autre en effet qu'un magasin où s'entreposent les précieux et partiels restes de l'histoire, une maison où s'allient la conservation et l'exposition ? Le classement, on le sait, n'y est pas dépourvu d'art, le catalogue n'y manque pas d'ostentation, et la connaissance y est le résultat d'une conjugaison des prouesses de l'art, de la science et du commerce. En vérité, on serait injuste avec les patients et savants travaux de notre bénédictin si on les figeait ainsi. Car ce qui s'observe dans ses récits, c'est une évolution. L'habitude érudite de publier pêle-mêle des manuscrits qui se rapportent à des phénomènes et à des questions historiques le plus souvent éloignées les unes des autres, renvoie, il ne faut pas s'y tromper, à l'existence d'une sorte de catalogue mental, de bibliothèque idéale des doctes qui tous connaissent les mêmes questions, travaillent sur les mêmes problèmes, et jugent au premier coup d'œil, qu'en effet tel document renouvelle, infirme ou maintient une idée reçue. Ce qui se remarque donc, c'est au-delà de cette habitude de livrer en bloc les connaissances, la mutation du regard de l'antiquaire, du collectionneur, l'arasement inévitable des passions thésaurisatrices caractéristiques d'une économie ancienne de la connaissance du passé, par le labour imparable, l'art décapant du catalogue.

A jeter un coup d'œil rétrospectif sur ces pérégrinations, et à s'attarder sur le voyage italien qui les résume toutes, on constate qu'elles ont sans doute davantage contribué au développement de l'histoire religieuse qu'à celui de l'histoire politique. Mabillon a essentiellement travaillé pour lui et étant mauriste, pour les recherches que les bénédictins avaient conçues et organisées, pour les collections d'actes dont ils avaient besoin, le règlement des querelles liturgiques ou dogmatiques qu'ils désiraient, la mise au point de l'histoire de l'ordre de Saint-Benoît, de ses pompes, de ses œuvres, de ses saints, qu'ils souhaitaient. Mais il s'est également mis au service de l'Etat, et c'est là que gît toute sa nouveauté. On retiendra le procédé qu'a imaginé l'administration d'utiliser l'infrastructure bénédictine. L'Etat étaye ainsi sa politique de mission documentaire et de recherches savantes, sur une organisation préconstituée dont il détourne ou utilise les habitudes à ses fins. En l'absence d'organisation européenne de la connaissance du passé autre qu'ancienne et inadaptée aux besoins qui sont en développement, un centre étatique, par la commande de ses ministres ou de son monarque, met en œuvre le dessein d'aspirer vers lui, afin de les garder à sa disposition, les données documentaires qui intéressent son histoire et ses titres. Essayé pour les voyages savants, le moyen sera généralisé au xviiie siècle, par Jacob-Nicolas Moreau, à l'ensemble de la recherche historique. Les missions de Mabillon n'ont pas encore le caractère systématique et le degré d'organisation qu'elles acquerront cent ans plus tard; les copies effectuées par les bénédictins à la différence des livres et manuscrits achetés pour la bibliothèque du roi, ne sont pas régulièrement versées ou même répertoriées dans une institution publique. Il est en outre vraisemblable, même si les documents faisant foi restent à retrouver, que Mabillon travaillait encore « à la tâche » et qu'il était chargé de procéder à des recherches beaucoup plus précises dans les questions politiques et religieuses en litige, tant avec l'Allemagne qu'avec la papauté. Pourtant, la longueur des démarches entreprises révèle que le temps des missions ponctuelles qui étaient la seule règle sous Richelieu, est en partie révolu par la nécessité nouvelle de procéder à une estimation d'ensemble et à une inspection beaucoup plus globale des sources existantes. Dans l'état classique de la recherche, cette investigation ne pouvait être que générale et superficielle et elle a plutôt abouti à un repérage et à une cartographie encore floue des richesses existantes qu'à la reproduction d'un inventaire systématique. Mais le mouvement était lancé. Les survols de Mabillon engagent le déploiement d'un ordre de prospections qui sera obstinément poursuivi en France et à l'étranger. La Porte du Theil, entre autres exemples, continuera quelques décennies après le bénédictin, le travail de dépouillement et de copie qu'il avait engagé au Vatican. Ainsi, pour grossière et désordonnée qu'elle soit, cette reconnaissance permet d'engager une accumulation primitive du capital historique. Les voyages mabilloniens déplacent et reclassent les traces par la constitution tâtonnante de musées, de trésors, mais bientôt de répertoires et de catalogues, ils contribuent à ce mouvement de recensement général des sources de « l'Antiquité » par quoi s'est constituée, avant, bien avant, la formation de l'archivistique contemporaine, la technologie de l'histoire savante.

Dans la vie du moine, le temps du voyage ce ne fut donc pas le temps du départ, de la fuite, de la perte, de l'abandon à des horizons inconnus, de la dilution des expériences antécédentes mais tout l'inverse : temps du retour, du recouvrement, de la possession, de la domination d'un passé mis sous surveillance, de la récupération des significations anciennes. La nostalgie n'y était pas encore ce qu'elle est devenue, la déchéance du Midi et de l'Est ne s'y ressentait point. N'y comptait pas l'amertume, ne s'y chiffrait que le savoir. Mais on revient toujours chez soi et à l'abbaye, l'attendaient la clameur et le bruit des silences de Rancé.

CALENDRIER DES VOYAGES DE MABILLON
EN ALLEMAGNE ET EN ITALIE[1]

Voyage en Allemagne (1683)

Le 30 juin 1683, Mabillon part de Paris avec Dom Michel Germain en voiture publique *(rheda publica)*.

Le 5 juillet, visite à Dijon.

Du 6 au 12, trajet en Franche-Comté et séjour à Besançon.

Du 13 au 16, visite à Favernay, Luxeuil, Belfort.

Du 17 au 20, séjour à Huningue et à Bâle.

Les 21 et 22, départ de Bâle à cheval pour Baden, séjour.

Du 23 au 26, visite à l'abbaye de Moury (Murensis) où ils louent un interprète pour le reste du voyage.

Du 27 au 30, abbaye d'Ensilden (Notre-Dame-des-Ermites).

Du 1er au 5 août, abbaye de Saint-Gall.

Du 6 au 8, *apud monasterium Vveingartense*, séjour à l'abbaye de Weingarten.

Du 9 au 11, à l'abbaye de Kempten (Campidona).

Du 12 au 13, au monastère d'Ottenbour (Ottembura).

Les 14 et 15, à l'abbaye d'Irsin (Ursinium) pour la fête de l'Assomption.

Du 16 au 18, arrivée à Augsbourg et séjour à l'abbaye de Saint-Ulric.

Le 19, entrée en Bavière et passage dans les monastères « Kebacense, Scheyrence, Geisfeldense ».

Du 20 au 25, séjour à Ratisbonne *in monasterio Sancti Emmerammi*.

Du 26 au 28, parcours et arrivée à Salzbourg, séjour.

Le 2 septembre, départ de Salzbourg *(onusti libellis et munusculis)* et trajet par Tegernsée vers Munich, station à l'abbaye de Benedictbayern où leur qualité de Français les fit mal accueillir.

Du 8 au 11, séjour à Munich. Bossuet leur avait remis des lettres de la Dauphine pour visiter cette capitale, où M. de La Haye, ambassadeur de France, fut lui-même leur guide.

Du 12 au 14, passage à Andex, Vuesbrun, Fuessen, Staingaden, retour à Kempten et séjour.

Du 17 au 20, *apud coenobium Salemense*.

Le 21, arrivée à Constance, d'où ils sont éconduits par des mesures vexatoires de police.

---

1. Cit. de Henri Jadart, *Dom Jean Mabillon, 1632-1707*, Paris, 1879.

Le 22, passage à Richenow *(Augia dives)*, où ils trouvent un manuscrit intitulé : *Opus sancti Primasii discipuli Augustini de haeresibus numero XC.* Mabillon à ce propos en signale un autre exemplaire se trouvant à Reims, don d'Hincmar à la Bibliothèque métropolitaine.

Du 23 au 28, passage du lac de Constance, séjour à Villingen où Mabillon embrasse avec joie le P. Geysser et s'écrie : *O qui complexus et gaudia quanta fuere !*, parcours à travers la forêt hercinienne *(in Herciniâ silvâ)* vers Fribourg, puis à Brisach, Colmar, et jusqu'à Munster.

Du 29 septembre au 1er octobre, séjour à Strasbourg et visite sous la conduite du sénateur Ulrich Olbrecht, qui les combla de présents, *qui nos honorario viro non semel librisque ab se editis donavit*; vive admiration des voyageurs pour cette incomparable cité, récemment fortifiée par le roi très-chrétien.

Le 4 octobre et jours suivants, passage des Vosges à Molsheim; visite à Senones, Saint-Dié, Moyenmoutier, Saint-Mihiel-sur-Meuse, Verdun, Mouzon, monastères de la Congrégation de Saint-Vannes, où ils reçurent le meilleur accueil. Arrivé à Sedan, Mabillon apprit que l'archevêque de Reims, Maurice Le Tellier, se trouvait à Charleville; il alla l'y trouver et lui rendit compte de son voyage, ce qui combla de joie le prélat. Enfin, après un séjour à Reims, Mabillon fit un pèlerinage à Notre-Dame-de-Liesse, en reconnaissance de son heureux retour, et prit des notes sur le célèbre sanctuaire; puis il visita Laon, Soissons et Meaux, où il salua Bossuet, et rentra avec son compagnon au monastère de Saint-Germain-des-Prés sur la fin d'octobre, après une absence de quatre mois.

Voyage en Italie (1685-1686)

Le 1er avril 1685, Mabillon part de Paris avec Dom Michel Germain et gagne Lyon, partie en voiture et partie sur la Saône.

Du 5 au 8, séjour à Lyon, pour organiser le voyage avec Jacques Anisson, de la famille des libraires, qui doit être leur compagnon.

Le 9, départ à cheval pour Turin, par La Tour-du-Pin, Pont-de-Beauvoisin, Chambéry, Montmélian, Saint-Jean-de-Maurienne, le mont Cenis (que l'on passe à dos d'homme *per Marones, camelos homines*), la Novalèze et Suze.

Le 15, arrivée à Turin, où ils séjournent du dimanche des Rameaux au mercredi de Pâques, et assistent aux cérémonies de la Semaine Sainte.

Le 23, départ pour Milan, Casal, Verceil et Novarre.

Du 26 avril au 12 mai, séjour à Milan pour travailler dans la Bibliothèque ambroisienne, ouverte au public matin et soir, et observer au Dôme les détails du rite ambroisien.

Du 13 au 20, départ de Milan et visite à Brescia, au lac de Garde, à Vérone, Vicence, Padoue.

Le 21, arrivée à Venise, parcours de la ville, fête du doge le jour de l'Ascension (31 mai); visite des couvents, archives et églises.

Le 1er juin, départ de Venise et trajet vers Rome en quinze jours par Padoue, Ferrare, Ravenne, Pesaro.

Le 10 juin, fête de la Pentecôte, passage à Notre-Dame-de-Lorette, et de là à Foligny, Terni.

Le 15 au matin, arrivée à Rome, descente chez Dom Claude Estiennot et Dom Jean Durand, religieux de Saint-Maur, à leur résidence du Monte-Pincio, la *Strada Gregoriana* près la Trinité-du-Mont. Premier séjour de quatre mois consacré aux églises, bibliothèques, archives de cette capitale, l'abrégé du monde, *Orbis epitomen*, la mère de tous les mortels, *communis omnium mortalium parens*, comme l'appelle Mabillon.

Le 15 octobre, départ pour Naples en voiture par la voie Appia, avec station à Velletri, Piperno, Terracine, Fondi, Capoue; la route vers Naples y devient délicieuse, *jugis paradisus*, c'est la campagne heureuse, *Campania Felix*.

Le 20 octobre, arrivée à Naples, ville merveilleuse, *fragmentum coeli delapsum in terrâ*; visite avec Joseph Valetta, avocat. Excursions à Pouzolles, à Baïa, au Vésuve et au monastère de la Cava.

Du 16 au 28 novembre, partis de Naples, nos bénédictins vont séjourner au mont Cassin; visite des archives et de tous les détails de cette fameuse abbaye. Ils décrivent le tombeau de saint Benoît, qui y mourut le 21 mars 543, et dissertent sur le sort des reliques que l'on vénère de lui à Fleury-sur-Loire.

Le 29 novembre, retour vers Rome par le monastère de Sainte-Scholastique et la grotte de Subiaco, où ils se trouvent le 1er dimanche de l'Avent, étudiant les origines de l'Ordre bénédictin.

Le 4 décembre, rentrée à Rome pour y achever durant trois mois encore les recherches littéraires et archéologiques. Indication jour par jour des monuments visités.

Le 5 mars 1686, départ de Rome pour Viterbe et Sienne et visite de leurs monuments.

Le 10 mars, arrivée à Florence et séjour de six semaines dans l'abbaye de Saint-Marie; étude dans les bibliothèques avec Magliabecchi et le P. Noris; excursion aux environs, à Fiesole, à San-Miniato, à Camaldoli et Vallombreuse.

Du 20 au 26 avril, voyage à Pise, à Livourne, à Lucques, à Pistoie, et retour à Florence d'où le grand-duc les fit transporter en litière à Bologne.

Du 3 au 12 mai, après avoir passé quatre jours à Bologne, trajet par Modène, Ferrare et Padoue vers Venise qui est visitée une seconde fois pendant une semaine.

Le 20, départ de Venise pour Padoue, Este, Mantoue, Parme, Plaisance et arrivée le 29 à Milan; excursions à Monza et à Arone.

Le 4 juin, départ pour Pavie et les couvents voisins, Bobbio.

Le 10 juin, trajet par Tortone et Gênes où ils assistent à la Fête-Dieu; ils renoncent à s'embarquer, et gagnent Alexandrie, Este et Turin, d'où ils rentrent en France par le mont Cenis et arrivent à Lyon le 24 juin. Ils y laissent leur compagnon Jacques Anisson, puis vénèrent à Auxerre le tombeau de saint Germain et se retrouvent, après quinze mois d'absence, à Paris le 2 juillet 1686.

Ayant pris huit jours de repos, Mabillon vint à Reims le 11 juillet pour y rendre compte, à l'archevêque Maurice Le Tellier, de la mission littéraire dont il avait été le promoteur. Puis il rentra dans la retraite de son cloître pour s'y préparer, disait-il, à un autre grand voyage, celui de l'éternité.

La querelle Mabillon-Rancé

1683* A. J. B. de Rancé, *De la Sainteté et des devoirs de la vie monastique,* Paris, 1683, 2 vol.

1684 Anonyme attribué au protestant Larroque, *Les véritables motifs de la conversion de l'abbé de la Trappe avec quelques réflexions sur sa vie et sur ses écrits, des entretiens de Timocrate et de Philandre sur un livre qui a pour titre, Les saints devoirs de la vie monastique.*

1685 Abbé Maupeou, *La conduite et les sentiments de M. l'abbé de la Trappe pour servir de réponse aux calomnies de l'auteur des entretiens de Timocrate et de Philandre sur la théorie de la sainteté et les devoirs de la vie monastique.*

1685 Dom J. Mabillon (*Manuscrit* publié par le chanoine Didio, *in* Amiens, 1892).

1685 A. J. B. de Rancé, *Eclaircissements de quelques difficultés que l'on a formées sur le livre de la sainteté et les devoirs de la vie monastique,* Paris, 1686.

1687 P. Mège (bénédictin), *Commentaire de la règle de Saint Benoît où les sentiments et les maximes de ce saint sont expliqués...,* Paris, 1687.
P. Innocent Le Masson, *Annales Ordinis Cartusiensis en fol.,* correriae 1687 (cf. la préface).

1689 A. J. B. de Rancé, *La Règle Saint Benoist nouvellement traduite et expliquée selon son véritable esprit par l'auteur des devoirs de la vie monastique.*

1690 Dom Martène, *Commentarius in regulam S.P. Benedicti litteralis, moralis et historicius...,* Paris, 1690.

1691* D. J. Mabillon, *Traité des études monastiques,* Paris, 1691.

1692* A. J. B. de Rancé, *Réponse au Traité des études monastiques.*
Anonyme attribué à Denys de Sainte-Marthe, *Lettre à Monsieur l'abbé de la Trappe où l'on examine sa réponse au Traité des études monastiques et quelques endroits de son commentaire sur la règle de saint Benoît,* Amsterdam, 1692.

1693 D. J. Mabillon, *Réflexions sur la réponse de M. l'abbé de la Trappe au Traité des études monastiques.*

---

* Entrevue Mabillon-Rancé sous les auspices de la duchesse de Guise à la Trappe. A. J. B. de Rancé, Manuscrit, *Examen des réflexions de R.P. Mabillon sur la réponse au Traité des études monastiques.*

Le suprême orgueil ou la suprême dépréciation de soi
sont la suprême ignorance de soi.

Spinoza.

Mabillon eut à peine le temps de jouir des lauriers de *La Diplo-matique*, de savourer les retombées de son prestige national et de sa gloire européenne cueillie dans ses voyages, déjà s'élevait la querelle avec Rancé.

La plus haute querelle et la cime dans la vie du moine, la ren-contre déflagratoire avec Rancé. Un face-à-face, une passe sans armes, un long affrontement ponctué de silences et de semonces. Tout les oppose et les conduit l'un vers l'autre. Dom Jean Mabillon, moine de la Congrégation de Saint-Maur; Armand Jean Bouthil-lier de Rancé, abbé de la Trappe. Voici venir au-devant du clerc paysan, pensif et paisible, le clerc seigneur, impérieux et arrogant, voici que s'affrontent deux Eglises, deux sociétés, deux opinions. Pour Rancé la cour, la ville, les seigneurs et les écrivains; pour Mabillon les cloîtres et le conseil du roi, les savants et les légistes. Chartreux, oratoriens, jansénistes soutiennent le bénédictin. Les ducs et pairs applaudissent le trappiste et Saint-Simon s'engoue, le visite, le célèbre, un siècle et demi avant que Chateaubriand et Sainte-Beuve, deux siècles avant qu'Aragon, ne cèdent à ses charmes.

En 1683, deux ans après *La Diplomatique*, parut tandis que Mabillon parcourait l'Allemagne, le *Traité de la Sainteté et les devoirs de la vie monastique* par l'abbé de la Trappe, revêtu des approbations des évêques de Grenoble, de Luçon, de l'archevêque de Reims et couvert de l'autorité de Bossuet qui lui prodiguait des éloges parti-culièrement flatteurs. L'accueil réservé aux deux volumes fut enthou-siaste et, après les acclamations, trois éditions se succédèrent. En proclamant la supériorité des anachorètes sur les cénobites, Rancé proposait de remonter le chemin en sens inverse de l'histoire de la piété occidentale. « Les moines, expliquait-il, ne sont pas destinés à l'étude mais à la pénitence ; leur condition est de pleurer non d'instruire, et le dessein de Dieu en suscitant des solitaires dans une Eglise est de former non des docteurs mais des pénitents. »[1] A grand renfort de citations de docteurs, saint Basile, saint Pierre de Damien, saint Jean Climaque, il rappelait que le développement du travail manuel avait été voulu pour humilier la sagesse et l'orgueil. Il demandait le retour au désert et à la Thébaïde. C'était mettre en cause les études bénédictines, mais aussi s'attaquer à tous les ordres qui les pratiquaient. Bénédictins, chartreux, cisterciens, oratoriens, se sentant touchés, se mirent en devoir de répondre. Le Supérieur général des chartreux, Dom Innocent Le Masson, interdit la lecture du livre de Rancé. Pourtant sept années s'écoulèrent avant que ne parût en 1691, la réponse de Mabillon.

Pour expliquer la lenteur de la riposte, il faut sans doute avoir en tête le calendrier des querelles qui déchirent l'équilibre du temps et dévastent l'empire de l'érudition[2]. 1683. Treize ans après la parution en 1670 du *Traité théologico-politique* de Spinoza, mais deux ans après la parution de *La Diplomatique*, un an seulement après l'édition du livre de Pierre Bayle qui inaugure la rentrée en force du scepticisme, *Les Pensées diverses sur la comète*. L'assaut lancé contre les études dans l'Eglise se conforte des attaques répétées contre les Anciens dues à Fontenelle (1683 et 1687), Perrault (1685). Tintamarre, scandale, onde de choc. Mais pour véritablement comprendre la force d'intimidation exercée par l'abbé de la Trappe, il faut d'abord savoir qui était Rancé.

Ce n'est pas, loin s'en faut, que Rancé soit un inconnu. Si son souvenir est aujourd'hui effacé ou estompé, il demeure plus net que celui de Mabillon et, dans la mémoire littéraire, *La vie de Rancé* rédigée par Chateaubriand à la fin de sa vie, continue de verser quelques beaux rayons crépusculaires. On a beaucoup écrit sur l'abbé ; non seulement au XVIIe siècle, à l'heure où la réforme de la Trappe et la dispute avec Mabillon focalisaient l'attention de l'Eglise et de la cour

---

1. Rancé, *Traité de la sainteté et des devoirs de la vie monastique*, Paris, 1693, t. II, p. 370.
2. Voir *Naissance et défaite de l'érudition en France*, dernier chapitre.

mais aussi, au XIXᵉ siècle. Que, à la suite de la querelle engagée par les ordres monastiques, sa personne fût un objet de curiosité pour l'érudition ecclésiastique, cela n'étonnera pas davantage que l'intérêt qu'il a suscité depuis chez les historiens de l'Eglise. Mais ce qui excite davantage notre attention et doit orienter en partie notre investigation, c'est l'attachement manifesté à Rancé par les écrivains français. Chateaubriand n'est nullement une exception; tour à tour, Saint-Simon, Sainte-Beuve, Aragon, Roland Barthes ont été séduits et intrigués par l'abbé de Rancé, parce que son personnage n'est pas indifférent à la littérature française et à la république des Lettres. Leur fascination ne sera donc pas non plus étrangère à notre enquête même si nous nous efforçons maintenant d'étudier Rancé sous l'angle et l'œil qui furent, en partie, ceux de Mabillon.

Orgueil...

Rancé l'héritier. — Sa famille s'est appelée Bouteillier, Bouthilier, enfin Le Bouthillier qui a plus noble tournure. Venus de Bretagne, anciens échansons auprès des ducs du Pays, les Bouteillier se sont éloignés de leur province. Rancé n'appartient pas à la noblesse d'épée mais à cette catégorie que Georges Huppert a surnommée la *gentry* française[3] et qui, venue des profondeurs du peuple, a gravi les échelons de la hiérarchie sociale en achetant des offices de finance et de justice, s'est élevée après avoir conquis le titre d'écuyer, s'est installée dans la robe où elle s'est laissée enfermer, suspendue dans les régions indéfinissables de l'attente, cimentées d'opacité sociale par le refus de la noblesse « de sang ». Les siens ont compté des prélats : Victor, archevêque de Tours, Sébastien, évêque d'Aire; des hommes d'Etat : Claude, surintendant des finances. Lorsque Armand naît, le 9 janvier 1626, sept ans avant Mabillon, la mutation du clan provincial

---

3. Cf. le très intéressant ouvrage de Georges Huppert, *Bourgeois et gentilshommes, la réussite sociale en France au XVIᵉ siècle*, trad. franç. P. Braudel et A. Bonnet, Paris, 1983.

qui a mis à profit l'existence d'une tête de pont à Paris pour y trans-
férer peu à peu offices et affaires, est accomplie. Son père Denis,
seigneur de Rancé, maître des requêtes, président de la Chambre des
Comptes, est secrétaire de Marie de Médicis. Pour l'enfant, la reine a
la tendresse d'une aïeule, note Chateaubriand[4]. Elle le tient sur les
genoux, le porte, l'embrasse en l'appelant son petit marquis. Son
parrain n'est autre que Richelieu, sa marraine, la marquise d'Effiat,
est l'épouse du surintendant des Finances. Les Le Bouthillier sont des
créatures de Richelieu. Armand appartient aux « demi-dieux »; ainsi
nomme-t-on les clans les plus puissants de la *gentry*.

Rancé le bénéficier. — Dès l'âge de dix ans, l'enfant devient pré-
bendier. Les chapitres de cathédrale, particulièrement rentables, atti-
rent les grandes familles de province, et le chapitre de Paris est particulièrement renommé. Après Imbart de La Tour, G. Huppert note
la prééminence des familles de robe dans l'acquisition des bénéfices
ecclésiastiques où l'on retrouve des noms de financiers : Spifame,
Viole, Guichard, du Tillet, Bohier, Marcilly, L'Angelier[5]. Rancé
le cadet d'un frère mort. C'est l'usurpation de la mort fauchant son
frère aîné, Denis-François le 14 septembre 1637, qui apporte à Rancé
les bénéfices familiaux. Conformément aux coutumes de son groupe
social, Armand, dès la fin de sa petite enfance, devient alors chanoine-
clerc de l'Eglise des Pères, abbé de la Trappe (ordre de Cîteaux),
de Notre-Dame-du-Val (ordre de Saint-Augustin), de Saint-Sym-
phorien de Beauvais (ordre de Saint-Benoît) et prieur de Boulogne,
près de Chambord (ordre de Grammont). Son éducation ne déroge
pas à ce qui constitue la valeur cardinale de la *gentry* : l'amour des
belles-lettres[6]. Il reçoit une excellente instruction classique, apprend
le latin, lit couramment le grec. Lorsqu'il a douze ans, on édite sa
traduction d'*Anacréon* avec des scolies grecques, d'une érudition sans

---

4. Chateaubriand, *La vie de Rancé*, Paris, 1969.
5. G. Huppert, *op. cit.*, p. 137.
6. G. Huppert, *ibid.*

faille mais adornée d'un commentaire qui trahit la naïve admiration qu'il professe pour lui-même :

... Brûles-tu pour Bathylle, pour Bacchus, pour Cythère ? Aimes-tu les danses des jeunes filles ? Voici Armand qui l'emporte de beaucoup sur Bathyle, sur Bacchus, sur Cythère... Si tu possèdes Armand, vis heureux, tu n'as plus de projet à former...[7].

Il grandit sous les traits d'un jeune homme fin au cheveu blond et délicat, à la peau transparente, aux yeux fauves. A la licence de théologie il est reçu premier, Chamillart second, Bossuet troisième. Simple distribution protocolaire, observe Henri Brémond : « En tête, un prince de sang ou à son défaut un jeune homme bien en cour, puis un prieur de Sorbonne, enfin le plus méritant. »[8] Les humanités ont fait de lui un lettré, la société en fera un abbé de cour à une époque où la cour dîne en ville.

Rancé le gentilhomme. — L'abbé refuse l'évêché de Laon parce qu'il est trop éloigné de la capitale. Rancé, c'est la ville, Rancé c'est déjà Paris avec son mode unique de formation des élites françaises. Comment, dans ces habits somptueux, la robe s'est-elle changée ? Peut-être dans les salons ou comme l'on disait dans cette première moitié du XVIIe siècle, dans ces hôtels qui sont la première ébauche et l'esquisse préliminaire des grands salons du XVIIIe siècle. C'est à l'Hôtel de Rambouillet, à l'Hôtel d'Albret, à l'Hôtel de Richelieu que se réalise l'union de la robe et de l'épée que jusqu'alors, la violence ou l'arrogance de la noblesse d'épée avaient empêchée. On se serait attendu à ce que l'animatrice d'un tel mouvement fût l'aristocratie elle-même. Mais ce n'est pas exactement le cas. Ce sont des générations de Présidents au Parlement qui édifient, dans les quartiers de la Cité et du Marais, l'Hôtel Carnavalet, l'Hôtel Guénégaud, l'Hôtel d'Assy. Ce sont les femmes qui, sous la constitution du bien-dire et du bien-se-conduire, ostracisent la brutalité belliqueuse et promulguent l'égalité de l'élite

---

7. *Pièce grecque anonyme à la louange de l'éditeur*, Ed. Rancé, 1639, citée par Chavin de Malan, *op. cit.*, p. 380.
8. Henri Brémond, *L'abbé tempête, Armand Rancé, réformateur de la Trappe*, Paris, 1929.

intellectuelle. Rancé fréquente chez la marquise de Rambouillet. Il y rencontre sa fille Julie d'Angennes, qui laisse le duc de Montausier attendre quatorze années sa main. Il fréquente aussi à l'Hôtel d'Albret, à l'Hôtel de Richelieu, à l'Hôtel de Mme de Lafayette où se croisent Molière et Ninon de Lenclos, Mme Scarron et le cardinal de Retz et où les grands seigneurs, le duc d'Enghien, le duc de La Rochefoucauld, le duc de Montausier, des prélats, le cardinal de Richelieu, le cardinal de La Valette, côtoient de simples bourgeois et des officiers de justice. Là, Rancé entend une langue nouvelle qu'il gardera comme une langue maternelle. Elle n'emprunte pas à la philologie mais prête à la passion, elle n'aspire pas à l'érudition mais porte à la civilité. Cette langue liquide, cursive, apte à rendre les égarements du cœur et de l'esprit, que le XVIIIe siècle élèvera à la perfection pour la prêter à toutes les élites européennes et qui jaillit ici, à force de souci de pureté et d'exagération, à force de métaphores et d'abstraction, à force de jeux et d'investissements, de voyages au pays du Tendre avec les neuf catégories d'estime, les douze catégories de soupir, les huit catégories de beauté. Là, le jeune abbé découvre la civilité aristocratique moderne éprise de politesse et de convention, aimant à raisonner des passions et se flattant de disséquer des sentiments, qui infléchit et influence la transformation des genres littéraires. C'est le moment où Bensérade remet à la mode le blason du corps féminin, où Voiture ressuscite le rondeau médiéval. Rancé lit *L'Astrée*, d'Honoré d'Urfé, ce roman fleuve écrit pendant vingt ans de 1607 à 1627, qui écrase d'avance tous les feuilletons à venir, et dont on tire des dizaines d'adaptations théâtrales. Il se penche sur la carte du Royaume du Tendre établie par Mlle de Scudéry et voyage de « Jolis Vers » à « Billet Galant », de « Nouvelle Amitié » à « Tendre sur Estime », de « Petits Soins » à « Assiduité ». Toute la grammaire française avec toute la littérature, Vaugelas, Voiture, Ménage, Gombault, Malherbe, Racan, Balzac, Chapelain, Cottin, Bensérade, Saint-Evremond, Corneille, La Fontaine, Fléchier, Mme de Sévigné, veillent à ce qu'en termes galants, ces choses-là soient mises. Cette vie brillante encourage un art d'écrire qui emprunte à la conversation et à la vie de salon et qui sacre le moi avant de découvrir qu'il est haïssable. C'est d'elle que procède la floraison de mémorialistes qui va suivre. *Mémoires* de La Rochefoucauld, de Retz, d'Omer Talon, de Molé, de la duchesse de Nemours, de la duchesse de Montpensier, de Mme de Motteville où sont mises en scène la confrontation des entreprises et des perceptions d'un sujet avec son époque. C'est d'elles que découlent aussi par retournement et inversions, les futures austérités de l'abbé.

Rancé se fait des amis qu'il gardera pour la vie. Qui se ressemble s'assemble. Châteauneuf, Montrésor, le duc de Brantôme, Clermont-Tonnerre qui deviendra évêque de Noyon, François de Harlay, abbé de Champvallon, qui sera archevêque de Paris, et tous deux académiciens forment la compagnie de Rancé. Jeunes gens impatients, arrogants, convaincus d'être les meilleurs. « J'espère être en peu de temps un grand théologien !... Quoi que je fasse, on dit qu'il me faudra attendre encore deux années avant que de faire mon acte de bachelier. Voilà des règles bien onéreuses. Pourquoi mesurer la science des gens par des années ? », proclame Rancé. Qui ne lui pardonnerait cette aimable outrecuidance, demande Henri Brémond qui ajoute : « Le malheur est qu'il aura toujours vingt ans. »[9] Et à vingt ans, il ne pense qu'à son apparence. Il faut des heures, il faut des jours à l'abbé et à ses amis pour se vêtir, s'embellir, s'occuper de soi. Malgré un léger mouvement de simplification du costume pendant le règne de Louis XIII, la sophistication est la principale caractéristique de leur habit de gentilshommes, laïcs ou clercs[10]. Les canons de dentelles bouffent entre leurs chausses étroites et leurs bottes. Les pourpoints somptueux marquent leur taille soulignée par une rangée d'aiguillettes, les rabats de manche encore ornés de dentelle sont l'occasion de mille et une diversions. Des mouches sur le visage, du musc sur les habits, de la poudre — déjà ! — dans les cheveux; ils se fardent — les hommes comme les femmes — exagérément. Ils se changent sans cesse : ces élégants s'habillent et se déshabillent trois fois par jour. Certaines femmes ne portent pas leurs gants

9. Henri Brémond, *L'abbé tempête, Armand Rancé, réformateur de la Trappe, op. cit.*, p. 9.
10. Michel Beaulieu, *Contribution à l'étude de la mode à Paris (et transformation du costume élégant sous le règne de Louis XIII, 1610-1643)*, Paris, 1936 et Louise Godard de Donville, *Signification de la mode sous Louis XIII*, Paris, 1976.

plus de trois heures. Ils s'encombrent « d'affiquets », nous disons aujourd'hui d'accessoires, multitudes de rubans, ensemble de bijoux (les roses), quantités infinies de boutons (une robe de chambre pouvait en avoir 496). Tout ceci fait un tableau que Molière a dessiné pour la postérité[11]. Chateaubriand a raison de reprendre à Dom Gervaise la description de la mise de notre jeune prêtre : si l'habit ne fait pas l'abbé, il fait le gentilhomme : « Un justaucorps violet d'une étoffe

---

11. La caricature de Molière est un peu plus tardive. Elle date de l'avènement de Louis XIV où les exagérations sont encore renforcées. Cf. *L'Ecole des maris*.

> « Ne voudriez-vous pas dis-je sur ces matières
> De vos jeunes muguets m'inspirer les manières ?
> M'obliger à porter de ces petits chapeaux
> Qui laissent éventer leurs débiles cerveaux
> Et de ces blonds cheveux de qui la vaste enflure
> Des visages humains offusque la figure ?
> De ces petits pourpoints sous les bras se perdant
> Et de ces grands collets jusqu'au nombril pendants ?
> De ces manches qu'à table on voit tater les chausses
> Et de ces cotillons appelés hauts de chausses ?
> De ces souliers mignons de rubans revêtus,
> Qui vous font ressembler à des pigeons pattus ?
> Et de ces grands canons où comme en des entraves
> On met tous les matins, ses deux jambes esclaves
> Et par qui nous voyons ces messieurs les galants
> Marcher écarquillés ainsi que des volants ? »

L'Ecole des maris, 1661, Acte I, scène I.

Les précieuses ne sont pas en reste :

Georgibus

    Que font-elles ?

Marotte

    De la pommade pour les lèvres.

Georgibus

    C'est trop pommadé. Dites-leur qu'elles descendent
    Ces pendardes là avec leur pommade ont, je pense
    Envie de me ruiner. Je ne vois que partout
    Blancs d'œufs, lait virginal et mille autre brimborions
    Que je connais point. Elles ont usé depuis que nous
    Sommes ici le lard d'une douzaine de cochons pour
    Le mois et quatre valets vivraient tous les jours des pieds
    De moutons qu'elles emploient.

Les Précieuses ridicules, 1653, Acte I, scène III.

précieuse, un bas de soie de même couleur bien tiré ; une cravate de points des plus à la mode ; une chevelure longue, toujours frisée et bien poudrée ; deux grosses émeraudes à ses manchettes et un diamant de grand prix au doigt, tel était alors l'habillement de l'abbé de Rancé. Mais lorsqu'il était à la campagne ou à la chasse, c'était toute autre chose : on ne voyait en lui aucune marque d'un homme consacré au service des autels. L'épée au côté, deux pistolets à l'arçon de sa selle, un habit couleur de biche et une cravate de taffetas noir, où pendait une broderie d'or. Si, dans les compagnies plus sérieuses qu'il venait voir, il prenait un justaucorps de velours noir avec des boutons d'or, il croyait beaucoup faire et se mettre régulièrement. »

Pendant que l'Angleterre découvrait le complet noir et le puritanisme, la France suivait la mode et inventait la psychologie des passions.

Ce que Rancé rencontrait dans cette première partie de sa vie, ce n'était pas la contrainte du devoir sur les instincts, mais plutôt l'orgueil, l'audace du moi aristocratique, les passions et la satisfaction du désir. Les valeurs auxquelles il s'attachait, c'étaient l'ambition, le succès, le goût de la réussite sociale. Le mouvement qui l'entraînait, c'était celui « qui porte l'homme noble du désir à l'orgueil, de l'orgueil qui se contemple à l'orgueil qui se donne en spectacle, autrement dit la gloire », bref, la morale que Paul Bénichou attribue au héros cornélien[12]. Les salons où fréquentait l'abbé étaient, à l'instar de la littérature du Tendre, dominés par les valeurs aristocratiques. Dans *L'Astrée*, on trouve des bergers et des bergères pommadés, des agneaux peignés, dignes de la ferme de Marie-Antoinette au Trianon. Dans *Le Grand Cyre*, on rencontre des sentiments et des actions héroïques centrés sur le moi, ancrés dans la gloire, auxquels s'identifieront les héros de la Fronde. Autant de goûts littéraires qui promeuvent indiscutablement de l'individualité, non sous la figure sublimée du puritain, formée par le couple, modelée par le travail, assujettie à la transcendance de Dieu, mais sous la face empanachée et léonine du seigneur-comédien. Etre vu, être connu et reconnu ; parades et cavalcades, représentations et passions. On joue de tout son être, de toutes

---

12. Paul Bénichou, *Morales du Grand Siècle*, Paris, 1941, 2e éd., 1973.

ses forces, un jeu d'enfer, disent les commentateurs du temps. L'ego grandit, se boursoufle, explose quelquefois. Les maladies du narcissisme font leur apparition. Dans ces hôtels, dans ces salons, l'embourgeoisement de l'aristocratie a incontestablement commencé mais aussi, perçue avec amertume et profondeur par Molière, l'influence, sur les maîtres de la grammaire et de la littérature, du rouge et du noir, des mœurs de la noblesse. La conséquence d'un imaginaire aristocratique de la réussite sociale est de réveiller les intentions fratricides et de déchaîner la pulsion de mort. Car les gentilshommes dont le père ou le grand-père ont eu les pieds dans la terre et la paille dans les bottes, doivent en eux et autour d'eux « tuer le bourgeois ». Tout mouvement d'aristocratisation est parricide et mortifère. Rancé ne fera pas exception.

L'abbé avait beaucoup travaillé mais il s'amusait davantage encore. A Champvallon qui lui demandait : « Où vas-tu ? », il répondit : « Je vais ce matin prêcher comme un ange, ce soir chasser comme un diable. » Avant de devenir vieux, le diable se fit trappiste. En 1646, Armand a vingt ans et tous les succès semblent l'attendre. Deux années plus tard, le traité de Westphalie signé entre les principaux belligérants de la guerre de Trente Ans qui avait commencé en 1618, annonce un après-midi calme sur l'Europe. Hélas ! Si le rideau tombe définitivement sur les guerres de religion, il ne s'agit que d'un entracte sur la scène de l'impossible équilibre européen : la France et l'Espagne continuent le combat jusqu'à la paix des Pyrénées en 1659. Dix ans encore. Et à l'intérieur des royaumes ! Jamais les luttes sociales n'atteignent à ce niveau de marées d'équinoxe. En Angleterre éclate la révolution qui fait rouler la tête d'un roi : Charles Ier est décapité en 1649. Un an auparavant, la Fronde a commencé en France. Ce que Tallemant des Réaux a appelé une « guerrette » a été selon Pierre Chaunu : « la plus grande épreuve que la France ait affrontée, une parenthèse difficile à fermer de demi-barbarie, d'isolement et de décomposition sociale »[13]. « Partout la famine et la mort, les corps sans sépulture... La guerre a mis l'égalité partout, la noblesse sur la paille

13. Pierre Chaunu, *La civilisation de l'Europe classique*, Paris, 1966.

n'ose mendier et meurt... On mange des lézards, des chiens morts de huit jours... », a écrit Michelet. Dans leur soulèvement général contre la royauté, le peuple, les princes et le parlement ne réussissent jamais à s'unir. Chacun des camps a ses atouts et ses intérêts : le peuple veut moins d'impôts et moins de misère, les parlements plus de liberté, les nobles plus de privilèges. La Fronde donne le spectacle de vagues d'assauts successives et isolées, de buts sans suite, d'intrigues pour l'intrigue, d'ambitions personnelles, de combats compliqués de calculs, de cabales battant la campagne, sans qu'aucun dessein, aucune force ne parvienne à dégager en face de la monarchie, une politique susceptible de convaincre et d'unifier la nation comme y parvient outre-Manche, le Long Parlement contre les Stuarts. Rancé n'est encore qu'un tout jeune homme mais ses amis proches sont de cette partie qui le marque profondément comme pour tout individu, un bouleversement historique traversé à vingt ans. Il poste les lettres de recommandation de ses camarades frondeurs à Rome. Le cardinal de Retz le loge chez lui près du Vatican et Rancé lui reste dévoué. En 1656, à une assemblée du clergé, il défend le point de vue de la Fronde et persiste dans la députation envoyée à Mazarin qui ne lui pardonnera pas. Il s'éprend de Marie de Montbazon, liée au duc de Beaufort, « le roi de la Halle », membre du groupe des « importants » qui au lendemain de la mort de Louis XIII, rêve de régenter la régente, et subit l'humiliation de faire des excuses publiques à Mme de Longueville.

Dans la réussite de la famille de Rancé, la Fronde est un tournant difficile. Deux Bouthillier sont écartés du Conseil et en particulier le Bouthillier surintendant des Finances. Fin de leur ascension, ou plutôt fin du combat spécifique de la robe ? La chose n'est pas aisée à déterminer. Georges Huppert, décalquant insensiblement la noblesse de robe sur la *gentry* anglaise, dessine nettement les contours qui feraient d'elle un groupe distinct de la noblesse d'épée. Si ce fut longtemps le cas, ne faut-il pas admettre que la Fronde dissout cette spécificité ? Un homme comme Rancé, lié à la duchesse de Montbazon, ami intime de quelques ducs, reste-t-il encore un membre de la seule *gentry* ? N'est-il pas déjà devenu à part entière un membre de la noblesse non d'épée, mais de cour, où se mélangent les distinctions ? La réponse, on le voit, est difficile à donner. Reste la certitude que la Fronde a sonné le glas des capacités de la *gentry* à défendre ses intérêts particuliers au nom de l'intérêt national. Dès la fameuse conférence de la Chambre de Saint-Louis, les parlementaires donnent la mesure de leur contradiction en demandant d'un côté le vote des impôts par le Parlement et des garanties concernant les droits individuels, propositions qui correspondent à une réelle poussée démocratique, mais en réclamant de l'autre, la révocation des intendants, la défense de la vénalité et de la patrimonialité des offices, revendications crispées sur la réaction des privilèges. C'est sous le ciel grondant de la Fronde et de la révolution manquée que prend sens le destin de Rancé et que se détache le moment clef de sa conversion.

Rancé le misanthrope. — « Il est temps de nous desnouer de la société puisque nous n'y pouvons rien apporter. » La formule de Montaigne va bientôt devenir la devise de la vie de Rancé et, comme l'a dit Michel Prigent, le temps du pouvoir sans héros va devenir celui du héros sans pouvoir[14]. Après le poids des forces collectives, le lest de l'expérience individuelle; après l'expérience de l'histoire, la rencontre de la mort. Dans les derniers jours d'avril 1657, Marie de Montbazon fut prise d'une fièvre maligne...

Cette jeune femme, veuve d'Hercule de Rohan, duc de Montbazon, pair et gouverneur de France avait cinquante-quatre ans de moins que son époux et quinze ans de plus que notre abbé. C'était une beauté : « La plus belle du monde », dit Saint-Evremond; « Une très grande beauté », dit le cardinal de Retz. Une beauté frivole : « Je n'ai jamais vu une personne qui ait conservé dans le vice si peu de respect pour la vertu », ajoute le cardinal. « Une Célimène », conclut le R.P. Serrand. Depuis la mort de son mari en 1644, sa maison était devenue le rendez-vous des beaux-esprits. On y conversait, on y jouait, on y frondait. Dix ans auparavant, la duchesse avait distingué Rancé qui, depuis lors, partageait son existence. La voici donc en ce mois d'avril prise d'une maladie soudaine. Elle n'est pas bien, elle est

---

14. M. Prigent, *Le héros et l'Etat dans la tragédie de Pierre Corneille*, Paris, 1986, troisième partie, chap. 3 : « Suréna ou la catastrophe de l'univers cornélien ».

mal, elle est de plus en plus mal et Rancé est à son chevet. Elle se sent perdue, il pressent sa fin et Armand bouleversé s'entretient avec Marie de la mort et de la damnation. « Vanité des vanités, tout est vanité... Je veux dans un seul malheur déplorer toutes les calamités du genre humain et dans une seule mort, faire voir la mort et la mort de toutes les grandeurs funèbres. »[15] En quelques heures, Marie est emportée.

Sur le dernier acte de cette vie, une rumeur a couru que les clercs ont rejetée mais que les poètes ont crue, dit Chateaubriand. L'épisode en a été rapporté par le P. Rapin, par Saint-Simon, par un pamphlet de 1647. Pour un dernier regard et un ultime hommage, le jeune abbé revient voir le corps mis en bière. Montant à l'appartement où se trouvait le corps de la jeune femme, il aperçoit le cadavre contracté et hideux de celle qui deux jours auparavant était encore dans la splendeur de son étincelante beauté et, ô horreur, la tête sanglante détachée du corps par les menuisiers qui avaient calculé trop juste les dimensions du cercueil. « La santé n'est qu'un leurre, la vie n'est qu'un songe, la gloire n'est qu'une expérience, les grâces et les plaisirs ne sont qu'un dangereux amusement. Tout est vain en nous, excepté le sincère aveu que nous faisons devant Dieu des vanités et le jugement arrêté qui nous fait mépriser ce que nous sommes. »[16] Peut-être est-ce Bossuet dont Rancé toute sa vie est demeuré proche et qui lui faisait parvenir le texte de ses oraisons funèbres, qui a ici exprimé le mieux les sentiments qui ont pu être ceux de l'abbé. Voici Rancé converti à la mort, tenu sous son annonciation, baissé sous son fléau, assujetti à sa terreur, la plus profonde du siècle. Rancé obsédé et fasciné par la damnation. Rancé en chemin vers la Trappe parce que devenu misanthrope. *Misanthrope* ? C'est qu'alors son aventure n'est pas si singulière, puisque Molière y a cerné un emblème et un exemple de ce temps. Peut-être avant de suivre Rancé jusqu'à son abbaye, pouvons-nous demander à Molière son interprétation et tâcher de comprendre Rancé sous les traits d'Alceste.

A travers *Les Précieuses*, *Les Femmes savantes*, *Le Tartuffe*, *Le Bour-*

---

15. Bossuet, *Oraisons funèbres*, Paris, 1879, oraison d'Henriette d'Angleterre, p. 67.
16. Bossuet, *op. cit.*, p. 68.

geois gentilhomme, Le Misanthrope, Molière en effet, n'a cessé de traquer les contorsions et la grimace où se débat dans son assujettissement à l'aristocratie, la libre bourgeoisie. Mais Alceste, dira-t-on, c'est l'ennemi de la cour. Il en déteste les vices, la médisance universelle qui fait exploser sous des épigrammes que Célimène manie avec une virtuosité éblouissante, la langue la plus psychologiquement affûtée qui ait été donnée à l'Europe ; il en hait la parade qui gonfle l'*ego* des petits marquis et persuade le moindre gentilhomme qu'il est poète ; il est hostile à la galanterie qui occupe de passions croisées, perverses, inutiles, la fuite du temps, et, révulsé par le mensonge obligatoire, roi des apparences préservées. Debout devant ce théâtre d'ombres, Alceste demande que soit révoquée en doute la sentence énoncée par La Fontaine : « Selon que vous serez puissant ou misérable, les jugements de cour vous feront blanc ou noir. » Et pourtant, comme Molière le suggère subtilement, la haine d'Alceste est elle-même suspecte : c'est une passion détournée de son objet. Que n'est-il comme Philinte ou Eliante indifférent ? Pourquoi s'intéresse-t-il à la cour et pourquoi aime-t-il Célimène ? Nous voici reconduits à Célimène, personnage clef de la société de cour. Molière l'a vu : la courtisane joue un rôle central parce qu'elle détient les fils de la reconnaissance. Pourquoi Alceste aime-t-il Célimène (et Rancé, Marie de Montbazon) ? Molière répond d'abord brutalement : parce qu'elle est jeune et belle. Quand la diablesse devient vieille et qu'elle passe son visage à la céruse en dévidant des litanies sur le désordre des mœurs, le rictus d'Arsinoé fait horreur. Mais il ne s'arrête point là : Célimène est pleine d'esprit. Elle est l'esprit même de cette société. Dans une compagnie où tout concours méritocratique est exclu, où la position est d'avance fixée par le lignage et le rang, il n'y a aucune incertitude sur les talents. S'il y en avait, avec de véritables récompenses pour de véritables mérites, Oronte ne ferait pas de vers et Acaste ne ferait point sa déclaration :

> Qui peut se dire noble avec quelque raison
> Et je crois par le rang que me donne ma race
> Qu'il est fort peu d'emplois dont je ne suis en passe
> Je crois qu'avec cela, mon cher Marquis, je crois
> Qu'on doit par tout pays être content de soi.

Lorsque la naissance remplace les talents, reste cependant un espace impossible à pétrifier, celui de la faveur et du désir. Car il n'y a pas de règles du désir, c'est le désir qui fixe la règle. De là, la force de la courtisane. Dans un monde sans compétition, elle organise des tournois, dans un monde sans performance, elle prépare des épreuves. Malgré sa tentative de se constituer en caste[17], l'aristocratie française n'a jamais pu obtenir de se fermer complètement. Le mouvement ininterrompu d'ascension qui conduit des familles entières de la bourgeoisie d'offices à la seigneurie de la rente foncière[18] produit ses exclus mais n'élimine pas l'ascension sociale qui se détourne, se déplace et s'affecte à des sujets nouveaux. A l'intérieur de la société de cour qui devient un des lieux privilégiés de la réussite sociale, les grands perdants sont les métiers et les grands gagnants, les courtisans. Ce sera, on le sait, l'un des griefs de la Révolution à l'Ancien Régime. Célimène n'existe que pour relier les désirs et les désirs de compétition des hommes entre eux. Acaste et Clitandre, Oronte et Alceste. Qui l'emportera ? Ma position est-elle la plus haute ? Ma faveur est-elle la plus grande ? La puissance de la courtisane est celle d'une agence de change, elle relie les egos et convertit les désirs, les étalonne, les monnaie et renvoie chacun à son exacte position. Elle établit des concours et distribue des récompenses. Elle lie le sujet et la puissance par la passion, le mérite et l'individu par le sexe. Elle réalise une association spécifique, étrange, du public et du privé où s'amorce un processus d'individuation et de libération manqué. Les légistes avaient séparé la puissance en propriété, ils avaient dépatrimonialisé le pouvoir; la courtisane le défamilialise encore, en attachant la puissance à la passion privée. La scène sur laquelle elle se profile, se pavane ou s'insinue, selon son style et sa nature, n'est pas celle du droit ou de la force, mais celle de la faveur. Du prix de ses faveurs, tous les autres tirent la reconnaissance et la communication : ses faveurs, miroir biseauté d'une faveur plus puissante, haut placée, d'où tout l'ordre social découle, la faveur royale. Dans le rapprochement de la passion

---

17. Tentative si bien analysée par Tocqueville, *L'Ancien Régime et la Révolution*, Paris, 1952, 2 vol., t. I, p. 148 et sq.
18. Cf. G. Huppert, *Bourgeois et gentilshommes, op. cit.*

et de la puissance où se faufile le pas de danse de la courtisane, il y a une existence virtuelle de l'individu privé mais elle est étroite, fragile, sujette à des affaiblissements, promise à la destruction. Une existence où l'exhibition initiale du moi se relie à l'irruption des passions, où l'affaissement du symbolique au profit de l'imaginaire, se règle sur l'entrechat d'une émancipation trop violente pour être vraie et d'un désir de maîtrise trop incontrôlé pour être libre. Jeune abbé ou jeune roi, on n'en est pas moins homme. Mais un seigneur a de la difficulté à devenir un individu car « tel se croit maître des autres qui ne laisse pas d'être plus esclave qu'eux ». La cour abaisse l'ordre de la loi pour que monte celui du désir, ostracise l'ordre du mérite pour que s'instaure celui de la faveur. Alceste sans Célimène, Rancé sans Marie de Montbazon sont renvoyés à leur vérité et à leur néant.

Rancé n'en sortira que pour faire sienne l'injonction de Bossuet : « Sortez du temps et du changement, aspirez à l'éternité. »[19] Sa conversion se hâte lentement dans la méditation du sépulcre. Il fait une retraite à Tours sous la direction du P. Séguendo de l'Oratoire et commence à se dépouiller de ses bénéfices et de son patrimoine personnel comme si « la joie n'était qu'une erreur, la jeunesse, une fleur qui tombe, la santé un nom trompeur »[20]. La mort de Gaston d'Orléans le 2 février 1660 achève de la détacher du monde : « Je m'en vais, je suis emporté par une force inévitable. Tout fuit, tout diminue, tout disparaît à mes yeux. Il ne reste plus à l'homme que le néant et le péché. Pour tout fond le néant ! Toute acquisition, le péché, le reste qu'on croyait venir échappe semblable à l'eau gelée, dont le vil cristal se fond entre les mains qui le serrent et ne font que les salir. »[21] Après un voyage dans le Midi, il rentre chez les oratoriens de Paris (décembre 1660-juin 1661). A cette date, il s'installe au prieuré de Bourgogne, entre au noviciat de Perseigne le 13 juin 1663. Il fait sa profession le 4 juin 1664 dix années après que Mabillon eut prononcé ses vœux et, le 14 juillet 1664, se retire à Notre-Dame de la Trappe comme abbé commendataire, l'année même où le Champenois s'installe

19. Bossuet, *op. cit.*, p. 93.
20. Bossuet, *op. cit.*, oraison de Marie-Thérèse d'Autriche, p. 166.
21. *Ibid.*, oraison d'Anne Gonzague de Clèves, p. 217.

à Saint-Germain-des-Prés. Fin et début de la vie de Rancé. Car « un chrétien n'est jamais vivant sur cette terre, parce qu'il y est toujours mortifié. Vivons-nous Chrétiens, vivons-nous ?... Le repos et la nourriture ne sont-ils pas des faibles remèdes de la continuelle maladie qui nous travaille ? »[22]. Après la première partie de son existence, vécue sous le signe de son enfance puînée, la conversion lui donne enfin le droit d'aînesse. De talon rouge gâté, Rancé devient abbé solitaire, un abbé qui ne sera pas jésuite mais qui ne sera pas non plus janséniste[23].

... et humilité

Rancé mettra six ans à se couper définitivement du monde. Des tentatrices voulurent succéder à Mme de Montbazon : « Qui me donnera, s'écrie-t-il, les ailes de la colombe pour fuir la société des hommes... les créatures me suivent partout, elles m'importunent par mes yeux, elles entrent par mon esprit et portent en elles l'inquiétude. Fermons les yeux, ô mon âme ! Tenons-nous éloignés de toute chose que nous ne puissions les voir et en être vus. »[24] Fuir la lumière, éloigner le regard, effacer les humains. En 1662, il a résigné ses bénéfices, donné à l'hôtel-Dieu ses deux maisons de Paris et surtout vendu son beau château de Veretz aux meubles éclatants, aux salons emplis de tableaux, aux grands jardins[25]. A la fin de juillet 1662, il arrive à la Trappe, cachée aux confins du Perche dans des vallons obscurs et marécageux. L'abbaye est en ruine et les moines ensauvagés. N'y demeurent que six religieux corrompus par la misère et qui, à l'exception de l'un d'entre eux décidé à rester, acceptent en échange d'une somme modique, d'aller chercher religion ailleurs et de céder la place aux cisterciens de stricte observance que Rancé installe avec

---

22. *Ibid.*, oraison de Marie-Thérèse d'Autriche, p. 101.
23. Rancé se fâchera également avec l'un et l'autre partis. C'est là tout l'intérêt de la Trappe : frayer entre Port-Royal et la compagnie de Jésus, entre la colère du Dieu caché et les accommodements de la rhétorique une autre voie qui est aussi l'une des avenues du grand siècle chrétien.
24. Cité par Chateaubriand, *Vie de Rancé, op. cit.*, p. 103.
25. Henri Brémond, *L'abbé tempête, Armand Rancé, réformateur de la Trappe, op. cit.*

lui le 17 août 1662. En trois semaines, Armand a détaché quelques fidèles de l'abbaye réformée de Perseigne. Moins d'un an plus tard, les paroles du psaume 124 chanté par les moines retentissent en lui comme l'écho d'un appel irrévocable : « Ceux qui se confient au Seigneur seront comme la montagne de Sion. Rien ne sera capable de les ébranler. » Il décide alors de « tenir en règle son abbaye ». Pour ce faire, il doit obtenir une permission du roi en son conseil qu'on lui dispute, mais qui est finalement arrachée par l'intervention d'Anne d'Autriche. Antoine, son jeune valet de chambre, après s'être scandalisé : « Avez-vous donc prévu Monsieur de nous mettre sur la paille ? », s'incline et prend l'habit monacal.

Rancé à la Trappe ; nous sommes en 1664 au cœur de l'âge classique. Depuis la mort de Mazarin en 1661, Louis XIV n'a pas d'autre Premier Ministre que lui. La Fronde a manqué ; les bénédictins sont en plein travail ; la grande émigration intérieure de Rancé suit sa route. Pèlerin à Rome, l'abbé bataille pour obtenir que l'ordre entier de Cîteaux revienne à l'étroite observance des constitutions réputées primitives. Ses démarches sont diversement appréciées : « La ferveur de cet abbé ressemble à de la fureur », lance le cardinal Bona dans un épigramme qui restera. Passées deux années de débats de 1684 à 1686, le bref d'Alexandre VII donne raison aux mitigés contre l'étroite observance. Malgré l'appel comme d'abus, déféré au roi contre le Bref, Louis XIV, fatigué de la contestation et qui ne semblera jamais favorable *a priori* au frondeur de Mazarin, ou peut-être à un parent de ces Bouthillier chez lequel se réfugiait la Grande Mademoiselle après ses tirs au canon, donne raison au pape. L'abbé ne s'avoue pas vaincu : pour résumer ce qui va suivre, Chavin de Malan écrit : « Comme il avait été un agitateur de plaisir, il fut un agitateur de pénitences. »[26] La revanche de Rancé est de promulguer dans son abbaye une observance plus étroite que l'étroite observance. En 1671 sont éditées les constitutions de la Trappe qui seront complétées en 1672 par des règlements[27]. Elles organisent « les austérités de l'abbaye », selon le mot d'Henri

26. Chavin de Malan, *op. cit.*, p. 385.
27. *Constitution de l'abbaye de la Trappe*, s.l., 1671 ; *Règlements de l'abbaye de la Trappe*, s.l., 1672, 2 vol.

Brémond[28] : retranchement, détachement, humiliation, mortification.

Retranchement. A son retour de Rome, Rancé commence d'interdire l'usage du poisson et des œufs, puis le beurre, l'épicerie, le sucre, la confiture, les sirops, les légumes savoureux comme les petits pois, les artichauts, les cardons, les salsifis, les choux-fleurs. Tous les aliments ou les assaisonnements dont le goût ou le parfum sont susceptibles d'exciter la sensualité sont impitoyablement bannis. On organise un demi-jeûne quotidien, constant, prolongé. Il ne s'agit pas seulement de détourner l'attention de la nourriture, de répudier le visqueux, le grouillant, l'animal, selon un principe de répulsion devant un aliment trop évocateur de la chair humaine ou du sein maternel comme celui qui commande par exemple l'horreur des escargots, ni d'imposer le sevrage impérieux de la cuisine puritaine qui délaisse le cuit parce qu'il suppose le soin et le service, la préparation pour autrui, au profit du cru et du recuit qui ne nécessitent qu'une appropriation immédiate ou une confection distraite ; il s'agit plutôt de prolonger la faim, de différer l'attente, de maintenir le besoin ; de stimuler dans le même temps la demande et de maintenir l'abandon, d'irriter le besoin et de prolonger la frustration. Pour autant l'abbé ne délaisse pas les bonnes manières et la contention. Au réfectoire : « On aura toujours la vue baissée mais on ne se penchera point sur ce qu'on mange... On n'aura son couteau à la main que lorsqu'on s'en sert actuellement et on ne le portera jamais à la bouche. On n'aura jamais les bras sur la table pour les y tenir quelques temps plus avant que le poignet. »[29] Les personnes de qualité peuvent se rendre à l'abbaye sans être choquées de la tenue des moines. On y jeûne avec distinction et sur des assiettes vides, on ne plaisante pas avec les bonnes manières.

Détachement. Après le chapitre général de Cîteaux en mai 1667, profitant du zèle de ses religieux pour la réforme, Rancé fait retour à l'inspiration de saint Bernard et à des pratiques plus rigoureuses encore. A ses moines, il propose comme exemple de la vie cénobitique, les anachorètes et les pères du désert et leur demande de s'inspirer

---

28. Henri Brémond, *op. cit.*, chap. IV.
29. *Constitutions...*, *op. cit.*, p. 15.

de la retraite de saint Paul, saint Antoine, saint Pacôme, saint Ammon, saint Sérapion, saint Hilarion : « Les anachorètes, leur dit-il, sont des hommes admirables et ils ont toujours tenu le premier rang dans la profession monastique à cause de la perfection de leur vertu et de l'éminence de leur sainteté. »[30] Le silence perpétuel est établi dans l'enceinte de l'abbaye où les moines prennent l'habitude d'échanger des signes sans paroles. On cesse de changer la paille des lits pour la laisser se piquer. On ordonne la grande séparation avec les amis, les proches parents. La vie monastique « est une occupation de Dieu pure et continue, sans distraction de l'esprit et sans partage du cœur, elle exclut les relations extérieures les plus innocentes, un véritable solitaire comme dit saint Jean Climaque n'a plus d'amour qui le possède, plus de soins qui l'occupent, plus d'inquiétudes qui le troublent, ny pour ses parents, ny pour ses amis, ny pour les siens et la gloire du monde et qu'ayant rejeté tous les soins, toute l'affection et toute l'attache et se haïssant soy-mesme avant toute chose, il suit Jésus-Christ dans une désoccupation parfaite... »[31], explique Rancé. A la Trappe aussi, on ferme le guichet aux vivants comme s'ils étaient des morts et aux morts comme s'ils étaient des vivants. Rancé ajoute encore pour ses moines : « Dieu ne luy permet plus de secourir les pauvres, de consoler les affligés, de visiter les malades, d'instruire les ignorans, ny mesme de donner la sépulture à son père. » Plus d'amour et plus d'inquiétude, plus d'affection et plus d'attache et pas même l'exercice de la charité à l'égard des créateurs et pas même d'ensevelir un père ou un frère ! Que le père mort reste le père absent, que le frère effacé reste le frère fuyant. Comme si tous les liens devaient être coupés pour que l'abîme du monde soit tenu à distance, tous les liens y compris le lien le plus intime et le plus vital du chrétien, le lien de la charité. Aimez-vous les uns les autres ? Ici le moine se sépare entièrement des autres, ne porte plus attention à ses pareils ou à son corps propre, afin de se perdre et de se retrouver en Jésus-Christ. Le retranchement ne suffit point, il faut encore abaisser.

30. Rancé, *Traité de la sainteté et des devoirs de la vie monastique*, Paris, 1683, 2 vol., t. 1, p. 226.
31. Rancé, *op. cit.*, t. 1, p. 21.

Humiliation. On y pourvoira d'abord, prévoit Rancé, par le travail :
« Saint Dorothée confirme cette pensée : le travail dit-il, humilie le
corps et l'humiliation du corps produit celle de l'esprit et s'il est
constant comme le rapporte le mesme Saint, que nos cœurs prennent
des dispositions différentes selon les estats et les diverses situations
dans lesquelles nous nous trouvons, les sentimens d'un homme qui
est assis sur le trône sont autres que ceux d'un homme qui est couché
sur le fumier... Ainsi on perd par des actions viles et des pensées
humiliantes toute idée de la gloire et de la grandeur. »[32] Rancé substitue le travail manuel au travail intellectuel. Les règlements qui font
obligation de consacrer trois heures par jour au travail (une heure et
demie le matin, une heure et demie l'après-midi) ne nous paraissent
pourtant pas si sévères, et le travail accompli une peine finalement
légère si on la compare aux normes de notre société qui écorne avec
difficulté la semaine de quarante heures. Mais le supérieur a d'autres
moyens d'imposer les humiliations. Il peut multiplier les pénitences
collectives, les réprimandes individuelles en public et exiger une soumission de tous les instants. Rancé prêche une destruction systématique de la volonté car la volonté est source de vie[33] : « Saint Jean
Climaque dit que l'obéissance est une mort volontaire, c'est-à-dire
une vie exempte de curiosité; l'obéissance met la propre volonté dans
le tombeau et ressuscite l'humilité; celui qui est vraiment obéissant
ne forme non plus de contradiction ny de discernement dans les
choses qui sont bonnes ny dans celles qui sont mauvaises que s'il
estoit mort. »[34] L'humiliation est une hypostase de la servitude.
Accepter la servitude, ses souffrances et ses supplices, se les appro-
prier. Obéir à mort. « Le moine doit se souvenir que notre seigneur
s'est rendu obéissant jusqu'à la mort et jusqu'à la mort de la croix. »
La pratique des humiliations lui vaut alors l'une de ses premières
querelles retentissantes avec l'abbé Le Roy, ami de Port-Royal. Ce
dernier, épouvanté du climat de sadisme qui régnait dans la pratique des humiliations proteste et dénonce « les fictions ». Sainte-

32. Rancé, *op. cit.*, t. I, p. 52.
33. Rancé, *op. cit.*, t. I, p. 127.
34. Rancé, *op. cit.*, t. I, p. 53.

Beuve a fort bien décrit ce débat : « Ces humiliations étaient dans certains cas appelées fictions... espèces de fautes supposées ou plutôt présumées pour lesquelles le supérieur humiliait le religieux qui se soumettait et n'avait garde de se justifier par aucune parole. Je choisis l'exemple le plus simple : un religieux lit au réfectoire : il s'acquitte de cela avec plus de gravité, plus d'ampleur, plus de distinction, d'un ton de voix plus élevé que ses frères : cela peut être très pur en soi et très innocent, et ne partir d'aucun mauvais principe. Cependant le Supérieur croit devoir en prendre l'occasion de l'interrompre, de l'humilier devant tous, de lui dire qu'il lit comme un présomptueux, comme un superbe... Monsieur Le Roy et l'abbé de Rancé ne purent d'ailleurs s'entendre complètement sur la définition des termes : M. Le Roy combattait à la fois les humiliations et les fictions. M. de Rancé, en maintenant les humiliations, nia qu'à la Trappe, on eut jamais recours aux fictions proprement dites. »[35] L'humiliation est encore trop faible, il faut aller jusqu'à l'anéantissement.

Mortification. Elle s'alimente et se nourrit de la haine de soi. « Exercer contre soi cette haine si charitable et si sainte que Jésus-Christ a expressément recommandée à ses disciples », dit Rancé[36]. C'est ici que la Trappe va faire véritablement scandale. Car on s'y mortifie très sérieusement. On y tombe facilement malade et on y meurt beaucoup, « comme des mouches » dit Brémond[37]. C'est qu'on arrête de soigner les malades : « Le soin qu'on prend à la Trappe de la santé spirituelle des malades fait voir qu'on a dans ces monastères, la véritable science du salut : on ne souffre pas qu'ils s'y relâchent : on leur fait garder la règle autant qu'il se peut pratiquer la mortification et l'humilité. Tel doit être le soin de tous les chrétiens quand ils sont malades de ne rien changer, s'ils le peuvent de leurs pratiques dévotes. »[38] On décide que les malades ne seront jamais alités, qu'ils se lèveront tous les jours à 3 heures et demie et se coucheront avec les autres moines,

---

35. Sainte-Beuve, *Port-Royal*, Paris, 1860, 5 vol., t. 3, p. 544. Sur la querelle avec l'abbé Le Roy, cf. aussi Krailsheimer, *Rancé, Abott of la Trappe*, Oxford, 1974, p. 31.
36. Rancé, *op. cit.*, t. I, p. 2.
37. Brémond, *op. cit.*, p. 79.
38. Rancé, *op. cit.*, t. I, p. 197.

qu'ils ne seront pas dispensés des offices. On ne leur accorde l'usage des bouillons à viandes qu'après plusieurs jours de fièvre et si leur cas est désespéré. L'abbaye n'a pas de pharmacie et n'achète pas de drogue. Le Vendredi Saint devient un jour redoutable : de 4 heures et demie du matin jusqu'à 2 heures de l'après-midi à l'adoration de la croix, les moines restent pieds nus, en état de jeûne à chanter des psaumes dix à douze heures dans une maison particulièrement humide. Il n'y a pas de Vendredi Saint qui ne coûte la vie à quelques religieux[39].

Comment expliquer de telles extrémités ? Rancé travaille les corps par la haine de soi, les affaiblit et les morcèle. Son art de guérir sa maladie — la mort et la décollation sauvage de Marie de Montbazon accomplie naguère par le menuisier — ou les maladies du siècle, est un art de la conservation du choc initial. Il y a eu une catastrophe, un cataclysme qui a tout emporté, car il y a des cataclysmes historiques et psychologiques comme il y a des calamités naturelles, il y a des séismes de la société et du sentiment comme il y a des tornades et des typhons. La méthode rancéienne est de revenir à la catastrophe, d'en poursuivre jusqu'au bout l'arrachement, de reproduire sa déflagration. On ne donne pas, on retranche; on ne ramasse pas, on arrache; on ne console pas, on tourmente. On dénude les pieds, on refroidit les chambres, on allège la nourriture, on détache le corps de l'âme. On maintient le mal en suspension. Martyrologe : comme la lance qui reste enfoncée dans le flanc, les flèches qui demeurent incrustées dans la chair, la déchirure d'un clou qui rouille le cœur, la plaie d'une blessure non refermée, palpite. Que la trace ne s'efface pas, que la douleur ne s'adoucisse pas. Une souffrance à laquelle on n'a pas renoncé, venge. Rancé se venge en organisant toute sa vie autour de la dépression trappiste et du renfermement abbatial, en centrant tous ses actes sur la représentation du tombeau. Les rites de la solitude et de la séparation, la ritualisation infinie du deuil, la prévention contre la mort par la lumière de la mort, calment. Ils calment la souffrance aiguë de l'insatisfait souci de soi. Dans l'ascèse rancéienne, il y a un moyen de ne se quitter jamais, d'approfondir son identité

---

39. Brémond, *op. cit.*, p. 78.

à mesure qu'on la soumet à l'assaut et qu'on la réduit et, dans la dépréciation acharnée, la même inquiétude que dans l'orgueil exalté. Car il faut une extrême attention à soi pour se rendre étranger aux autres. Il faut des heures pour se dépouiller, une vie entière pour s'abîmer.

A partir de 1672, Rancé ordonne que les cellules seront uniquement destinées au repos. On n'y entrera que pour s'y coucher, on n'y permettra jamais de lumière. Les lectures spirituelles se feront désormais collectivement, les moines ne seront jamais seuls. La Trappe devient ainsi une collectivité de solitaires condamnés au silence et à la promiscuité perpétuelle. Il y eut quelques protestations vite étouffées, mais la renommée de l'abbaye, malgré les disparitions occasionnées par les maladies mortelles, se met à grandir. La rumeur de la sainteté de l'abbé se répand parmi les courtisans où bientôt Rancé a ses fidèles et ses fanatiques. Des correspondants, des visiteurs s'adressent à lui régulièrement, parmi lesquels la Grande Mademoiselle, la duchesse de Guise, Mlle de Lavallière, le duc de Saint-Simon, le duc de Penthièvre, Pellisson, Bossuet, Jacques II d'Angleterre, le maréchal de Bellefonds, Monsieur Frère du Roi. Rancé reçoit, on se piétine dans son cloître, on s'écrase dans ses corridors, on se bouscule dans son ermitage et la Trappe est un désert mais comble ! Vient le temps où ce dispositif mis en place par Rancé atteint un immense succès. On accourt des monastères voisins et bientôt à Paris et à Versailles, il n'est bruit que du silence de la Trappe. Aller à la Trappe dit un grand seigneur, c'est la passion de tous les honnêtes gens. Six à sept mille pèlerins y entrent tous les ans[40]. Au fond de cette retraite, il y a des multitudes de solitaires; le dernier endroit dont on parle est celui où l'on se tait, s'y cacher le meilleur moyen de se montrer. La Trappe est à la mode et Boileau célèbre l'abbé[41].

40. Brémond, *op. cit.*, p. 97.
41. Boileau :

      « Moines, abbés, prieurs, tout s'arme contre moi,
      Par mon exil honteux, La Trappe est annoblie
      J'ai vu dans Saint Denys, la réforme établie
      Le Carme, Le Feuillant, s'endurcir aux travaux
      et la règle déjà, se remet dans Clairvaux. »
                      Le Lutrin, livre II, vers 148-152.

Assurément, Rancé, avant de rencontrer son époque, d'entrer en résonance avec elle, de s'imposer, a dû attendre. Longtemps : vingt ans, vingt années d'implosion lente. Il a fallu qu'un règne succède à un autre : le règne de Louvois après celui de Colbert, de Mme de Maintenon après celui de la jeunesse de Louis XIV, de l'empire après celui de l'Etat, des dragonnades après celui de Port-Royal, il a fallu qu'advienne la deuxième époque du siècle de Louis XIV. 1683, l'année de la publication du *Traité de la sainteté* est une date charnière : Colbert meurt, Louis XIV épouse secrètement Mme de Maintenon et un an auparavant, il a quitté le Louvre pour s'installer à Versailles. Depuis la paix de Nimègue en 1678, il est devenu Louis le Grand. En pleine paix, Montbéliard, les villes de la Sarre, une partie du Luxembourg et surtout Strasbourg ont été annexés. Les dragonnades ont commencé de creuser dans le sud de la France, leur sillage de feu et de sang, prélude sinistre à la révocation de l'édit de Nantes en 1685. Les temps sont venus pour Rancé. Comment aurait-on pu écouter, au lendemain de la Fronde, ses appels à la désoccupation et au détachement, alors qu'on reconstruisait l'Etat, qu'on réformait la justice, qu'on renforçait l'administration. Par la création de nouvelles sections, le Conseil d'Etat était en train de se perfectionner. A partir de 1664, on tenait les grands jours d'Auvergne, on promulguait en 1667-1670, les grandes réformes de procédure criminelle et civile; on étoffait les missions du contrôle général des finances et le rôle des intendants. Rancé n'est pas du temps de l'Etat, mais la mort de Colbert vient d'en sonner le glas. Comment aurait-on pu suivre sa prescription de renoncer aux lettres quand Louis XIV poursuivait et couronnait l'œuvre académique entamée par Richelieu et créait l'Académie des Inscriptions (1663), l'Académie des Sciences (1668), les Académies de Sculpture, de Peinture, de Danse, etc., l'Académie de France à Rome (1665), quand la Monarchie fondait le *Journal des Savants* (1657), construisait l'Observatoire (1668) et, à la stupéfaction envieuse de toutes les cours européennes, pensionnait les dramaturges et les physiciens, les juristes et les peintres ? Rancé n'est pas du temps des sciences, mais le *De Re Diplomatica* en est le chant du cygne. Comment ses sermons sur la pénitence, l'humiliation, la mortification auraient-ils pu avoir le moindre écho ou le moindre éclat, lorsque le souvenir des jeux de musique et de lumière et d'eau qu'avaient prodigués *Les plaisirs de l'île enchantée*, continuait, bien au-delà du mois de mai 1664, d'éblouir ses contemporains ? Rancé n'est pas du temps de Molière, de la satire des Précieuses et de la dévotion, de la démystification allègre des petits marquis et des bourgeois gentilshommes. Mais Molière est mort en 1673. L'époque vient à Rancé; l'époque où s'efface l'honnête homme, lui-même personnage de transition et de décomposition de la *gentry*, pour céder la place à l'ermite et au courtisan.

Car c'est la cour qui retrouve Rancé et regagne la Trappe. Et si, en pèlerinage serré derrière la duchesse de Guise, demi-sœur de la grande frondeuse et le duc de Saint-Simon qui, en ciseleur numismate, fait entrer l'infinie collection de ses portraits en littérature, elle entend enfin l'abbé, c'est peut-être qu'il lui parle un langage qui résonne en elle, qui pince ses cordes les plus intimes et déploie ses harmonies personnelles. Si elle écoute le moine avec une avidité intense, c'est peut-être que, dans son discours qui vexe et rabaisse l'occupation perpétuelle et sans vacance de soi, qu'elle avait magnifiée dans une exaltation arrogante, il traite encore de cet obscur objet de ses attentions et de ses plaisirs : le moi. Le poids de Rancé, la force de sa parole qui résonne enfin, tiennent aussi du léger décalage que son expérience personnelle a enregistré naguère entre le malheur collectif et le malheur personnel, de la période de latence qui sépare l'échec de la Fronde de la mort de Mme de Montbazon et qui a transformé pour lui, plus vite que pour ses contemporains, un drame public en tragédie privée. Aux temps qui commencent des ensevelissements espérés et des tombeaux regardés, au temps de Mlle de Lavallière au Carmel, Rancé a de l'avance. Ce qui fascine ses nobles visiteurs, c'est que l'abbé n'a rien appris et rien oublié et que dans l'anéantissement forcené de la vie de cour de la retraite trappiste, il ne fait place à aucune innovation. Rancé ou l'inversion parfaite de la vie antérieure. Rancé ne propose pas une autre vie mais une parenthèse dans la vie, il n'invite pas ses pèlerins à s'initier à une autre existence mais à oublier leur existence, à se proposer d'autres objets de désir ou de méditation mais à abolir tout objet. Dans la haine de soi, il met la même exagération et la même obsession attentive que les muguets dans les apprêts de leur costume. Et c'est pourquoi il les conforte et les fascine dans la pensée qu'il n'y a point d'autre mode de vie que le leur. Rancé ne bouscule pas, ne déplace pas, il efface, il inverse. Passé un jour, un mois à la Trappe, on peut tout reprendre et tout recommencer car rien n'a changé. Rien apparemment n'est plus éloigné de la Trappe que Versailles et cependant, d'une autre manière, rien n'est plus proche. A Versailles tout le monde s'occupe de tout le monde, se surveille et commère sans relâche. Chasse à la préséance qui défait le sain tissu des relations familiales. Fêtes et pensions, jeux et passions. A la Trappe, chacun est séparé de tous les autres, se tait, travaille, prie et communie, s'abandonne aux cérémonies. Humiliation et dévotion, pénitence et mortification. Cette existence qui exclut l'échange de la parole prêtée et rendue n'en est pas moins sociétale et solipsiste. Elle se fait au vu et au su des frères, dans un monde replié sur soi. La Trappe est coupée du monde comme Versailles est séparé de la ville. S'occuper de soi, ne plus prêter attention aux hommes, aux parents même, à son corps propre. Rancé porte atteinte aux liens humains et aux puissances symboliques, il meurtrit la famille et étrangle l'individu. En imposant le silence perpétuel il détruit les solidarités spontanées de la communauté humaine. Mais davantage, en maintenant ses pénitents dans un état de semi-jeûne perpétuel et de sevrage forcé, il harcèle le lien maternel, continûment offensé dans l'image de l'*alma mater*. En décrétant pour toujours le père absent, il prolonge *ad vitam aeternam* cet état que les psychanalystes appellent narcissisme primaire[42]. Etat ambivalent qui constitue la voie royale de la séparation pour un adolescent mais aussi le défilé strangulatoire du rejet du symbolique et du refus de la loi.

Ne s'agit-il pas de l'éclosion après une période de latence, d'une certaine figure du sujet français, dont la promesse a été esquissée dans les hôtels parisiens à la veille de la Fronde alors que Rancé

---

42. Cf. Laplanche et Pontalis, art. : Narcissisme primaire, narcissisme secondaire, *Vocabulaire de la psychanalyse*, Paris, 1969.

avait vingt ans et qui ressurgit ici, lissée mais désormais pétrifiée dans sa sculpture, à l'aube de la République des Lettres ? Tout distingue apparemment la jeunesse d'Armand de la maturité de l'abbé : d'un côté, le seigneur, de l'autre le moine; d'un côté l'orgueil, de l'autre, l'humilité. La privation a succédé à la prodigalité, l'ascèse a pris le pas sur la licence, la froide frugalité du jeûne a remplacé l'abondance tiède du banquet, le froc a fait disparaître les dentelles. La déprise du moi après l'appropriation de soi, la minutieuse imposition des humiliations après la cérémonieuse exaltation des glorifications, la Trappe présente une image contraire des habitudes du théologien mondain et des mœurs de Versailles. Pourtant, malgré cet écartèlement entre deux époques et deux lieux, un lien a subsisté qui explique sans doute l'engouement des courtisans pour des austérités qui ne renversent qu'apparemment leurs habitudes. A l'abbaye ils trouvent la même comptabilité dispendieuse et atomisée du temps et, dans les heures consacrées naguère et là à la parure, données ici et maintenant au dépouillement, dans les moments laissés hier à la parade et à la conversation, aujourd'hui livrés à la solitude et au silence, ils s'assujettissent encore à la fixité morne de l'absorption en soi. Mais aussi bien, dans cette émigration foudroyante et dans cet exil décidé, dans cette volonté de ne rien étudier pour ne rien réparer, ils peuvent observer le même refus muet et muré de la réminiscence. La solitude de la Trappe n'est pas l'éloignement de la vie de cour mais son envers assourdi, le tain noir derrière la glace, sa face en abîme, son espace muré. Toute la fronde dévote, toute la cour se reconnaît en elle. Rancé ou l'oscillation du cynisme vers l'érémitisme, le retour à l'anachorèse au-delà de la piété occidentale, la sortie de la perversion par la gnose. Le Trappiste ne se déprend pas de lui, le sujet ne se tourne pas vers l'objet, le moi en majesté ou en abjection demeure là où il ne sait pas. Et Spinoza un peu auparavant : « Le suprême orgueil ou la suprême dépréciation de soi sont la suprême ignorance de soi. »

On a manqué l'individu. Il a jailli dans une affirmation précoce et insolente et il a explosé. Dans le boursouflement du moi qui ne veut rien savoir, la bulle de la subjectivation elle-même a fini par éclater.

Comme, à la suite d'une planète qui a manqué de naître, ne subsiste, après une individualité qui a failli s'affirmer, qu'une poussière scintillante d'éclats brisés dans l'obscurité amnésique du vide. Il y a un moment Rancé de la culture française : Versailles se penche sur le miroir que lui tend la Trappe et y fixe, figé, l'abîme insonore de son néant.

Moment difficile pour Mabillon. L'influence exercée par la Trappe, l'écho rencontré par ses prescriptions ne faisaient pas l'affaire du mauriste. Longtemps différée, sa riposte paraîtra en 1691. Mais, avant de jauger l'écart qu'elle fera apparaître avec les thèses de l'abbé, mesurons la proximité qui existe entre les deux clercs. Entre eux, il ne laisse pas d'y avoir une ressemblance et une parenté dans la recherche de la vérité que Chateaubriand dans son génie investigateur a perçues à propos d'une anecdote. Toutes sortes de gens venaient à l'abbaye, de simples moines à l'âme franche et fraîche mais aussi, après les temps troubles de la Fronde, des brigands repentis. L'un d'eux, réfugié à la Trappe, meurt après une vie de rapines, non moins confit en dévotion que d'autres frères. « Rancé qui tirait parti de l'innocence comme du repentir, a écrit sa vie de même qu'un jardinier fait une petite croix sur un paquet de grains pour étiqueter un parfum », note Chateaubriand[43]. Fine remarque sur l'activité du moine réformateur : traiter les hommes et leurs particularités comme s'il s'agissait de végétaux; leur appliquer le soin de l'horticulteur et du naturaliste, archiver leurs petites différences. Il y a, dans la recherche de Mabillon et dans la pratique de Rancé une contiguïté qui tient à ce que l'espace de représentation où coexistent l'archéologie des diplômes et l'histoire naturelle a sa correspondance dans le type de maladies du moi dont Rancé est le thaumaturge. La faille qui sépare néanmoins le naturalisme rancéien des pénitences de l'âme de l'archéologie mabillonienne des chartes de l'histoire, tient à ce que chacun de ces deux hommes, également membre d'une institution menacée, adopte une attitude singulière à l'égard de la catastrophe. Le temps des réformes est un temps troublé où les certitudes se sont écroulées. La méthode rancéienne est de

43. Chateaubriand, *op. cit.*, p. 115.

s'acharner sur la connaissance pour préserver l'existence, d'établir un « je suis là où je ne sais pas », de tenter de revenir à l'état d'innocence du rapport de soi à soi, pour s'abîmer en Dieu, de retrouver l'ordre sans les différences, le repos sans la veille, la foi sans la science, de s'étourdir d'oubli clos, de murs fermés, de s'assourdir de retraite, de s'asphyxier de silence, d'éteindre le souvenir de la catastrophe. Au-dessus des murs du couvent, des adoucissements de la vie collective, Rancé brandit le souvenir amer et sauvage de la vie érémitique. Ce sont les pères au désert et les dévastations du christianisme oriental des premiers siècles qu'il donne en exemple : saint Paul, saint Antoine, saint Pacôme, saint Simon, saint Hilarion, nous en oublions tant il allonge la liste. Tous ont fait retraite loin des hommes, loin du siècle, dans les déserts arides, désolés, brûlants. « Les Anachorètes, écrit-il, ont toujours tenu le premier rang dans la profession monastique à cause de la perfection de leur vertu et de l'éminence de leur sainteté. »[44] Les Anachorètes, loin des yeux, loin du cœur, et par là « des hommes admirables ». Mais l'instauration de cette désoccupation parfaite, de cette solitude sous surveillance, de cette pénitence de l'ego à laquelle tend notre réformateur suppose une destruction préalable. Faire le vide de l'orgueil est chose difficile. Il faut déménager ses assises mobilières, ses appuis naturels, ses étais coutumiers, il faut arracher le moi et détruire les études *Hic Rhodus, hic salta*. Rancé sait qu'il va faire grincer des dents et pousser des cris. Mais le retour aux thébaïdes les plus sèches et les plus hostiles l'oblige à remonter le courant de l'immense fleuve de la piété conventuelle moderne et à faire barrage aux études. Aux études, à la science, à la copie, à la lecture, à l'écriture, à la diplomatique, à l'histoire, à l'érudition ecclésiastique, à cette activité formidable qui a irrigué toute la culture du temps et donné aux clercs leur position dominante dans le développement des lumières.

Qu'à cela ne tienne ! Rancé ne veut point de ces établissements-là et c'est d'un même mouvement, d'un même livre, d'une même phrase

44. Rancé, *op. cit.*, p. 27.

qu'il déclare la guerre à Port-Royal, à l'oratoire, aux mauristes, aux chartreux. De manière théâtrale, pour qu'un dialogue annule une déchirure, Rancé met en scène la réplique qui interdit l'étude.

A la question « ne serait-il pas plus utile à des religieux d'employer leur temps à la lecture et dans l'étude que de travailler » ?, la réponse cinglante : « ... les moines n'ont point esté destinez pour l'étude mais pour la pénitence... Leur condition est de pleurer et non pas d'instruire et le dessein de Dieu en suscitant des solitaires dans une Eglise, n'a pas esté de former des docteurs mais des pénitens »[45].

C'est après les premières réactions très vives, nous y reviendrons, que Rancé élargit son attaque contre l'étude en rédigeant ses *Eclaircissements* en 1686. Son argumentation est double : la plupart des moines ne peuvent pas étudier, ceux qui le peuvent dérogent à leur condition, la majorité est en dessous de l'étude, les moines savants sont en dehors de la piété. La première raison avancée traduit le mépris où Rancé tient ses propres pénitents qu'il décrit comme des cancres expliquant « qu'ils étudieront sans étudier, liront sans lire... que leur esprit abattu d'ennuy, lieu loin d'avoir les pensées qu'il doit avoir, se remplira d'imaginations, formera mille chimères, se figurera des expédiens pour soulager sa peine. D'autres, ajoute-t-il, tout aussi incapables se laisseront aller à l'assoupissement »[46]. La seconde raison expose les motifs de sa propre détestation de l'effort intellectuel. A l'inverse du travail manuel qui « rabaisse et humilie », le savoir exalte l'individu. « L'étude tend un voile aux yeux des solitaires qui leur cache leur bassesse ou plutôt la vérité de leur profession, elle les rend estimable à leur propre jugement et ensuite ils veulent l'estre... à celuy des autres. »[47] L'escalier de l'humilité péniblement descendu, le voici regrimpé à toute allure par les ailes que donne le savoir qui agrandit la perception de soi. L'étude est à l'opposé de l'humilité. Il n'y a pas chez Rancé d'instinct de connais-

---

45. Rancé, *Traité de la sainteté...*, *op. cit.*, t. 2, p. 370-371.
46. Rancé, *Eclaircissements...*, *op. cit.*, p. 353.
47. Rancé, *op. cit.*, p. 354.

sance. On pourrait même dire, il ne sait pas ce que c'est. Dans la science, il ne voit qu'un assèchement de la spiritualité, une défoliation de la sincérité et de la modestie. Si les savants étaient sincères, explique-t-il, nous saurions leur désarroi, leurs humeurs, tous ces tourbillons qui ravagent l'âme, « leur sécheresse, leur dissipation, leurs froideurs, leurs égarements, leurs orgueils, leurs défaillances, leur ingratitude, leurs troubles, leur dégoût et quantité d'autres inconvénients dont ils n'ont que trop sujet de s'humilier et de se plaindre »[48]. Comme s'il n'y avait point dans la connaissance, de principe de réalité; comme si l'effort intellectuel n'était encore qu'un rapport de soi à soi. L'interdiction est fondée sur une analyse de l'esprit de la science comme esprit de curiosité, de dissipation, de contestation, contraire selon lui à l'idéal monastique de simplicité, de douceur, de componction et de recueillement[49]. Le tort de l'esprit savant est de revenir sur les lieux du crime, de réveiller la douleur en retrouvant le traumatisme. Les études brisent la clôture, déchirent la retraite. Rancé suggère aussi qu'elles promeuvent une individualité incompatible avec l'humiliation monacale. Au lieu de contribuer à l'abaissement des conditions, elles inclinent à l'égalisation des personnes quand elles ne découragent pas les simples qui lisent sans comprendre. L'étude renoue avec un parcours, déroule une temporalité qui n'est pas celle de la répétition abbatiale. C'est d'elle que procède selon lui la décadence des ordres monastiques.

La querelle de la science est fondamentale à bien des égards. Sans doute Rancé a-t-il des raisons personnelles et existentielles de se détourner du savoir. Pourtant si sa vie superpose, en lui donnant

---

48. Rancé, *op. cit.*, p. 356-357.
49. Rancé : « L'étude est une occupation étrangère qui n'a rien de commun avec leur état... », *op. cit.*, t. 2, p. 374, et « L'application aux sciences est ennemie de l'esprit qui doit animer la conduite des solitaires », *ibid.*, p. 377, et « Si la science cause de l'élèvement comme nous l'apprenons de l'Apôtre, se peut-il faire que l'estude soit un exercice ordinaire pour des gens qui doivent vivre dans une abjection et une pratique d'humilité continuelle. Et quelle apparence que la simplicité, la douceur, la componction et le recueillement qui doit régner dans les cloîtres, soient compatibles avec la curiosité, la dissipation et la vanité et les contestations qui se rencontrent dans les écoles... », *ibid.*, p. 379.

son rayonnement, la triple dimension d'un drame personnel, d'un malheur collectif et d'un destin aristocratique, c'est qu'il existe peut-être des motivations proprement sociales de son refus des études. Lorsque l'abbé écrit que « l'étude dissipe, qu'elle dessèche, qu'elle distrait, qu'elle rend les hommes superbes et causeurs, qu'elle les remplit de pensées vaines. Elle cultive l'esprit mais elle ne dit rien au cœur, elle apprend des vérités mais elle ne donne pas de sentiments, elle éclaire mais elle n'échauffe point »[50], ce n'est pas seulement un certain ordre de la vie monacale qu'il défend, c'est aussi l'esprit d'ascension sociale, la méritocratie, inévitables compagnons de l'essor des connaissances, qu'il réprouve. Avant que Mabillon ne souligne combien la discipline et l'austérité sont nécessaires à la vie scientifique, Rancé insiste sur le ferment de désordre inséparable de l'étude « qui élève les individus au lieu de les abaisser... qui donne aux pauvres des avantages qu'ils n'eussent jamais cru prétendre dans le monde »[51], il se scandalise de ce que : « L'étude et l'amour des lettres ouvrent la bouche de ceux qui l'avaient consacrée au silence. Elle les tire du repos et de l'obscurité de leur retraite, elle les donne en spectacle au public, elle les transforme. »[52] L'interdiction des études pour les supérieurs qui n'ont aucune obligation selon lui de se consacrer à d'autres études que celles des écritures[53] mais aussi pour les moines qui ne sont nullement tenus d'instruire les populations[54], est assortie du refus d'autoriser la lecture de l'*Ancien Testament* dans un couvent féminin dont il est le directeur de conscience. En opposition avec le biblicisme érudit du siècle, qu'on trouve chez son ami Bossuet,

---

50. Rancé, *Traité de la sainteté..., op. cit.*, t. 2, p. 380.
51. Rancé, *op. cit.*, p. 382-383.
52. Rancé, *op. cit.*, p. 354-355.
53. Rancé, « Question V : "Vous croyez donc qu'un supérieur ne peut s'appliquer ny à l'estude ny aux sciences qui ne sont pas de sa profession ?" Réponse : "Non, il ne le doit point si l'ordre de Dieu et une disposition particulière de sa providence ne l'y engagent" », *op. cit.*, t. 2, p. 261.
54. Rancé, « Question XXVI : "L'instruction des peuples ne peut-elle estre un sujet légitime à un supérieur pour quitter sa solitude ?" Réponse : "Nullement, car premièrement les moines ne sont pas constituez pour enseigner les hommes, mais pour pleurer leurs pechez et à moins que Dieu ne les y appelle par une vocation extraordinaire et évidente, ils ne doivent pas s'y engager" », *op. cit.*, t. 2, p. 291.

Rancé creuse la rupture entre l'Ancien et le Nouveau Testament.

Le fait que l'abbé soit issu de la bourgeoisie annoblie permet de mesurer le chemin qui a été parcouru par son entourage depuis la fin des guerres de religion. Dans l'analyse dont nous avons déjà fait état, Georges Huppert[55] a parfaitement montré combien la culture, l'étude et l'écriture avaient constitué un emblème de ralliement et un protocole d'identité pour les élites nouvelles[56]. Huppert cite le cahier d'un étudiant : « C'est grand honneur de bien savoir escrire »[57], les éloges enthousiastes distribués aux lettres par les robins : « Vive la plume magnifique, le papier et le parchemin »[58], la déclaration d'un principal de collège : « Nous ne pouvons vivre sans lettres. » Une vie sociale organisée autour de la joute savante, une vie familiale occupée de la transmission des lettres aux enfants et petits-enfants et une vie individuelle vouée au culte du livre et à l'amour des bibliothèques[59] témoignent de cet amour du savoir qui a conduit les élites de la robe à fonder des collèges municipaux concurrents des établissements religieux dans toutes les villes où leur influence et leur richesse le leur permettent, à Rouen, à Bordeaux, à Lyon mais aussi à Avallon, Joigny, Tournon, Chablis, Villeneuve-le-Roy, etc. Après la double défaite qui leur est infligée à l'issue des guerres de religion et de la Fronde, les notables, observe G. Huppert, amorcent un repli qui incline les uns à se réfugier dans leurs bibliothèques privées, les autres à se retirer dans quelque ermitage. Grands témoins de ce sauve-qui-peut, Antoine Lemaistre qui en 1647 répudie le Palais et la Cour alors qu'âgé de vingt-neuf ans, sa carrière fait l'envie de tous les officiers de Paris, ou Jean Duvergier qui quitte le monde pour entrer à Port-Royal, l'un et l'autre à l'origine du

55. « La réussite sociale en France au XVIᵉ siècle ». C'est le sous-titre de *Bourgeois et gentilshommes, op. cit.*
56. Georges Huppert, *op. cit.*, chap. VI, *passim*.
57. *Op. cit.*, p. 102.
58. *Op. cit.*, p. 103. Cité également par Lucien Febvre, *Philippe II et la Franche-Comté*, Paris, 1912, p. 351.
59. « Ils ne s'éloignaient jamais beaucoup de leurs chers livres, des rangées de volumes splendidement reliés, amoureusement soignés, enfermés dans les bibliothèques somptueuses et fermées à double tour qui couvraient les murs du sanctuaire de la maison, ce bureau privé qui, dans les hôtels de la *gentry*, avait remplacé la chapelle privée. Les livres y servaient des dieux laïcs, les hauts pupitres, d'autels », *op. cit.*, p. 104.

mouvement janséniste. Retour à la paix de la nature selon les vers de Desportes :

> Douces brebis, mes fidèles compagnes
> Haies, buissons, forest, prés et montagnes
> Sages témoins de mon contentement[60],

ou approfondissement de la vision tragique du monde enfantée par la contradiction sociale qui attache les notables à l'office en même temps qu'elle les éloigne de l'Etat absolutiste, comme l'a pensé Lucien Goldmann[61] ? La préférence donnée à l'une ou l'autre explication ne dispense point d'observer que Rancé s'enfonce à son tour beaucoup plus avant dans la retraite. Tout se passe comme si lui-même avait depuis longtemps dépassé le simple constat d'échec qui avait été celui de son groupe lorsque celui-ci avait compris qu'il ne pourrait substituer son pouvoir à celui de la noblesse, ni remplacer son ignorance et ses instincts belliqueux par la paix, le profit, le savoir, la justice et la raison, valeurs qu'avait énumérées Montaigne. On ne trouve chez Rancé la moindre trace de fierté qui aurait pu être celle d'un prêtre issu de la noblesse de robe à s'enorgueillir de l'interdiction du duel obtenue d'Henri IV par la *gentry* et confirmée par Richelieu, son parrain. L'abbé bénéficier qui a passé sa jeunesse avec le duc de Brantôme et la duchesse de Montbazon, ne nourrit aucune agressivité à l'égard de l'aristocratie d'épée, ne rumine aucun contentieux avec elle. Rancé est également bien au-delà du réflexe qui a rendu la *gentry* méfiante à l'égard de l'éducation du peuple contestataire et irrévérencieux. Il ne s'agit pas pour lui de renoncer à apporter la culture au vulgaire pour mieux la préserver dans les élites, comme Nicolas Pasquier qui déplore le trop grand nombre de collèges « fourmilière d'apprentis présomptueux » exaltant par ailleurs « ses livres, sa plume et ses pensées »[62]. Rancé est plus radical; il a passé la ligne et franchi le Rubicon. En décrétant la vanité des études, l'iniquité de la science et l'indignité des bibliothèques, il a

60. Cité par G. Huppert, *op. cit.*, p. 273.
61. Lucien Goldmann, *Le Dieu caché*, Paris, 1955.
62. Cité par G. Huppert, *op. cit.*, p. 267-269.

perdu son identité de notable « bourgeois ». Sa proclamation est un acte de révocation de la *gentry*. Rancé est un émigré de la robe.

Il était donc inévitable que Mabillon, non comme membre de la *gentry* — il ne l'était pas — mais comme clerc savant qui, depuis la publication des œuvres de Pierre de Celle, de saint Bernard, des *Actes de la vie des Saints bénédictins*, jusqu'à *La Diplomatique*, n'avait cessé de proclamer sa double foi religieuse et scientifique et qui avait voulu arrimer la vérité et la justice[63], lui répondît. La seule surprise concerne le délai étiré de sa réplique après les publications du trappiste. On a invoqué le fait que le débat soulevé n'était pas absolument inédit et que la querelle des études avait déjà eu, dans l'Eglise, des précédents[64]. On peut souligner aussi que le moment qui sépare la parution de l'ouvrage de Rancé de l'édition du livre de Mabillon est rien moins que vide[65]. Une première réfutation attribuée au protestant Larroque[66], paraît en 1684 suivie d'une autre réfutation immédiate de l'abbé Maupéou[67]. En réponse aux objections qui lui sont faites, Rancé croit opportun de publier un second ouvrage : *Eclaircissemens de quelques difficultés que l'on a formées sur le livre de la sainteté...*[68]. Jusque-là, l'avantage est à la Trappe. La partie rebondit avec une balle du P. Mège, *Commentaire sur la règle de Saint-Benoît*[69] qui s'en prend à trois des points de l'offensive de l'abbé, le silence, les humiliations et les études. Rancé choisit le parti de donner son propre commentaire de la règle de Saint-Benoît[70], non sans avoir dans le même temps, prévenu Bossuet contre

63. Cf. chapitres précédents.

64. Guillaume de Saint-Amour avait contesté aux solitaires l'utilité de la science que saint Thomas les poussait à acquérir. Après le Dominicain, saint Bonaventure, Albert le Grand, Hugues de Saint-Victor ont réfuté Guillaume de Saint-Amour tandis que Gerson a gémi sur la décadence des études monastiques. Cf. Chanoine Didio, *La querelle de Mabillon et de l'abbé de Rancé, Revue des Sciences ecclésiastiques*, t. IV, 1891.

65. Cf. le calendrier de la querelle publié en annexe.

66. *Ibid.*

67. P. Mège, *Commentaire sur la règle de Saint-Benoît, où les sentiments et les maximes de ce saint sont expliqués par la doctrine des conciles, des Saints-Pères, des plus illustres solitaires et des principaux auteurs qui ont traité de la discipline monastique par Dom Joseph Mège, religieux bénédictin de la congrégation de Saint-Maur*, Paris, 1687.

68. Cf. le calendrier de la querelle publié en annexe.

69. *Ibid.*

70. Rancé, *La règle de Saint-Benoît nouvellement traduite et expliquée selon son véritable esprit*, Paris, 1689.

le P. Mège et exigé que les bénédictins interdisent le livre, ce qu'il obtient, tandis que pour calmer les esprits et en guise de contrepartie, Bossuet enjoint de son côté l'abbé Maupéou à s'abstenir d'une seconde réplique. Le 1er août 1689, le commentaire de Dom Mège est supprimé et sa lecture interdite. Les mauristes sont-ils définitivement réduits au silence ? Pas tout à fait puisqu'ils chargent Dom Martène d'un nouveau commentaire sur la règle qui paraît en 1690[71]. Carré sur le strict terrain de l'analyse de la règle monastique, Dom Martène prépare sans avoir l'air d'y toucher, l'argumentation de Mabillon[72]. Acceptant avec docilité l'idée que le travail est étranger à la vie religieuse, il observe néanmoins que les anciennes règles monastiques ne se sont jamais montrées hostiles à l'étude et que, lorsque certains fidèles se sont risqués à attaquer la pratique des lettres, d'autres plus instruits les ont unanimement désapprouvés, à la pensée de l'utilité que l'Eglise retirerait de la science de ses moines. Rancé feint de n'avoir pas senti l'allusion et on aurait pu en rester là si le feu qui couvait sous la cendre ne s'était de nouveau embrasé. L'étincelle qui allume la nouvelle flambée semble avoir son origine dans une dispute qui, pour être annexe, n'en était pas moins propre à survolter une atmosphère déjà électrique. On se rappelle le conflit qui avait opposé les bénédictins aux chanoines pour savoir à quel ordre appartenait l'auteur de *L'Imitation de Jésus-Christ*. Voici que les frictions renaissent avec la prétention des chanoines réguliers de Bourgogne d'obtenir la préséance sur les bénédictins aux Etats de Bourgogne[73]. Et cette fois, Rancé, imprudence ou fatuité, les soutient ! C'en est trop. Poussant leur chevalier en la personne de Mabillon, les mauristes entrent alors en lice. Il est cependant probable que si Mabillon et ses amis ont joué la défensive devant l'artillerie rancéienne et se sont repliés en silence c'est qu'il leur fallait, pour

71. Cf. Dom Tassin, *Histoire littéraire de la congrégation de Saint-Maur, op. cit.*, p. 134.
72. *Commentarius in regulam S.P. Benedicti, litteralis, moralis, historicus ; ex veriis scriptorum, commentarionibus, actis sanctorum, monasteriorum vitibus aliisque monumentis, cum editis cum manuscriptis concinnatus.* Opera et studio Domni Edmundi Marteni, Presbyteri et Monachi, etc. Migne, *Patrologie latine*, t. LXVI, vol. 219, 932. Entre-temps, Denys de Sainte-Marthe préparait un *Recueil de quelques pièces qui concernent les quatre lettres écrites à M. l'abbé de la Trappe* qu'il publiera en 1692. Les coups partaient dans tous les sens.
73. Cf. Chanoine Didio, *op. cit.*, p. 364.

affronter, avec quelque chance de succès, leur adversaire, s'éloigner d'une conjoncture défavorable marquée par la querelle du spinozisme et les critiques de *La Diplomatique*. Ils devaient aussi, face aux appuis de Rancé dans l'Eglise et à la cour, mesurer quelles étaient leurs forces. A considérer le calendrier des querelles intellectuelles de l'époque[74], on observe à quel point l'offensive de Rancé a bénéficié de l'*impetus* causé par la bombe du *Traité théologico-politique* qui, publié en 1670, affaiblit le parti des études dans les rangs des clercs. Jamais peut-être à aucun moment l'observation que Spinoza rédige dans le livre II de *L'Ethique* : « Qui sait avec le plus d'éloquence ou de subtilité accabler l'impuissance de l'esprit humain passe pour divin » n'aurait pu être mieux ajustée : on faisait de Rancé un saint. Il faut ajouter que la Querelle des Anciens et des Modernes inaugurée en 1682, battait son plein et qu'à leur manière qui n'était évidemment pas celle de Rancé, Fontenelle, Saint-Evremond et Charles Perrault avaient accumulé les arguments contre les érudits ecclésiastiques[75]. Pourtant, neuf ans après le succès de Rancé, le mauriste est prêt.

La réplique de Mabillon paraît donc en 1691. Réponse magistrale. Comme son titre l'indique[76], elle traite de manière directe la question des études à laquelle au-delà de la polémique d'occasion[77], Mabillon s'efforce d'apporter un éclairage doctrinal[78]. Le livre se compose de trois parties. La première propose une réfutation historique et logique des thèses de l'abbé de Rancé. La seconde est un projet d'étude ecclésiastique, la troisième, un catalogue de livres pour une bibliothèque ecclésiastique avec quelques annexes, augmentées d'une conclusion

---

74. Cf. livre II : *La défaite de l'érudition*, dernier chapitre.
75. *Ibid.*
76. Mabillon, *Traité des études monastiques*, Paris, 1691.
77. Mabillon : « On a vu naître depuis peu une espèce de contestation parmi les gens de lettres et de piété dont quelques-uns prétendent que les solitaires ne peuvent s'appliquer aux études », *Traité des études monastiques*, *op. cit.*, préface, p. II.
78. Mabillon : « Parmi un si grand nombre de religieux, il se trouveroit certains qui auraient assez d'étendue d'esprit et de génie pour étudier la doctrine de l'Eglise dans les sources et les originaux. C'est pour faciliter cette entreprise que j'ai donné à la fin du traité, une suite des principales di-ficultez qui se rencontrent dans cette étude avec un catalogue des livres que j'ay cru les meilleurs pour composer une bibliothèque ecclésiastique », *op. cit.*, p. III.

qui est une réflexion sur l'éthique des études religieuses[79]. Pour la querelle des deux moines, c'est de loin la première partie qui est la plus intéressante. Mabillon s'y efforce de réfuter la Trappe par un double jeu d'arguments historiques et logiques. Il n'y a rien d'étonnant à ce que Mabillon parte de l'histoire. Il n'avait pas passé des années sur l'édition des œuvres de saint Bernard ou l'histoire des saints bénédictins, sur la liturgie gallicane, les usages de la messe, etc., sans avoir une connaissance interne et certaine de sa maison. En quoi il diffère existentiellement de Rancé. Car Mabillon n'est pas seulement d'Eglise par la table rase, la crise érémitique qu'il a connue jeune homme, mais par profession et progression d'une foi qui, elle-même, est devenue réflexion, histoire, savoir. Mabillon n'est pas seulement un fondateur réformateur, ce n'est pas seulement un ermite, c'est un cénobite qui, en cherchant Dieu, a trouvé les hommes, en approfondissant sa foi, a trouvé le savoir.

D'abord donc des arguments historiques. Le bénédictin concède volontiers à l'abbé que « les communautés monastiques n'ont pas été établies pour être des académies des sciences mais de vertu, et que l'on n'y a fait estat des sciences qu'autant qu'elles pouvoient contribuer à la perfection religieuse »[80]. Mais il ajoute aussitôt que le bon ordre des monastères n'a pu subsister sans le recours des études[81], que ces études étaient à la fois nécessaires aux abbés et aux moines et que de tout temps, elles ont été en vigueur dans les monastères. Il n'en veut pour preuve que la liste impressionnante des grands docteurs qui s'y sont plu : « Saint Basile, saint Jean Climaque, saint Athanase, saint Jérôme, saint Augustin, saint Grégoire le Grand mais aussi et encore Bède le vénérable, saint Anselme, saint Bernard, saint Fulgence. »[82] L'existence de bibliothèques admirables, le fait que saint

---

79. Mabillon : « Dans le premier, je feray voir que les estudes bien loin d'estre absolument contraires à l'esprit monastique, sont en quelque façon nécessaires pour la conservation des communautez religieuses. Dans la seconde, j'examineray quelles sortes d'etudes peuvent convenir aux solitaires, et de quelle méthode ils se peuvent servir pour s'en rendre capables. Enfin dans la troisième quelles sont les fins qu'ils se doivent proposer dans ces études, et quels sont les moyens qu'ils doivent employer pour se les rendre utiles et avantageuses », *Traité des études...*, p. 45.

80. Mabillon, *Traité des études monastiques...*, *op. cit.*, p. 1.

81. *Op. cit.*, p. 9.

82. *Op. cit.*, p. 30.

Benoît ait prévu qu'on tienne compte du savoir de l'abbé[83], qu'il ait
organisé la *lectio divina* ne démontrent-ils pas l'importance de la connaissance dans l'ordre de Saint-Benoît ? Aussi bien, c'est une observation
commune et une remarque banale de rappeler que la décadence de
l'ordre est souvent venue du défaut des études et non de l'amour des
lettres[84], que les différentes réformes ont toujours eu soin de rétablir
les études comme en témoignent les capitulaires de Charlemagne, les
règlements de saint Benoît d'Aniane, de saint Odon, la réforme de
Cîteaux, l'institution de l'abbaye du Bec et des Chartreux. Dès l'an 1109,
dix ans après l'établissement de Cîteaux, saint Etienne et ses moines
s'appliquèrent à corriger la Bible, « car ayant amassé plusieurs manuscrits de la Bible, et s'étant aperçu qu'un des exemplaires qu'ils avoient
estoit extrêmement différent des autres... ils firent venir plusieurs Juifs
habiles pour corriger ce qui regardoit le vieux Testament »[85]. « Il est
visible, souligne alors Mabillon, que des gens qui au commencement
d'un ordre naissant, s'appliquent à rétablir le texte de l'Ecriture, qui
assemblent des Juifs pour le faire avec plus de lumière et d'assurance,
n'ont pas entièrement renoncé à l'étude des lettres et à ce qui regarde
l'érudition. »[86] Saint Etienne étant l'abbé qui reçut saint Bernard à
Cîteaux, Mabillon ne pouvait choisir d'autorité plus sensible à Rancé.
Dans les monastères bénédictins, les académies et les collèges ont été
installés de tout temps, et loin que les conciles ou les papes les aient
jamais défendus, ils les ont au contraire rendus obligatoires, conclut-il,
de cette revue d'histoire[87]. Puis réflexion et raison. L'écrit, le texte. La
foi est savoir parce qu'elle est révélation. L'Ecriture est venue de Dieu
et le Christ nous invite à la comprendre et à la connaître. La Bible est
un foyer de sens qui demande éclairage et éclaircissement. Travail de
méditation. Là encore, Mabillon ne part pas de lui-même, de sa propre
existence mais d'une révélation objective. Si l'histoire enseigne que la
dimension institutionnelle de l'Eglise abrite toute vie chrétienne, la

83. *Op. cit.*, p. 40.
84. Mabillon, *Traité des études monastiques...*, *op. cit.*, p. 46.
85. *Op. cit.*, p. 58-59.
86. *Op. cit., ibid.*
87. *Op. cit.*, p. 64.

réflexion apprend que la dimension herméneutique de l'Ecriture invite la foi à s'approfondir. Des arguments logiques militent donc aussi en faveur de la défense des études dans les monastères. Assurément la science a ses inconvénients. Il est incontestable qu'elle peut causer « l'élèvement et l'enflure du cœur », indéniable que tout le monde n'est pas également doué pour l'étude. Mais « on voit des ignorans superbes et vains aussi bien que des scavans et il arrive assez rarement qu'une personne qui a beaucoup de lumière tombe dans ces excès de vanité auxquels sont sujets quelquefois ceux-mesmes qui n'ont que de très médiocres connaissances »[88]. Aussi bien : « Une étude religieuse doit avoir pour but la science de l'Ecriture sainte... Il faut condamner un autre usage des études, il serait à propos de voir, s'il n'y en a pas dans le défaut de science et de doctrine. »[89] L'influence d'un abbé ignorant est très fâcheuse sur une communauté de moines. « Le premier effet que produira ce défaut de lumière dans ces communautés sera une ignorance stupide qui ne sera exécutée ny par les exhortations d'un supérieur ny par les lectures éclairées des inférieurs. De là suivra une indocilité. De là naîtront la désobéissance et le défaut d'honnesteté. Enfin cette ignorance sera une source de dégoût pour la psalmodie que l'on ne comprendra pas, pour la lecture que l'on n'aimera pas. »[90] A l'argument invoqué par Rancé selon lequel tous les individus ne sont pas également aptes aux études, Mabillon objecte qu'en revanche, tous les talents viennent de Dieu et que nul n'est en droit par conséquent de les négliger. Quant au travail intellectuel lorsqu'on sait la difficulté d'écrire un ouvrage, on tombera aisément d'accord qu'il peut tenir lieu de travail manuel à la condition d'être accompli dans un esprit de religion, d'humilité et de pénitence. A l'encontre du mépris et du rejet que Rancé manifeste à l'égard du travail, Mabillon voit en lui, non une œuvre servile, mais « un moyen honneste de gagner son pain et d'éviter l'oisiveté, de faire l'aumône spirituelle »[91]. La première partie se clôt sur une critique cinglante de Rancé : « Il ne sert donc à rien de dire que les

---

88. Mabillon, *Traité des études monastiques...*, *op. cit.*, p. 75.
89. *Op. cit.*, p. 78.
90. *Op. cit.*, p. 81.
91. Mabillon, *Traité des études monastiques...*, *op. cit.*, p. 93 et 99.

moines ne sont pas destinés pour enseigner les autres mais pour pleurer et pour faire pénitence... »⁹² Dans la seconde partie de son traité, Mabillon trace le plan des études que doivent suivre les moines. L'Ecriture sainte en est le foyer. C'est pour prendre connaissance, s'en imprégner, la comprendre et l'assimiler que les études doivent être organisées. Rancé, suggère Mabillon, oublie une chose fondamentale et décisive : la religion chrétienne n'est pas une religion inspirée, c'est une religion *révélée*. La révélation, en l'espèce les Ecritures, est à connaître. Sur cette base inébranlable, ce pilier, Mabillon fait pivoter toute sa démonstration et au sens propre *renverse Rancé*. Si le christianisme est une religion révélée, la parole de Dieu n'est pas immédiate, mais à déchiffrer, à comprendre, à étudier. Argument magistral qui lui permet de passer d'un coup à la seconde partie, l'étude de l'Ecriture, sans craindre de porter le fer dans la plaie, de se situer d'un coup au point le plus sensible de la polémique, sans éviter de réveiller dans le contexte de la querelle du spinozisme, la douleur sourde qui rongeait l'érudition ecclésiastique. Bien entendu, les communautés monastiques n'ont pas été établies pour être des académies de sciences mais de vertus et l'on n'y fait état des sciences qu'en tant qu'elles peuvent contribuer à la perfection religieuse. Restent à étudier l'Ecriture sainte, les saintes lois, la théologie rationnelle, l'étude des conciles, du droit canonique et du droit civil, l'histoire sacrée et profane. Non seulement comme Rancé y consent pour les supérieurs — et comment n'y consentirait-il pas, lui qui consacre ses heures réservées au travail manuel à écrire ouvrage sur ouvrage ? — mais aussi pour les simples moines. Mabillon défend donc les études à partir d'une certaine idée de la religion chrétienne fondée sur ses origines, les Ecritures, révélation de la parole de Dieu et sur sa durée, la tradition patristique dogmatique, philosophique. En quoi il est plus orthodoxe que Rancé. Devant l'offensive spinoziste et la querelle de l'érudition, Rancé ne propose rien d'autre qu'une politique de la terre brûlée : renoncer à toute étude. Mabillon s'y refuse avec la dernière énergie. Il lui faut donc se prononcer sur les modalités de la lecture de l'Ecriture sainte, ce qu'il fait sans hésiter. Sans doute,

92. *Op. cit.*, p. 80.

reconnaît-il, certains pères comme saint Basile mesurent chichement la lecture de l'*Ancien Testament* et préconisent de lui préférer le *Nouveau*. Mais tel n'est pas l'avis d'autres pères, tels Isidore de Damiette ou saint Benoît. Il n'y a donc pas de règle générale et impérative « pour déterminer celle qui convient à chaque solitaire en particulier. La portée des esprits, les dispositions du cœur, les âges, les circonstances des lieux, des termes et des personnes estant différentes, il faut que la prudence éclairée d'un supérieur ou d'un directeur, règle et prescrive à un chacun celle qui luy peut convenir »[93]. Ce principe étant posé, restent les modalités de la lecture elle-même. Les précautions prises par Mabillon, la liste des introductions et des commentaires dont il assortit la lecture, prouvent que de son point de vue, il n'y a pas de lecture immédiate de l'*Ancien Testament*. Mabillon ne suggère pas moins que de lire en guise d'avant-propos, les quatre livres de la *Doctrina Christiana* de saint Augustin, le plan des pensées de M. Pascal touchant la religion[94], les prolégomènes de Walton qui sont au commencement de la Polyglotte d'Angleterre...[95]. En guise de commentaire, il donne une liste des auteurs qui ont directement critiqué Spinoza : le P. Lamy de l'Oratoire, le P. Vavassor. Les versions et les explications de M. de Sacy sur toute la Bible[96]. Pas un mot de Spinoza, et admirable prudence, mais le principe d'une lecture savante est retenu. Justifier l'étude des textes sacrés, dans les limites de la foi et de l'obéissance, était encore chose aisée. Mais les études profanes ? L'argumentation du moine consiste à prouver qu'elles sont indispensables à la compréhension du sacré. Tel est le cas pour l'histoire. Comment suivre l'histoire de l'Eglise sans connaissances de l'histoire profane ? Et de dresser un catalogue des auteurs du temps qui ont mêlé l'une à l'autre, Thierri Ruinard, Bollandus, l'abbé de Choisy, M. Dupin[97], sans oublier Bossuet[98]. Autrement dit d'établir un véritable programme des études monastiques où figurera l'histoire romaine (Tite-Live, Polybe, Apien,

---

93. Mabillon, *Traité des études monastiques...*, *op. cit.*, p. 147.
94. *Op. cit.*, p. 154.
95. Bibliographie jansénisante et ouverte aux auteurs anglais qui lui sera reprochée.
96. Mabillon, *Traité des études monastiques...*, *op. cit.*, p. 157.
97. *Op. cit.*, p. 229.
98. *Op. cit.*, p. 230.

Tacite, Suétone), l'histoire grecque (Hérodote, Thucidyde). Mabillon
réintroduit de la sorte tous les classiques, puis tous les auteurs auxquels l'Eglise a donné son approbation. Par une gradation insensible
il passe alors aux règles de la méthode historique, puis à la philosophie
au nom du principe *fides quaerens intellectum* (pour défendre la religion
contre les subtilitez et les surprises des sophistes)[99]. Aux belles-lettres :
latin, grec, hébreu : « Cette étude polit l'esprit, fortifie et perfectionne
la raison, forme le bon goût et le jugement. Elle est en quelque façon
nécessaire pour entendre les Pères, et fournit la manière de soutenir les
veritez de la religion contre ses adversaires ce que ne fait pas l'Ecriture
sainte qui n'en donne que la matière. »[100] Le plan de travail proposé
s'ordonne à cette intention, qui étale et distribue très largement les
disciplines : droit canonique et droit civil, théologie, histoire religieuse, histoire sainte, histoire profane, belles-lettres et bien entendu,
sciences auxiliaires de l'histoire, diplomatique, numismatique, paléographie. A cette occasion, Mabillon revient et cette fois davantage,
dans la direction des lecteurs de *La Diplomatique*, sur la connaissance
indispensable des documents. On peut d'ailleurs considérer cette
seconde partie du traité comme une annexe supplémentaire de la
réflexion épistémologique du bénédictin[101], prise dans la querelle de
la diplomatique. La troisième partie plus résumée rappelle l'esprit et
les dispositions morales que les moines doivent apporter à l'étude
lorsqu'ils veulent travailler à leur salut personnel et à la sanctification
de l'Eglise. A partir de là, Mabillon met un genou en terre et proclame
humblement les limites de la critique, sa nécessaire soumission à la
dogmatique et à l'Eglise[102] : « On doit toujours se souvenir que la religion chrétienne n'est pas un art ni une science humaine où soit permis
à chacun de chercher, d'inventer, de retrancher et d'ajouter. Il ne
s'agit que de recueillir et de conserver fidèlement le dépôt de la tradition, qui nous est marquée dans les anciens monumens ecclésiastiques.
C'est à l'Eglise qu'il appartient de décider et à nous de l'écouter, et

99. *Op. cit.*, p. 242.
100. *Op. cit.*, p. 269.
101. Cf. livre II.
102. Mabillon, *Traité des études monastiques...*, *op. cit.*, p. 293.

non pas à nous ériger en censeurs de ses décisions. »[103] L'éthique du bénédictin associe la connaissance de la vérité à l'amour de la justice. Le chapitre lui-même est intitulé : « Les deux fins principales des études monastiques qui sont la connaissance de la vérité, et la charité ou l'amour de la justice. »[104] Mabillon met sur un même plan, la vérité, la charité et la justice. « La fin principale que les solitaires doivent avoir en vue dans leurs études, c'est la connaissance de la vérité et de la charité ou l'amour de la justice, en un mot c'est le règlement de l'esprit et du cœur. »[105] La note finale du traité entonne une apologie de la science : « La connaissance de la vérité qui fait une partie du bonheur de l'homme... Nous trouvons qu'il n'y a rien de plus beau que d'exceller dans quelque science et qu'il n'y a rien au contraire de si misérable ni de si honteux que d'être dans l'ignorance ou dans l'erreur de se méprendre ou de se laisser imposer. »[106] La science elle-même est au service de la charité si la charité a quelque rapport avec l'esprit de justice. « La science, dit Mabillon, est cette machine qui selon saint Augustin doit servir à l'édifice de la charité. »[107]

A résumer de la sorte, non sans sécheresse, le plan de l'ouvrage, on ne peut se défendre du sentiment amer d'être en partie infidèle à Mabillon. Car à le suivre dans sa démonstration, il vient un moment où l'on perçoit nettement qu'il oublie Rancé. Il ne s'égare pas, il s'écarte. Une fois la critique achevée — et c'est chose faite à la fin de la première partie — de ce qu'il peut y avoir d'inconsistant et d'aberrant, sur les deux plans de l'histoire sue et de la raison réfléchie, dans la volonté du trappiste de naufrager les sciences, Mabillon, comme s'il avait quitté les houles démontées de la déréalité, aborde aux rivages fermes d'un continent en voie d'exploration : comment mener et ordonner les études, sa seule inquiétude et son souci préféré. Il retrouve alors les problèmes méthodologiques des études savantes et la nécessité de nourrir les valeurs qui les orientent et les supportent : vérité, charité, justice.

103. *Op. cit.*, p. 294.
104. *Op. cit.*, p. 384.
105. Mabillon, *Traité des études monastiques...*, *op. cit.*, p. 384.
106. *Op. cit.*, p. 388.
107. *Op. cit.*, p. 386.

C'est peut-être ici que l'abîme qui borde et sépare Mabillon de Rancé apparaît le plus nettement. Extérieur, il longe une attitude divergente devant la catastrophe prodiguée par un passé lointain ou prochain. La méthode savante que Mabillon met en œuvre pour sortir d'une tourmente qui, au temps de la controverse historique de la religion n'est pas sans affecter la maison de Dieu, est archéologique. Il ausculte les ruines, les recense, les déblaye et surtout continue l'évacuation. Il faut extirper « les saints douteux » pour mieux porter en majesté les incontestables. Si l'on veut rebâtir à nouveau, il est nécessaire de détruire de fond en comble. Aucun édifice ne tient sur des parois à demi écroulées, sur des fondements lézardés ou des assises fissurées. Déblayer, déblayer les voies sur tous les encombrements qui perdurent, les moignons qui pourrissent, s'acharner à son tour sur ce que l'ennemi a commencé d'abattre. Telle est sa méthode : elle met à distance le passé pour le reprendre et se le réapproprier. Dans la trace, le sédiment, le souvenir, elle ne magnifie pas la ruine ou le temps écoulé et destructeur, elle ne recherche que l'authenticité, elle n'établit que des terrassements. L'archéologie des études monastiques est un comportement savant vis-à-vis du cataclysme, une réappropriation érudite quoique tâtonnante de l'objet perdu, un retour objectal vers le corps morcelé.

Tous les arguments avaient été échangés, toutes les balles jouées. Les prolongements de la querelle qui rebondit en 1692 avec la *Réponse au Traité des études monastiques* rédigée par Rancé[108], puis en 1693 avec *Les réflexions sur la réponse de M. l'abbé de la Trappe au Traité des études* de Mabillon[109] n'apportent pas sur le fond d'éléments absolument neufs[110]. Ils ne sont pas dénués d'intérêt en ce qui concerne les méthodes et les mœurs de la querelle. L'abbé ne joue pas à la loyale. L'espionnage et la délation, l'intimidation et le chantage sont loin de l'effrayer. La querelle avec Mabillon éclaire la nature des méthodes utilisées par l'abbé et jette un jour neuf sur sa psychologie. Ce n'est pas seulement

108. Cf. le calendrier de la querelle en annexe.
109. *Ibid.*
110. Pour en suivre le détail, se reporter à Henri Leclercq, *Dom Mabillon, op. cit.*, p. 525 et sq.

qu'il se conduit à l'inverse des règles préconisées par autrui : il demande l'interdiction de l'écriture pour se livrer à l'oraison et il se consacre à la publication d'ouvrages à succès, il réclame le silence et il fait un tintamare incroyable, il proclame la solitude et il organise la conspiration. C'est surtout que Rancé ne supporte pas le débat, la réplique, la riposte, que ce qu'il veut rétablir, c'est d'emblée le pur rapport de forces selon l'insatiable infatuation de celui à qui l'on a immémoriablement répété qu'il est le meilleur et qui découvre surpris puis étonné que le superlatif est un leurre et qu'il n'y a que des comparatifs. Telle est la réaction de l'abbé sûr de lui-même, convaincu de son excellence, à devoir lutter avec le compétitif Mabillon[111]. Mais c'est aussi que, maître de l'intrigue, Rancé croit connaître et dominer la situation, mesure son savoir à l'aune de l'instant qui passe, et apprécie le pouvoir de son parti en raison du rang de ses partisans. De leur côté, les bénédictins aux aguets consignent tout. Des cabales au sein de la sourde lutte d'influence qui mobilise les congrégations, l'administration et la cour, les Papiers Mabillon gardent un précieux témoignage[112]. Michel Germain a rédigé un historique de la querelle qui témoigne de l'attention aiguë des moines[113]. On y apprend que Rancé a tenté de soudoyer l'imprimeur de Mabillon pour avoir une communication anticipée du *Traité des études monastiques* et que faute de réussir, il utilise l'abbé Nicaise et le curé de Saint-Jacques-du-Haut-Pas, ses partisans à la ville pour exercer des pressions[114]. On voit les camps se

111. La réaction de Rancé semble déteindre dans un premier temps sur Chateaubriand qui présente ainsi la réaction de Mabillon : « Le livre de sainteté et des devoirs de la vie monastique était déjà dans sa huitième édition, lorsque enfin, dans l'ombre des cloîtres, on entendit un bruit de papier et de poussière : c'était Mabillon qui s'élevait. Il n'avait pas blanchi sur ses in-folio ; il ne regardait pas autour de lui les parchemins moisis des premiers jours de la monarchie pour s'entendre dire qu'il avait perdu son âme et son temps à l'étude des choses passées »... (*Vie de Rancé, op. cit.*, p. 547). Un peu plus loin Chateaubriand nuance ce point de vue : « Il n'y a aucune éloquence dans le *Traité des études monastiques* opposé aux sentiments de Rancé, mais une raison supérieure, une mansuétude touchante, je ne sais quoi qui gagne le cœur » *(op. cit., ibid.).*
112. BN, *Manuscrits français,* Papiers Mabillon, 17700.
113. *Ibid.*
114. « Au moment que l'abbé de la Trappe entendit parler du livre de Dom J. Mabillon sur les études monastiques, ses émissaires firent de grandes diligences

dessiner nettement. Mabillon n'est pas isolé. Avec lui, les clercs et les savants Huet, l'évêque d'Avranches qui lui écrit son appui[115], Arnauld et Nicole, l'abbé Renaudot, Leibnitz qui observe : « L'abbé de la Trappe dont la doctrine et la piété sont célèbres a entrepris de défendre un étrange paradoxe dans un livre contre Mabillon. Il soutient qu'il convient que les moines soient ignorans et ne s'adonnent pas à la culture des sciences qui ne font que les distraire du soin de leur salut et des exercices de piété. Cet avis plaira aux paresseux... Il n'est pas douteux en effet que sous couleur de dévotion, on ne cherche souvent à excuser... l'oisiveté. »[116] Tous les ordres mis en cause, et notamment chartreux et bénédictins soutiennent tacitement ou activement Mabillon. Bientôt des appuis plus puissants, Pussort, l'oncle de Colbert et le chancelier vont se déclarer pour le mauriste et affaiblir la position de Rancé au départ, très forte. L'abbé de la Trappe ne craint pas d'utiliser le duc de Saint-Simon à Versailles et l'abbé Nicaise à Paris, ni de faire peser des menaces. L'un des enjeux de la querelle étant l'afflux ou la désertion des vocations dans les abbayes prises à partie, lorsque sept célestins quittent leur maison pour se rendre à la Trappe. Rancé, devant la réaction indignée du supérieur n'hésite pas à lui adresser l'avertissement suivant : « Si vous nous contraignez malgré nous à justifier la conduite de vos frères et la nôtre, *on dira* des choses que j'ai vues avec douleur et qui feront connaître *à tout le monde* l'obligation dans laquelle ils ont été de vous quitter et nous de les recevoir. »[117] C'est que la Trappe a pour elle le soutien actif de partis très puissants à la cour. Rancé va mettre en avant les grands et notamment, ce n'est

pour en avoir adroitement communication mais Robustel qui l'imprimait ayant été inflexible... l'abbé prit le parti de le réfuter pour peu qu'il s'éloignoit de son sentiment », Papiers Mabillon, 17700.

115. Cf. *Histoire de la contestation sur les études monastiques* par Vincent Thuillier, *Œuvres posthumes de Mabillon*, Paris, 1924.

116. Leibniz, Lettre à Magliabecchi, cité par E. de Broglie, *op. cit.*, t. 2, p. 135.

117. Cité par H. Brémond, *op. cit.*, p. 118. Les menaces de Rancé n'étaient pas vaines même s'il n'était toujours en son pouvoir de les faire appliquer à son gré. Ainsi Denys de Sainte-Marthe, auteur d'un libelle contre lui, est bel et bien à son instigation déposé de sa fonction de prieur mais c'est pour mieux avancer M. l'abbé puisqu'on le fait venir dans le saint des saints, dans le cœur du Chœur, en l'installant à la Bibliothèque de Saint-Germain-des-Prés.

pas le moindre de ses protecteurs, la très influente duchesse de Guise. « Il faut pourtant dire encore, écrit Michel Germain, que cette Mme de Guise informée du dessein que l'on avait de ne point souffrir les outrages de l'abbé sans nous justifier, fit connaître aux Pères que l'abbé ne demeureroit pas là et diroit des choses qui ne plairoient pas. Lorsque cette illustre Princesse vit qu'on ne s'ébranloit pas de ses menaces et qu'on se préparoit pour de bon à répondre, elle fit venir quelques-uns de nos supérieurs et même M. J. M. et elle n'oublia rien pour le porter à un accommodement qui ne tendit qu'à rompre le col à notre réponse. »[118] De cette adversaire qui mettait les bénédictins dans un grand embarras, Saint-Simon a laissé le portrait. Née Mlle d'Alençon, fille de Monsieur, frère de Louis XIII et de Madame, sa deuxième épouse Margueritte de Lorraine, la duchesse de Guise était la demi-sœur de la Grande Mademoiselle qui ne s'entendit jamais avec elle. Bossue, contrefaite à l'excès, elle avait, dit le mémorialiste, préféré épouser le dernier duc de Guise plutôt que de ne se point marier[119] sans renoncer pour autant à la supériorité de son rang sur celui de son mari. « Tous les respects dus à une fille de France furent conservés. M. de Guise n'eut qu'un ployant devant sa femme. Tous les soirs à dîner, il lui donnoit la serviette et, quand elle étoit dans son fauteuil et qu'elle avoit déployé sa serviette, M. de Guise debout, elle ordonnoit qu'on lui apportât un couvert, qui étoit toujours prêt en buffet : ce couvert se mettoit en retour en bout de la table, puis elle disoit à M. de Guise de s'y mettre et il s'y mettoit. Tout le reste étoit observé avec la même exactitude et elle recommençoit tous les jours, sans que le rang de la femme baissât en rien, ni que, par ce grand mariage, celui de M. de Guise augmente de quoi que ce soit. »[120] « Elle était fort sur son rang », conclut le duc de ce portrait. Très affligée après la mort de son seul fils âgé de vingt ans, occupée en prières et en bonnes œuvres, Mme de Guise partageait sa vie entre la cour et la campagne. En tant que cousine germaine de Louis XIV avec lequel elle entretenait d'excellents rapports, elle passait six mois l'hiver à la cour « soupant

118. *BN, Manuscrits français*, Papiers Mabillon, 17700, fol. 2.
119. Saint-Simon, *Mémoires*, Paris, Ed. A. de Boislisle, 1801, t. 3, p. 59.
120. Saint-Simon, *Mémoires, op. cit.*, p. 60.

tous les jours au grand couvent mais passant les Marlys à Paris »
(Saint-Simon *dixit*)[121]. Excessivement riche et seule héritière du Palais
du Luxembourg, après l'avoir longtemps partagé avec la Grande
Mademoiselle, elle finira par le céder à son royal cousin, en 1696,
moyennant une pension viagère de 50 000 livres et des legs pieux. La
belle saison en villégiature à Alençon, elle régentait l'intendant « comme
un petit compagnon »[122] et l'évêque diocésain qu'elle traitait à peu près
de même, le tenant debout pendant des heures sans lui permettre de
s'asseoir. Alençon étant proche de la Trappe, elle s'y arrêta, prit l'habitude d'y faire retraite fréquemment et Rancé devint son directeur de
conscience. Lorsque s'engage la querelle des études, la pénitente de
Rancé prend, avec toute l'énergie et la hauteur dont elle est capable,
le parti de son abbé et tâche d'empêcher quelques misérables bénédictins de troubler les hautes vues et d'abaisser l'admirable élan de piété
du solitaire de la Trappe. Comme la tactique de Rancé est de ne permettre à aucune riposte d'être rendue publique, la duchesse de Guise
use de sa puissante autorité pour empêcher Mabillon de publier ses
réflexions sur le traité de son adversaire. Elle ne parvient pas cependant à fléchir notre bénédictin. C'est que les plateaux de la balance
étant ainsi déséquilibrés, le fléau, sous une impulsion plus forte encore,
changea le sens de leur inclination. L'impulsion vint de Louis XIV.
Comme le raconte Michel Germain, l'affaire, grâce à Pussort, arriva
jusqu'au roi : « Des personnes de mérite se sont déclarées pour nous et
ont blasmé les excès de nos adversaires. Personne ne le fit avec plus
d'éclat que M. Pussort, conseiller d'Estat qui dit au Roy qu'il ne pouvoit souffrir le vif de l'abbé qui avoit jeté des pierres à Dom J. Mabillon
dont il n'avoit reçu que des roses. Sa Majesté dit à ce sujet que nostre
père passoit dans son esprit pour le plus savant et le plus humble religieux de son royaume. »[123] Le roi avait ainsi tranché car ses paroles,
ayant été prononcées en présence du chancelier, le sort en était jeté.
Désormais favorable au bénédictin, le chancelier fait passer l'impression de son ouvrage au censeur. Ce dernier qui reçut le dernier écrit de

---

121. Saint-Simon, *op. cit.*, p. 62.
122. *Ibid.*
123. BN, *Manuscrits français*, Papiers Mabillon, 17700, fol. 2.

Mabillon contre l'abbé et dont dépendait la vie ou la mort des ouvrages, M. Pirot, décida, malgré les pressions qu'il subissait, la juste cause de notre bénédictin en donnant son *imprimatur* et en accélérant le mouvement. « Il est à croire, rapporte en effet Michel Germain, que M. de Meaux fit des instances contre le sentiment de M. Pirot car lorsque nous revismes le docteur, il nous pressa par trois fois de diligenter le plus que faire se pourroit l'impression de peur de quelque intrigue du costé de la cour. » Les réflexions de Mabillon paraissent alors avec un privilège du chancelier.

Ainsi s'achemine-t-on vers la fin de l'échange entre les deux clercs. Il n'est peut-être pas négligeable que le dernier mouvement porte sur la lecture des livres saints et... l'inculture de Rancé. Dans sa *Réponse au Traité des études monastiques*, l'abbé affirme : « Il faut demeurer d'accord que la plus grande partie du désert s'est sanctifiée par la seule lecture du *Nouveau Testament*. »[124] Déclaration non platonique on l'a vu puisque, dans le même temps, il interdit aux religieuses des Clairets dont il est le supérieur, de s'adonner à la lecture de l'*Ancien Testament*. Cette prise de position scandalise Mabillon qui réagit vertement : « Ce que M. l'abbé dit aussi de la lecture de l'*Ancien Testament* ne m'a point paru supportable. »[125] L'Ecriture, explique-t-il, est à elle seule un foyer de connaissance qui appelle la méditation et l'interprétation. Rancé propose d'en réserver la lecture aux communautés qui ne sont pas abîmées par les études. Proposition absurde, estime Mabillon « ne la permettre qu'à celles dans lesquelles la science ne s'est pas introduite, c'est dire en un mot qu'il ne faudra l'accorder qu'à ceux qui à peine pourront comprendre ce qu'ils lisent ! »[126]. L'argument fondamental du mauriste est que « Jésus-Christ a dit aux Juifs et nous a dit en personne d'examiner soigneusement les écritures pour l'y trouver »[127]. Ce qui s'impose dans la dernière réponse de Mabillon, c'est l'excès contenu et maîtrisé de l'agacement que lui inspire l'ignorance de l'abbé. Comme ce dernier lui a chipoté le sens d'une citation, Mabillon consacre

124. Rancé, *Réponse au Traité des études monastiques, op. cit.*, p. 236.
125. Mabillon, *Réflexions, op. cit.*, p. 399.
126. Mabillon, *op. cit.*, p. 45.
127. *Ibid.*

quatre pages à démontrer qu'il lui a été fidèle sur le fond comme sur la forme. Davantage, Mabillon surprend Rancé en flagrant délit de cuistrerie doublé d'un flagrant délit d'ignorance. Pour trouver une justification à l'envoi du jeune prince moine Othon à l'université, Rancé avait invoqué la pression de la Maison d'Autriche. D'une parenthèse et d'une exclamation, Mabillon exécute son contradicteur (« En ce temps-là, la Maison d'Autriche ! »)[128]. Distance souveraine avec un interlocuteur pour lequel le bénédictin n'a pas le loisir de refaire une science défaillante. L'intrigue sépare mais le travail réconcilie. En dehors du pur et du simple rapport de forces : la cour des princes derrière Rancé, le parti des légistes et des clercs avec Mabillon, ne faut-il pas imaginer un instant où le seigneur trappiste fut réellement non point vaincu, mais neutralisé par le bénédictin. Le temps que le premier dépensait en manigances, conciliabules, campagnes et cabales, le cœur fléchi de coups portés et reçus, le second le donnait à l'étude, le cœur baigné d'attention dispose et d'intérêts apaisés. Ce qu'il faut de sérénité pour passer douze ou quinze heures du jour à apprendre, à comprendre ; ce qu'il faut d'anxiété dans la rage de soumettre, de convaincre, de conduire les autres à l'anachorèse. Ce qu'il faut d'équanimité pour retenir patiemment, interminablement les signes qui distinguent la vérité d'un diplôme de sa fausseté. Ce qu'il faut d'exaspération pour se battre encore et encore avec impatience et violence. Rester des heures à sa chaise pour accroître sa puissance de juger, passer des journées à capter l'opinion pour accroître son pouvoir de dominer. Il faut imaginer Mabillon frais et Rancé fatigué.

Tout finit alors non par des chansons, mais par une entrevue ménagée à l'initiative de Mme de Guise entre l'abbé de la Trappe et le chef de file des études bénédictines. Visite que Mabillon lui-même a rapportée[129]. Le mauriste se rend à l'abbaye du Perche et s'entretient avec son abbé. « Tout se passa avec toute la modération et la cordialité possible. »[130] On l'engage à rester trois jours et il hâte son départ le soir même. Chacun paraît content. La duchesse de Guise, d'avoir mis

128. Mabillon, *Réponse au Traité des études monastiques, op. cit.*, p. 301.
129. Mabillon, *Œuvres posthumes, op. cit.*, t. 1, p. 322.
130. *Ibid.*

le point sur le *i* à la réconciliation des religieux, Rancé d'avoir été visité, Mabillon d'avoir obtenu un non-lieu dans la condamnation des études et Rancé renonce à imprimer une énième réponse à Mabillon.

Mabillon a-t-il gagné ? Il est difficile de répondre à cette question. Pour l'instant oui, il a gagné. Une conjoncture favorable, la dernière peut-être du temps de l'érudition a permis de conjuguer les efforts des savants laïques, des religieux érudits, des doctes européens avec les orientations de l'administration de la monarchie pour imposer silence au clerc seigneur devant le clerc paysan. Seulement pour un temps. Les lenteurs et les atermoiements de la réaction bénédictine ont peut-être aussi leur cause dans l'attentisme et la réaction très réservée qui fut celle de Rome à l'égard de l'érudition. Si les cardinaux Casanate, Colloredo, Mgr Aguirre, habituels protecteurs de notre mauriste, applaudissent sans réserve à sa démonstration, Rome se montre nettement plus froide. Loin d'encourager le P. Ceppi, un religieux augustin dans son projet de traduire en italien le *Traité des études monastiques*, le maire du Sacré-Palais multiplie les objections. Inquiet des recommandations faites par Mabillon concernant la lecture d'ouvrages considérés comme hérétiques, il stigmatise telle chronologie d'origine anglicane, s'alarme de l'éloge de Théodoret ou de la dépréciation d'Annius de Viterbe, bref reste sur la défensive. L'*imprimatur* finalement arrachée par le P. Ceppi est accompagnée d'une censure des passages incriminés[131]. C'est que le malaise à l'égard des doctes et des études savantes qu'a déclenché la querelle du spinozisme est maintenant durablement installé à Rome.

Succès éphémère. Au-delà de la victoire à la Pyrrhus de son adversaire, c'est Rancé qui va l'emporter. Par le poids des choses : en 1695, deux années après la fin de la querelle des études en France, le Saint-Siège condamne les bollandistes, mettant ainsi fin à la grande érudition religieuse. Ce n'est pas de sitôt que l'on reverra dans l'Eglise romaine, des savants de la trempe de Montfaucon et de Mabillon. Rancé reste tandis que Mabillon s'estompe. Malgré son caractère fantasmatique, irréel, cauchemardesque, la rêverie rancéienne se solidifie; malgré sa

---

131. Mabillon, *Œuvres posthumes, op. cit.*, t. 1, p. 367-368.

fin sinistre rongée par les intrigues dont le Tartuffe qu'il a pris comme
secrétaire empoisonne son entourage, Rancé grandit. Par la gloire des
hommes : le renom des morts-vivants qui affluent à la Trappe en
renvoie au loin l'écho. Rois et princes détrônés, libertins désabusés,
coquettes désillusionnées : Jacques II d'Angleterre, la princesse Pala-
tine, le maréchal de Bellefonds, le cardinal de Bouillon, Monsieur
frère du roi qui dit à Louis XIV que « la vie qu'on mène dans cette
solitude n'édifie pas seulement toute l'Europe mais qu'elle est avan-
tageuse à l'Etat ». Rancé s'éternise : « Ce que l'on serait souvent tenté
de prendre dans Rancé pour les allures et les pensées d'un tout jeune
homme n'était que le sentiment d'un vieillard décrépit qui ne marchait
plus et dont la tête était enfoncée dans un froc comme une de ces
momies de moines que renferment les caveaux de quelques anciens
monastères. Les os de Rancé s'étaient cariés. »[132] La vision préhugo-
lienne de l'auteur des *Mémoires d'outre-tombe* exalte et stigmatise l'incarnation de l'après-vie d'une vieillesse qui projette son amenuisement
aigre et son obscure nécrose sur l'ensemble de l'existence. Rancé ou un
certain usage du temps : « Trente sept années dans la solitude pour
expier les trente-sept qu'il avait passées dans le Monde. »[133] Le temps
qui dure s'enroule en lui et ne se déploie pas. Quelque chose d'antique,
de tardif. L'âme close sur la catastrophe, le corps catatonique, le parvis
déserté qu'on voit dans l'*Allegoria sacra* de Giovanni Bellini. Pour les
Anciens, le temps n'était fécond que dans la dégradation : le temps cos-
mique était soumis au cycle, à l'éternel retour, à la différence du temps
humain qui était destruction. Le temps du repli, le temps du retour,
simple équivalence entre le siècle et la règle ? Ou la vie de Rancé ne
serait-ce pas plutôt cette anacoluthe, à la fois brisure de construction
et envol d'un sens nouveau qu'a décrypté Roland Barthes[134] ? L'inver-

132. Chateaubriand, *op. cit.*, p. 170.
133. Chateaubriand, *op. cit.*, p. 103.
134. Ne serait-ce pas cette formalisation rigoureuse d'un destin « qui parlerait au
moyen de tropes », cette opposition vigoureuse, cette antithèse entre deux vies, généra-
trice de métaphores, parce que loin de rapprocher les objets séparates d'un monde vécu,
elle fabriquerait un arrière-monde de la méditation et du ressassement, « dans une galaxie
infiniment éloignée de l'espace-temps où les choses n'étaient pas encore classées et sans
leur donner la chance de trouver un autre ordre que celui de leur dépréciation » ? Roland
Barthes, Introduction à la *Vie de Rancé, op. cit.*

sion accomplie par Rancé relèverait-elle de la rhétorique de l'écriture, chercherait-il à retrouver les fruits de l'existence derrière l'écorce des mots gratuits, la forêt d'impressions derrière l'arbre du récit, le rêve derrière la règle. Rancé écrivain ? N'y a-t-il pas dans le type de vie écrivante qui fut celle de Rancé, de posture et de rapport entre la vie et l'écriture, une manière qui anticipe, précède et fonde le sacre de l'écrivain ? Tirée par les mots, l'ombre de Rancé s'élargit encore. Rancé le gentilhomme, Rancé le courtisan, Rancé le misanthrope, Rancé le converti... et enfin, *Rancé l'écrivain français.*

Dans la chute continuelle d'une vie « pleine de brisure et de ressac », Barthes a voulu voir un emblème de l'acte littéraire par excellence, passé tout entier « du côté du temps pur » dans la région de profond silence, nourri par une substance propre qui n'est pas science mais réminiscence, qui n'est pas étude mais anamnèse, contemplation d'un monde promis à la destruction et à la perdition dans un temps enfin induré et perpétué parce que recherché. S'il dit vrai, son analyse signifie alors que le sacre de l'écrivain débute chez nous (ce fut le cas d'Aragon et rappelons que Rancé a sacrifié ou voulu sacrifier jusqu'à son écriture) par un manuscrit brûlé qui est le symbole d'une vie incendiée. Son interprétation suggère que la littérature est logée dans l'après-temps d'une subjectivité défaite, coupée de la connaissance et éloignée du savoir, installée dans un caveau où la mémoire dégourdit l'existence dévastée. Pourquoi Aragon après Chateaubriand, reconduit à lui sinon par un certain rapport de la langue et de la vie, de l'écriture et de la société, de la narration et de la mémoire, que Rancé instaure souverainement ? Ce rapport qui est celui de l'ermitage sacré, de la retraite glorieuse, de l'absorption en soi et de la misanthropie confessée que brandira bientôt Jean-Jacques. Dès lors, morose et abrité, orgueilleux ou humble, exalté ou haï, exultant ou anémié, le moi est au cœur du dispositif français de la littérature, de cette littérature dont Michel Foucault dira qu'elle est toujours « perpétuel retour sur soi comme si son discours ne pouvait avoir pris contenu que de dire sa propre forme ». Disjonction, rupture, décollement et séparation des mondes. « Il est temps de nous desnouer d'avec la société puisque nous n'y pouvons rien apporter. »

L'absorption en soi suppose la formation d'un ego non seulement coupé des autres parce que rebelle, hérissé comme une peau à vif, souffrant comme une chair d'écorché, une âme ensanglantée, mais aussi exilée, engloutie dans la contemplation amère d'un corps où se découvre abruptement la peau d'une main frippée. Rancé n'étudie pas dans la clôture conventuelle ou dans l'atelier des congrégations, il n'est pas non plus comme Corneille, Racine ou Molière malgré qu'ils en aient, écrivain de cour, il est déjà un échappé de la cour, un contestataire, un fuyard qui clame de haut son exil, un malade de la maladie, un héros de la littérature contemporaine. La découverte qui, au-delà de l'injonction de son confesseur, conduit Chateaubriand aux portes de la mort, à refaire le parcours accompli par l'illustre abbé, n'est-ce pas celle du style commun de l'assomption d'une arrière-vie, de la mise à distance de la société, de l'éloignement forcé ? La figure de l'écriture que Rancé fait advenir n'est-elle pas celle de *l'éloquence de la vie maudite* ? L'éloquence contre l'érudition mais une éloquence bordée d'abîmes et travaillée de silence, emplie de cavernes et soulevée d'anfractuosités et qui, au vertige du vide, mesure sa légitimité. En épure, Rancé dessine un espace littéraire qui fermera un jour la *Recherche du temps perdu*, un espace où le droit de reprise de l'écrivain sur le temps s'accompagne d'un consentement à la demi-mort et où l'autorisation d'écrire s'associe à la haine du monde, parce que la littérature est tout à la fois, médication somnolente des maladies du moi et splendide empoisonnement. Chateaubriand, Sainte-Beuve, Aragon, Barthes, cela fait beaucoup de monde derrière Rancé. Beaucoup de beau monde afin que s'élève en solo l'entêtante psalmodie de l'abbé : « Je ne suis plus que le temps, le temps du temps qui dure », beaucoup d'écrivains pour une littérature qui témoigne de l'acceptation de la catastrophe. C'est Mabillon qui va gagner ce coup-ci, mais l'avenir est à Rancé, à sa clameur qui monte dans un désert sis aux portes de la capitale, à sa thébaïde encombrée, à sa maison de campagne fréquentée, à sa retraite assiégée. Cultivons notre jardin. Rancé ou la société impossible. L'énigme de la vie de Rancé et surtout le mystère de sa postérité — pourquoi Rancé reste-t-il tandis que Mabillon s'efface ? — touche peut-être à l'essence de l'écrivain français, à sa retraite, à son obsession de la distance, à l'aveu rageur de son impuissance crispée devant l'éternelle défaite de la classe moyenne.

Mais pour l'instant, Mabillon a gagné. L'instant où retentit la voix flûtée qu'on n'entendra plus et qui dit : « Le pays des lettres est un pays de liberté où tout le monde veut avoir droit de bourgeoisie. » Oui, écoutons cette voix. C'est un moine qui a parlé et c'est d'un clerc que vient ce trait de lumière qui dérange toute idée reçue sur l'obscurité portée par l'Eglise de France. La leçon de la querelle entre Mabillon et Rancé c'est peut-être d'abord que l'Eglise gallicane a mis en face l'un de l'autre ces deux prêtres : Dom Jean Mabillon, moine de la Congrégation de Saint-Maur, et Armand Jean Bouthillier de Rancé, abbé de la Trappe. Le plus humble d'entre les humbles et le plus orgueilleux de tous les orgueilleux. Celui qui était né sans que rien ne lui fût donné et celui qui avait mis les pieds sur terre et tout lui était acquis. Celui qui avait la science avec lui, celui qui avait l'opinion pour lui. Celui qui était le mérite et celui qui était la naissance. Celui qui, dans son dénuement originel cherchait la lumière de l'esprit et celui qui, dans sa splendeur originaire, voulait l'anéantissement du savoir. Celui qui rêvait de se perfectionner et celui qui imaginait de se distinguer. La leçon de la querelle, c'est que l'Eglise de France en cet instant a donné au fils de paysan le pas sur le neveu du surintendant.

L'éloge et l'exil

Et tunc demum ad maiora quae supra commemo-
ravimus doctrinae virtutumque culmina... pervenies

Règle de Saint-Benoît, chap. 73.

Mabillon a-t-il gagné ? Presque. Au bout du jour, au bord de la restriction, on ovationnait sa performance. Il était devenu un homme pour
l'éloge, un homme pour la célébration et pour la consécration ; il était
devenu lui aussi « un homme aux yeux calmes qui... emprunte les
chemins de la terre frauduleuse au bord immobile du cil ». Apparemment, ce n'était qu'un concert de louanges : « Pendant le séjour de
Mabillon à Rome, la Congrégation de l'index le consulta sur quelques
écrits d'Isaac Vossius. Le P. Mabillon déclara son sentiment en présence
du cardinal maître du sacré palais avec une sagesse et une modestie
qui le firent admirer de toutes ces éminences », écrit Dom Tassin
qui ajoute : « La Congrégation de l'index s'en tint à son avis. »[1] Chez
le pape, comme chez le roi, Mabillon était en odeur de considération.
Pourtant ce temps d'éloge est déjà pour lui un temps d'exil, « de porte
ouverte sur les sables... en ces lieux vains et fades où gît le goût de la
grandeur ». En 1695, il reste douze années à vivre au moine. Les grands
personnages se le disputent qui se bousculeront le jour de sa mort en
l'église Saint-Germain-des-Prés mais les temps se dérobent à son
emprise. Contre Rancé, soutenu par le dernier sursaut de la Monarchie,
Mabillon a gagné *in extremis*. Les orages qui secouent le parti des études
sont maintenant beaucoup plus sérieux. Si Mabillon avait pu mépriser
les assertions du P. Hardoin qui, en 1693, dans ses *Chronologiae ex*

1. Dom Tassin, *Histoire de la Congrégation de Saint-Maur, op. cit.*, p. 210.

nummis antiquis avait déclaré que la majeure partie des chartes était fausse, il ne pouvait esquiver la réponse à sa *Diplomatique* élaborée au collège Louis-le-Grand par le P. Germon qui parut en 1703[2] pour discuter le bien-fondé de ses critères diplomatiques et il dut préparer une réponse : ce fut l'occasion d'un supplément à *La Diplomatique* en 1704[3] où il complétait sa doctrine en ajoutant de nouvelles observations, en publiant de nouveaux documents et en appliquant sa méthode à l'aide des diplômes de la chronologie des rois de France de la première race. Mabillon préparera également une nouvelle édition du *Traité de diplomatique* qu'il corrigera et augmentera mais que la mort ne lui laissera pas le temps de publier[4]. Plus grave était à l'extérieur de la maison de prière, l'assaut lancé par les modernes contre l'érudition. Dans les années 1680, les publications de Pierre Bayle, de Fontenelle, de Charles Perrault, dont les thèmes sont recueillis et orchestrés avec une *maestria* éblouissante par Fénelon dans la *Lettre à l'Académie* (1714), sonnent le glas du prestige de l'érudition dans l'opinion publique[5]. Les temps se dérobaient. Il n'avait pas suffi que le Carmel obtînt en 1695 au sein même de l'Eglise une condamnation contre les études bollandistes pour que la cause de l'histoire savante fût perdue et que l'érudition fût reléguée. Il fallait aussi, mais ce moment arrivait, que les antiquités fussent ridiculisées dans la société et que les antiquaires fussent devenus un sujet de commisération. En tout lieu on ironisa sur « les livres lus, les songes clos » de « ceux qui prenaient souci des accidents de phonétique, de l'altération des signes et des grandes érosions du langage, de ceux qui s'occupaient de sémantique » et de diplomatique. La tristesse comme une grille se referme sur la fin de la vie de Mabillon parce que l'auteur de *La Diplomatique* a cessé d'être de son époque. Il a eu son midi où son plus grand éclat coïncidait avec le point d'équilibre du jour mais ce moment est passé. Il a eu sa gaieté et un irrésis-

---

2. P. Germon, *De veteribus regum francorum diplomatibus... ad* R.P. J. *Mabillonium disceptatio*, Paris, 1703.
3. Mabillon, *Librorum de re diplomatica supplementum in quo regulae de novo confirmantur, novisque speciminibus et argumentis assermuntur*, Paris, 1704.
4. C'est Thierri Ruinard qui en assurera la publication en 1709.
5. Cf. *La défaite de l'érudition*, livre II.

tible élan, un *impetus* venu de l'histoire antérieure de la Congrégation de Saint-Maur. Au-delà de sa performance personnelle et des épreuves singulières qu'il a remplies avec succès, Mabillon entraîné par ses mentors comme Luc d'Achery était celui à qui avait été confiée la réalisation du programme conçu dans les années 1640 par Richelieu et Grégoire Tarrisse. Or c'est ce programme qui s'achève dans les années 1690, c'est une époque de la Monarchie qui se referme. C'est pourquoi le temps des éloges et de la considération est aussi pour Mabillon un temps de l'exil et de la dissidence.

D'abord de dissidence personnelle. On en trouve le témoignage dans un livre inséré à titre posthume en 1724 par Dom Vincent Thuillier intitulé *Réflexion sur les ordres religieux*[6], ouvrage dont n'avait pas parlé Thierri Ruinard. Les *Réflexions sur les prisons* ont été inspirées à Mabillon par le drame survenu à un jeune moine de ses amis, le frère Denis Marquette de son nom patronymique, emprisonné l'année 1690 pour une faute grave dont nous ne connaissons pas la nature et dont nous ignorons si elle a la moindre parenté avec la passion qui avait saisi quelque trente ans plus tôt le jeune moine de Nogent... Par la correspondance de Mabillon[7] nous savons que le jeune homme, ami de François Lami et de Mabillon, s'était enfui du monastère, délit très grave à l'époque et durement puni par les lois canoniques et le code monastique. Mabillon s'entremit pour que le frère Denis ne fût que légèrement condamné et le fit placer à Saint-Médard de Soissons. Pendant qu'il allait embrasser son père à Saint-Pierremont, il traversa rapidement Soissons et repassa par là pour ramener son compagnon à Paris[8]. Mais en 1691, le jeune moine s'enfuit une seconde fois. Certains prirent la chose à la légère et chansonnèrent l'épisode : « Frère Denis de la campagne a donc pris la clef des champs. »[9] L'affaire était pourtant gravissime : le fugitif repris était envoyé en détention au Mont-Saint-Michel, condamné à

6. Mabillon, *Ouvrages posthumes de Dom Jean Mabillon et de Dom Thierri Ruinard*, Paris, 1724, t. 2.
7. Con. n° 842 et 830 dans Henri Leclercq, *op. cit.*, t. 2.
8. Cf. H. Leclercq, *op. cit.*, t. 2, p. 582.
9. *Ibid.*, p. 503.

quinze ans de cachot et à cinq ans de prison dans le monastère. Mabillon se multiplia en recommandations pour adoucir la condition de son jeune protégé. En correspondance avec l'érudit, le jeune homme lui donnait des détails navrants sur les conditions de sa détention. Il était isolé, les fers aux pieds, dans une cellule où « les murs suintaient l'humidité, les cloisons étaient gluantes de crasse, l'aération insuffisante, le chauffage inexistant, l'éclairage malodorant, presque partout des émanations fétides et la quasi-privation d'eau »[10]. Le Mont-Saint-Michel n'était pas seulement cette forteresse laquée sur les sables et l'eau, cette arche de pierre de la mer et du ciel, cet autel de messe pour les noces de lumière, c'était aussi et tout simplement une sordide prison. Mabillon s'interposa auprès du cardinal Colloredo et demanda la grâce du prisonnier sans toutefois l'obtenir. Il est possible, comme le signale Dom Leclercq, que l'intervention de Mabillon auprès du cardinal ait été interceptée par le Chapitre[11]. Le jeune homme incorrigible réussit à s'évader de la Bastille des mers une dernière fois en 1693, pendant que Mabillon soulagé composait son mémoire. Vingt-quatre ans après la grande ordonnance de procédure criminelle de 1670, le moine réfléchit à son tour au système pénal imposé aux pénitents ecclésiastiques. Et sa réflexion prend l'allure d'un réquisitoire. « Il est nécessaire, écrit-il, que l'on punisse les crimes. La justice, le bon ordre et l'exemple le demandent. »[12] Mais, ajoute-t-il : « Dans la justice ecclésiastique on a égard sur toutes choses au salut des âmes. »[13] Mabillon tente de faire prévaloir le point de vue de l'esprit de charité vis-à-vis des fautes, sur l'esprit de punition et de répression[14]. Il s'en prend au régime de détention cellulaire : il lui paraît dommageable que le détenu soit empêché de communiquer librement avec ses semblables, que l'on confonde l'isolement recommandé par la règle de Saint-Benoît avec la réclu-

10. Et. Dupont, *Les prisons du Mont-Saint-Michel, 1425-1864,* d'après des documents inédits, Paris, 1913, cité par D. Leclercq, *op. cit.,* t. 2, p. 186.
11. *Op. cit.,* p. 589.
12. Mabillon, *Réflexions, op. cit.,* p. 321.
13. *Ibid.*
14. *Op. cit.,* p. 322.

sion, il lui semble scandaleux qu'on prive les moines des offices. Le plus intéressant des *Réflexions* est sans doute l'historique auquel il se livre : Mabillon date l'organisation des prisons monastiques de l'année 817. Il rappelle que le Concile de Verneuil tenu en 844 ne prescrivait aucune peine aux fugitifs qui faisaient retour d'eux-mêmes au monastère[15]. Les horribles prisons monastiques ont déjà été critiquées et réformées par les interventions de la Monarchie, c'est ce qu'on apprend sur les registres du Parlement de Languedoc de l'an 1350. Mabillon dénonçait la longueur des instructions, l'utilisation de la confession pour le procès, le défaut de proportion existant entre les peines et l'état physique et moral du condamné, l'abus de publicité, le manque de consolation. Il demandait qu'à l'inverse, dans le cas d'une première faute, fussent évités le scandale et les formalités d'un procès, dans le cas de récidive qu'on sût accorder des adoucissements en faisant sortir les prisonniers, en améliorant l'hygiène de la prison, qu'on aménageât dans chaque province un lieu pour les pénitents où ils pussent entendre la messe et les offices, qu'on prolongeât les visites, qu'on répandît la consolation et qu'on préparât la conversion, enfin qu'on mesurât la durée de la peine à la gravité de la faute et aux dispositions du coupable. Les réflexions de Mabillon se terminent par une mise en cause de principe du système pénitentiaire lui-même et de l'institution de la prison. « Je ne doute pas, conclut-il, que tout ceci ne passe pour une idée d'un *nouveau monde*; mais quoi qu'on en dise ou qu'on en pense, il sera facile, lorsqu'on voudra, de rendre les prisons plus supportables et plus utiles. »[16] L'œuvre du mauriste sur *Les prisons des ordres religieux* n'a pas eu, loin s'en faut, le retentissement qu'aura, un siècle plus tard, le *Traité des délits et des peines* de Beccaria. Pourtant elles faisaient entendre, à la fin du grand siècle, un son qui n'était pas si différent de celui qui allait émouvoir les consciences quelques années plus tard. On sent Mabillon sincèrement indigné et profondément peiné des principes de l'organisation du système

---

15. *Op. cit.*, p. 324.
16. *Op. cit.*, p. 335.

pénitentiaire monastique qui vont à l'encontre de ses propres conceptions religieuses.

Des personnes aux institutions il n'y avait qu'un pas à franchir que Mabillon allait sauter allégrement, en entrant dans une dissidence institutionnelle. Il en est des épisodes graves, il en est des épisodes anodins. Le premier concerne l'Eglise et la querelle du jansénisme avec la publication des *Œuvres de saint Augustin*. On mesure l'enjeu, en pleine querelle du jansénisme d'une édition des *Œuvres de saint Augustin*. Dans l'*Histoire de la Congrégation de Saint-Maur*, Edmond Martène rappelle avec une certaine insistance que « le chapitre général de 1651 avait défendu à tous les supérieurs et aux religieux de la Congrégation de lire sans permission expresse par écrit du Révérend Père Général le livre de Jansénius »[17], décernant ainsi un brevet d'orthodoxie à la Congrégation. Il n'est cependant pas contestable que, par l'application de la réforme, par son gallicanisme, la Congrégation de Saint-Maur n'était pas totalement éloignée de Port-Royal et qu'elle comptait dans ses rangs des mystiques dont l'inspiration était proche des solitaires de la Vallée de Chevreuse comme Claude Martin. Par ailleurs, c'est à l'instigation d'Arnauld, après la *Paix de l'Eglise* de 1669, que la Congrégation accepta de se charger de l'édition des œuvres du plus grand des pères de l'Eglise primitive. Le supérieur général, Dom Bernard Audebert, confia la tâche à Claude Martin. Y furent associés le P. Delfau, Dom Guérard, Dom Gerberon, puis bientôt Dom Thomas Blampin et toute une équipe de jeunes recrues. Comme toutes les grandes entreprises de Saint-Maur, celle-ci fut collective et l'impression, après un grand travail de rassemblement des sources mené au prix de nombreux voyages fut commencée le 5 octobre 1677; elle devait durer près d'un an et demi. La publication commença en 1679; onze tomes s'échelonnèrent jusqu'en 1700. On avait jugé bon de faire précéder

17. Dom Edmond Martène, *Histoire de la Congrégation de Saint-Maur*, Paris, 1929, t. III, p. 157. Cf. Dom Vincent Thuillier, *Histoire de la Nouvelle édition de saint Augustin donnée par les Pères bénédictins de la Congrégation de Saint-Maur*, Paris, 1736; et A. M. P. Ingold, *Histoire de l'édition bénédictine de saint Augustin avec le journal inédit de Thierri Ruinard*, Paris, 1903.

le tome premier d'une épître dédicatoire au roi qui fut rédigée par Mabillon[18], mais l'édition ne fut pas sans susciter des incidents à l'intérieur de l'équipe qui la composait comme dans le public qui la recevait. Ainsi Dom Thomas Blampin ne trouva rien de mieux à faire que d'insérer, dans le tome dix, l'analyse qu'Antoine Arnauld avait fait imprimer à Paris en 1644, du *De corruptione et gracia*. En son temps l'ouvrage avait été autorisé mais l'insertion fit néanmoins scandale et Dom Blampin fut déposé du poste de sous-prieur qu'il occupait. Entre jésuites et mauristes, une guerre de libelles commença : en 1698 parut à Cologne une *Lettre de l'Abbé*** R.P. de la Congrégation de Saint-Maur sur le dernier tome de leur édition de saint Augustin* qui soutenait que l'édition des mauristes était jansénisante. Cet opuscule anonyme était dû à la plume du P. Sommervogel[19]. Dans le même temps, d'autres libelles se déchaînaient contre l'archevêque de Reims, Le Tellier, protecteur habituel des mauristes et contre l'archevêque de Paris, Noailles, qui avait la réputation de protéger de son côté, les jansénistes. En 1699, deux libelles, dirigés cette fois contre les bénédictins de la Congrégation de Saint-Maur, les accusant une fois de plus d'avoir conçu une édition jansénisante des œuvres de saint Augustin, renforçaient l'accusation. Cette fois, les meilleures plumes de la Congrégation, François Lami, Denis de Sainte-Marthe, et Bernard de Montfaucon entrèrent en lice[20]. Un tel déchaînement prouve assez l'échauffement des esprits. Montfaucon, successeur de Claude Estiennot comme procureur général de la Congrégation à Rome, essayait d'arranger les affaires des mauristes mais il était nécessaire de frapper un grand coup et de riposter avec énergie : ce fut l'objet de la rédaction d'une préface générale que l'on confia à Mabillon pour le dernier tome de l'édition de saint Augustin, dont

---

18. *Epître dédicatoire de la Nouvelle Edition des œuvres de saint Augustin en latin et en français...*, Paris, 1679.
19. Cf. H. Leclercq, t. II, p. 643. *Lettre d'un abbé commendataire aux RR. PP. bénédictins de la Congrégation de Saint-Maur*, s.l., 1699.
20. Dom F. Lamy écrivit, *Lettre d'un théologien à un de ses amis...*, Paris, 1699; Dom D. de Sainte-Marthe rédigea *Réflexions sur la lettre d'un abbé d'Allemagne...*, s.l., 1699; Bernard de Montfaucon, sous le pseudonyme de Dom Bernardo de Rivière fit paraître : *Vindiciae editionis Sancti Augustini a Benedictinis adornatae...*, Rome, 1699.

Thierri Ruinard nous a conté les péripéties. Après l'avoir rédigée, Mabillon dut la montrer à l'abbé Eusèbe Renaudot, à Michel Le Tellier et à Bossuet avant de pouvoir la publier. Encore fallut-il pour que l'*imprimatur* fût donnée qu'arrivât de la Sacrée Congrégation un décret condamnant les libelles qui avaient paru sur l'édition de saint Augustin. Quelques années plus tard, dans un esprit d'accommodement et d'apaisement, Clément XI, à l'occasion de la présentation que lui avait faite Denis de Sainte-Marthe de sa nouvelle édition de saint Grégoire le Grand, envoya un Bref à la Congrégation accompagné de médailles d'or et d'argent dont l'une était destinée à Mabillon. L'accusation de jansénisme ayant été répétée par Fénelon, Mabillon était ainsi lavé de tout soupçon. Demeure néanmoins du trouble jeté par l'édition des œuvres de saint Augustin, le fait que Mabillon ne s'était pas séparé des siens pendant la bataille. Sans doute, avait-il lui aussi cherché la fin du conflit et fait preuve de beaucoup de diplomatie. Mais la suite des événements ne lui appartenait pas et si les relations entre le Saint-Office et la Congrégation de Saint-Maur allaient peu à peu s'apaiser, il n'en allait pas de même des rapports de l'administration royale et de la Congrégation parce que, pour le roi, il n'y avait pas de pire opposant qu'un janséniste[21]. Un autre conflit institutionnel dans lequel est encore, à son corps défendant, enrôlé Mabillon, ne serait que ridicule s'il ne faisait apparaître la capacité de l'administration à congédier ses érudits comme des laquais lorsqu'ils manquaient aux exigences des expertises qu'elle attendait d'eux. Dans l'histoire généalogique de la Maison d'Auvergne, Etienne Baluze inséra quelques fragments d'un ancien cartulaire et d'un obituaire de Brioude qui prouvaient que les Bouillon descendaient en ligne directe des anciens ducs de Guyenne, comtes d'Auvergne. Quelque temps auparavant, Jean Mabillon s'était associé avec Thierri Ruinard et Etienne Baluze pour attester l'authenticité des documents. Le cardinal de Bouillon les avait rendus publics. Mais lorsqu'il se fut retiré en pays étranger, Louis XIV chercha à le mortifier dans la personne de l'historien de sa maison. On supposa

---

21. Cf. livre III : *La Congrégation de Saint-Maur.*

n'avoir inséré ces titres que pour soutenir les prétentions du cardinal à l'indépendance. Ainsi Baluze fut-il exilé. Il n'y eut pas de sanction pour Mabillon mais dans le traitement où la sévérité le disputait à l'ignominieux, réservé au bibliothécaire de Colbert, c'était tout le prestige de la corporation des antiquaires qui était atteint[22].

Le plus douloureux dans la dernière décennie de vie du Champenois est peut-être la dissidence intellectuelle dans laquelle entra Mabillon sur la question des reliques, parce qu'il fut contraint à des palinodies. Dans sa jeunesse le mauriste avait été mis en cause par ses confrères Bastide et Mège pour avoir retiré un trop grand nombre de saints du calendrier bénédictin. En 1698 il publia la *Lettre à Eusèbe*[23] dans laquelle il mettait en cause le bien-fondé de certaines reliques. Depuis sa lecture de Guibert, c'était chez lui une vieille obsession. Il avait remarqué à Rome dans ses visites aux catacombes, que plusieurs inscriptions n'avaient aucun caractère religieux tandis que d'autres avaient un caractère nettement païen. Il en déduisait très justement que tous les ossements contenus dans les catacombes n'étaient pas des restes que de chrétiens. Seuls pouvaient être considérés comme ossements de martyrs, ceux près desquels se trouvait l'attestation expresse de supplices endurés. Aucun discernement, remarquait Mabillon, ne présidait à la recherche des reliques des martyrs. Alors qu'on était en pleine explosion de leur commerce, il exposa son opinion, sous le pseudonyme d'Eusèbe, dans une lettre latine. Sa lettre, assez bien accueillie en France[24], n'en fut pas moins déférée par des contradicteurs au Saint-Office. L'affaire classée pendant un temps fut rouverte et Mabillon aura encouru le risque d'une condamnation, jusqu'à ce que Clément XI arrêtât toute poursuite. En échange de quoi Mabillon prit la défense de la Sainte Larme de Vendôme, apparence de soumission ou palinodie qui

22. Cf. C. Loriquet, *Le cardinal de Bouillon, Baluze, Mabillon et Ruinard dans l'affaire de l'histoire générale de la Maison d'Auvergne*, Reims, 1870.
23. *Eusebii Romani ad theophilum gallum epistola de cultu sanctorum ignotorum*, Paris, 1698, Paris, 1705.
24. Cf. Mabillon, *Dictionnaire de théologie catholique*, p. 1432 et Valéry, *Correspondance inédite de Mabillon et de Montfaucon*, Paris, 1846, 3 vol., t. III, p. 7-8.

lui fut reprochée[25]. Sans doute cette imperceptible séparation connais-sait-elle ses moments de réconciliation : Mabillon écrivit le 20 août 1795 à Claude Estiennot : « Nous partons aujourd'hui, Dom Thierri et moi (il s'agissait de Thierri Ruinard) pour la Lorraine et pour l'Alsace peut-être c'est pour y voir les abbayes de Metz et de Spire tant pour quelques prévôtés aliénées de Saint-Denis que pour notre histoire. C'est un voyage au moins de deux mois. » Cette fois, preuve de sa faveur, Mabillon partait sur l'ordre de Mme de Maintenon qui l'envoyait avec une lettre de recommandation. Il espérait trouver dans les villes de province comme Metz des titres qui concernaient l'abbaye de Saint-Denis en France et qui permettraient de lui rattacher un certain nombre de possessions. Il souhaitait aussi renouer avec les monastères de la Congrégation de Saint-Vannes qui avaient été unis au début avec Saint-Maur[27]. Autre consécration, il fut intégré à l'Académie des Inscriptions et Belles-Lettres. Créée en 1663 par Colbert, l'Académie des Inscriptions et Belles-Lettres n'était pas encore à la fin du xviie siècle, l'institution concurrente de la Congré-gation de Saint-Maur en matière de recherche historique qu'elle devint par la suite au xviiie siècle. Au départ petite académie, ainsi que l'avait appelée Mme de Montespan, elle s'occupait essentiellement de l'histoire numismatique du règne, de la rédaction de devises latines,

25. Cf. *Dictionnaire de théologie catholique*, p. 1433.
26. N° 1235 *in* Leclercq, t. 2.
27. Mabillon, Lettre à Claude Estiennot, correspondance n° 1240, Leclercq, t. II : « J'étais en campagne vous le savez, mais peut estre ne scavez-vous pas tout le chemin que j'ai fait avec Dom Thierri. Nous avons été ensemble en Lorraine et en Alsace jusqu'à Strasbourg pour y voir les archives du pays et surtout les archives de Spire transportées à Strasbourg et celles de Lorraine qui sont dans la citadelle de Metz. Nous avons vu celles-ci mais nous y avons trouvé peu de choses considérables et au trouble qui était pour l'heure à Strasbourg à cause des impériaux qui étaient sur le Rhein pour en tenter le passage nous ont empesché de voir ce que nous aurions pu voir dans une autre conjonc-ture. Nous sommes dédommagés enfin dans les archives de nos monastères de Lorraine et de Champagne où nous avons trouvé de fort bonnes choses pour notre histoire. Mais il faut dire qu'on ne peut recevoir plus de marques d'amitié que celles que l'on nous a témoignées dans tous les monastères de nos pères de Saint-Vannes. C'est pour vous dire en un mot qu'ils nous ont non seulement traitez splendidement chez eux mais qu'ils nous ont donné des voitures et défrayé partout avec la plus grande générosité du monde. Ils se louent extrêmement des bons offices que vous leur rendez et je n'ay que faire de vous prier de les continuer à votre ordinaire. Ils le méritent assurément et savent bien mieux vivre que nous », cité par Leclercq, t. II, p. 627.

d'inscriptions, de tapisseries pour les fêtes, de plans et des vues de maisons royales ou de places prises sur l'ennemi, de livrets de tragédie et d'opéra; elle était une cour suprême des arts devant s'attacher avant tout à la glorification du roi. A partir de 1701, elle évolua[28] : petit à petit, elle se transforma en Académie royale des Inscriptions, puis en Académie royale des Inscriptions et Médailles, avant de devenir en 1716, Académie royale des Inscriptions et des Belles-Lettres. Lorsque son statut autorisé lui permit de rassembler dix membres pensionnaires, dix membres honoraires et dix membres associés, c'est dans la classe des honoraires occupée par la noblesse et le clergé que Mabillon fut nommé au titre du clergé régulier en même temps que le P. de La Chaise. Cette nomination, voulue en 1701 par Pontchartrain, directeur de l'Académie, était, de la part de la Monarchie, après la dispute avec Rancé, l'affaire de l'édition des *Œuvres de saint Augustin*, au moment de la controverse généalogique sur la Maison de la Tour d'Auvergne, une consécration et une réparation. L'intégration de Mabillon à l'Académie illustre aussi le passage de relais entre l'institution ecclésiastique et l'institution royale en matière de recherches historiques. Si le mauriste fut un correspondant assidu à l'Académie, ses dissertations, notamment celles sur les anciennes sépultures de nos rois[29] ne sont évidemment pas à mettre sur le même plan que ses grands ouvrages. « Généalogiste sur la place », il était requis par l'amitié du Prince, et par les services rendus à la Monarchie. Il n'était pas là pour la louange mais pour les livres de vieille chronique et pour les diplômes authentiques.

Sous un ciel de caoutchouc qu'effilaient des soirs de sable, la vie de Mabillon déclinait. Il avait vu partir Luc d'Achery, il avait vu disparaître Michel Germain et dans une activité ralentie il restait seul avec Thierri Ruinard, exilé dans une société qui se détournait de ses aspirations. La dernière grande œuvre de Mabillon, les *Annales de l'ordre de Saint-Benoît* est comme un retour à la maison mère, une reprise du grand livre de sa jeunesse, les *AOSB* rédigés de concert

28. Cf. Livre III.
29. *Histoire de l'Académie*, t. 1.

avec Luc d'Achery. Mabillon revient sur la vieille histoire comme s'il
retournait dans sa maison natale. Il commença les *Annales de l'ordre
de Saint-Benoît*[30] dans les années 1693, mais en retarda l'impression
pendant dix ans. Dédiées à Maurice Le Tellier, l'ami et le protecteur
de toujours, elles prêchaient, une dernière fois, l'unité de la vie
monastique, proclamant encore et encore qu'il n'y avait jamais eu
qu'un seul ordre : « De quelque costé que je me tourne, je remarque
partout la manière uniforme du monachisme, un passage facile et
commun entre les moines et une suite mutuelle de professions et de
monastères... Le savant P. Louis Tomassin, prêtre de l'Oratoire de
la Congrégation de France s'écrie maintenant contre ce sentiment,
il croit qu'il n'y a eu aucune congrégation de moines avant celle de
Cluny. »[31] Mais, rétorquait Mabillon, il se trompe. Les *Annales* ne
sont guère modernes dans leur facture : fidèles, trop fidèles aux
prescriptions de Grégoire Tarrisse, écrites dans un genre ancien,
rassemblant dans une même description les hauts faits des abbés,
le temporel des abbayes et la litanie des miracles, comme si Mabillon
avait accepté le verdict d'archaïsme que l'Eglise et la société avaient
prononcé contre l'érudition religieuse, comme si le moine devait
revenir à sa croyance la plus ancienne pour réassurer, réconforter sa
conviction la plus forte. Loin de succomber aux obstacles qui abattent
souvent l'ardeur des âmes devant une longue hostilité non désarmée,
Mabillon leur opposait son inlassable labeur et recommençait dans
un vertige de mélancolie, une fois encore l'histoire de saint Benoît.
Ce que Michelet dit du tempérament des Ardennais s'appliquait
maintenant fidèlement à lui : « quelque chose d'intelligent, de sobre,
d'économe, la figure un peu sèche et taillée à vives arêtes : le caractère de sécheresse et de sévérité n'est point particulier à la petite
Genève de Sedan. Il est partout le même. Le pays n'est pas riche,
l'habitant est sérieux, l'esprit critique domine. C'est ordinaire chez

30. *Annales ordinis S. Benedictini occidentalium monachorum patriarchae in quibus non modo res monasticae sed etiam ecclesiasticae historiae non minima pers continatur. Auctore Domno Johanne Mabillon, presbytera a monacho ejusdem ordinis e congregation S. Mauri*, Paris, 1700, et traduction française *Fonds Saint-Germain*, 15477, 15478, 15479.
31. *Ms. fr. St. Germain*, 15477.
32. Cf. Ruinard, Toussain, Martène.

les gens qui sentent qu'ils valent mieux que leur fortune ».

Au début de décembre 1707, Mabillon fut pris d'une rétention d'urine qui lui infligea de cruelles souffrances et le 27 décembre 1707, il mourut à l'abbaye de Saint-Germain-des-Prés. De sa fin il y a plusieurs récits pieux. Ses dernières paroles ont-elles été : « *Humilitas, humilitas, humilitas* » ? S'est-il souvenu des derniers mots de *La Diplomatique* : « *Christus veritas esto principium atque finis* » ? On ne sait. Mais des témoignages recueillis, même celle qui, comme l'auteur de ces lignes, n'est pas de la paroisse et ne partage pas sa foi, peut avoir le sentiment qu'il est mort comme un moine bénédictin. Son enterrement eut lieu le mercredi 28 décembre à 3 heures du soir dans l'église Saint-Germain-des-Prés à la belle chapelle Notre-Dame. En 1799, ses restes, avec ceux de Bernard de Montfaucon, furent exhumés pour être transportés au musée des Monuments français, dans le jardin Elysée. Le 1er mai 1809, on reprit les cendres des deux érudits, pour les réunir à celles de Descartes dans une même tombe scellée dans le mur de l'église Saint-Germain-des-Prés. Pour ceux qui ne s'attardent pas sur la close dalle de pierre qui, avec l'urne du philosophe universellement connu, serre les cendres de l'historien oublié, restent ses livres. « Rassemblées, dit Déries, les œuvres de Mabillon ne comprennent pas moins d'une cinquantaine de volumes dont dix-sept grands in-folio, douze in-quarto de forte taille, quatre gros in-octavo auxquels il faut ajouter une douzaine d'autres volumes de plus petit format... »[33] Dans les bibliothèques, de beaux livres verts qui, comme les fougères de l'Ardenne au nord de l'été guettent, craquantes et gravides, la mobilité des rayons, attendent, dans une imperceptible palpitation de papier et de poussière, le retour de l'érudition.

33. Louis Déries, *Mabillon, un moine et un savant*, Paris, 1920, p. 54-55.

Nicolas Fréret

1688-1749

L'académicien Nicolas Féret[1] est l'un des plus grands savants de son temps et c'est à peine si, en dehors de quelques spécialistes, son nom signifie quelque chose au public. Pourtant sans lui, pas d'études chinoises, pas d'assyriologie, peut-être pas d'égyptologie. Nicolas Fréret achève un monde, celui des grands antiquaires à la française où se sont illustrés les Scaliger, les Pereisc, les Mabillon. Il l'achève et l'infléchit en ouvrant la nouvelle époque des antiquisants où, à l'exception de quelques comètes, dont la plus brillante sera celle de Jean-François Champollion, le renom sans égal des Français va longtemps s'effacer devant celui d'autres Européens. Qu'est-il arrivé ?

De l'antiquaire classique, Nicolas Fréret avait toutes les cartes en règle : le milieu, les études, les habitudes[2]. Né à Paris le 15 février 1688, il vient, comme la plupart de ses prédécesseurs, d'une famille de la robe. Son père Charles Antoine Fréret, procureur au Parlement, avait eu avec son épouse Antoinette Ameline de milieu janséniste, cinq enfants; de ses quatre sœurs, deux moururent en bas-âge, deux autres se firent religieuses bénédictines[3]. Le jeune

1. Il deviendra secrétaire perpétuel de l'Académie des Inscriptions en 1743.
2. Sur la biographie de Nicolas Fréret, cf. Champollion-Figeac, Vie de Frère, in *Œuvres complètes de Fréret*, Paris, 1825, t. 1, in *HAI*, XXIII, 1756, Eloge de Fréret par J.-P. de Bougainville, 1749; et Renée Simon, Nicolas Fréret académicien, *Studies on Voltaire and the eighteenth century*, Genève, 1962.
3. Renée Simon, *op. cit.*, p. 14.

Nicolas reçoit une excellente éducation classique : belles-lettres, sciences, droit, rien n'y doit manquer et rien n'y manque. Il a pour professeurs Rollin et Des Molets qui enseignent au collège de Juilly. Très tôt il se passionne pour la philosophie[4]. Cet intérêt ne l'abandonnera pas comme en témoigne Duclos, son interlocuteur au café *Procope* : « Fréret raisonnait et appuyait souvent de citations et d'autorités, non pour établir en érudit, mais pour développer ses principes en philosophie. »[5] A l'âge de seize ans, il se prend de passion pour l'histoire, lit et résume en extrait Scaliger, Dodwell, Usserius, le P. Petau et tous les grands chronologistes du temps. Il fait ses études de droit à la requête de son père : « Il plaidait deux causes et plein d'estime pour la jurisprudence, il voulut l'étudier. »[6] Le résultat en est la rédaction de commentaires sur la coutume de Paris. Ses études scientifiques ne sont pas davantage négligées et il se perfectionne en mathématiques et en sciences physiques, en astronomie et en chronologie. Il apprend aussi les langues anciennes et commence à s'intéresser aux langues orientales. A dix-neuf ans, comme naguère Isaac Pereisc, Bernard de Montfaucon ou l'abbé de Longuerue, Nicolas Fréret a été formé à l'ensemble des connaissances de son temps et tout le désigne pour marcher sans écart dans les traces de ses aînés. En un sens, Fréret ne fera rien d'autre. De son entrée à l'Académie des Inscriptions et Belles-Lettres, l'institution des érudits de son temps, « qu'il aimoit, dit Bougainville, comme un Spartiate aimoit Lacédémone »[7], jusqu'à sa mort en 1749, Fréret s'occupera à lire et travailler, à travailler et à lire encore. « Dès sa jeunesse, il avait pris l'habitude de ne mettre pour le travail aucune différence entre la nuit et le jour. Il dormoit peu. Et pour se défendre contre l'affaissement qui suit une application trop longue, il prenoit du café, quatre ou cinq fois par jour en vingt-quatre heures. Une

---

4. « Les professeurs de philosophie dont il prit ensuite les leçons au collège du Plessis s'aperçurent bientôt par ses réponses et plus encore par ses fréquentes objections qu'ils avaient un disciple à qui Platon, Descartes et Malebranche n'étaient pas inconnus », écrit J.-P. de Bougainville, *Eloge, op. cit.*, p. 314.

5. *Mémoires sur la vie de Duclos écrits par lui-même*, cité par R. Simon, *op. cit.*, p. 26.

6. *Eloge, op. cit., ibid.*

7. *Eloge, op. cit.*, p. 318.

pareille conduite eut le double effet qu'elle devoit produire. En peu
de temps, il acquit un savoir peu commun et perdit la santé. »

Vie rangée ? Vie ordonnée de rentes accumulées. Nicolas Fréret
possède deux maisons. A Paris, au 16 de la rue Saint-Honoré, face
au cul-de-sac de l'Orangerie, il occupe les trois derniers étages d'un
petit immeuble. Servi par trois domestiques, il réside essentiellement
au troisième étage où se trouve un appartement composé de deux
pièces, deux cabinets bibliothèques. Au quatrième étage se succèdent
chambres et cuisine. De beaux meubles, des trumeaux, des canapés,
des bergères[8] arrangent une existence confortable. Il est également
propriétaire d'une maison de campagne à Boissy-sur-Saint-Yon, à
huit heures de voiture au sud de Paris. Vie heurtée de quelques
retentissantes disputes d'Académie. La plus connue, à l'occasion du
débat sur la chronologie, l'oppose à Newton : ses règles, sa cérémonie,
sont à la mesure — internationale — de la discussion. D'autres
affaires s'égrènent, plus assourdies, à l'Académie des Inscriptions.
D'abord l'affaire Fourmont : querelle de préséance en matière d'études
chinoises. Membre associé de l'Académie des Inscriptions, Etienne
Fourmont est professeur de langue arabe au Collège royal. Entre
autres griefs, il reproche à Fréret d'avoir, lors de l'impression de sa
dissertation en 1729 qu'il avait lue le 15 décembre 1728 à l'Académie,
modifié son texte afin d'y introduire un article relatif aux clefs de
l'écriture chinoise et qu'il avait « emprunté » à Fourmont. Fréret
n'aura pas trop de mal à démontrer qu'il avait de son côté et antérieu-
rement, travaillé de 1713 à 1724, avec un jeune Chinois, Hoang,
ramené à Paris par l'évêque de Rosalie, à l'établissement d'une grammaire chinoise. Convaincue, l'Académie condamne Fourmont qui
insiste. D'autres disputes suivent avec Moreau de Meautour, La Nauze,
l'abbé Gedoyer, Jean Levesque de Pouilly, Adrien de Valois et
quelques autres que Renée Simon a fort bien racontées[9] : on y voit
l'aigreur le disputer au désagrément mais aussi, crevée en public,
l'envie s'y écouler et finalement s'y sécher.

8. On connaît l'état des possessions de Nicolas Fréret d'après l'acte dressé à son décès,
cf. R. Simon, p. 27 et sq.

9. R. Simon, *op. cit.*

Vie rangée ? Vie rongée : en épigraphe du destin de Fréret, un point de dérapage vers une zone d'ombre qui abîme une partie de ses dilections dans un ordre plus secret et plus défait. La double antichambre que le jeune érudit va emprunter pour parvenir à l'Académie traverse une coterie secrète et une célèbre prison : à dix-neuf ans, Nicolas entre dans le cercle Boulainvilliers et à vingt-six ans il est enfermé à la Bastille. Selon Bougainville, c'est en 1707 que Fréret fut admis « dans une société assez nombreuse qui s'étant d'abord proposé pour objet d'étude l'Ecriture embrassa dans la suite l'histoire universelle »[10]. 1707. Une page vient d'être tournée : les Modernes l'ont emporté. Bossuet et Locke sont morts en 1704, Pierre Bayle disparaît cette année même et la dissidence des doctes a commencé. Grâce aux travaux de Ira O. Wade, Renée Simon, Paul Vernières, Lionel Gossmann[11], on connaît les membres de la coterie et certaines de leurs activités : là, se trouvent rassemblés le comte de Boulainvilliers pour lequel le jeune Nicolas éprouve une admiration qui ne déclinera pas et qu'il exprimera plus tard[12], l'abbé Bignon, Noailles, Sevin puis, de proche en proche, Du Marsais, Montesquieu, Lacurne de Sainte-Palaye, Secousse et comme l'a dit Lionel Gossman : « tant d'autres érudits des Lumières produits du collège de Juilly et que l'on considère généralement comme auteurs de plusieurs traits antichrétiens et matérialistes »[13]. Là, on se livre à la critique biblique et chronologique, on brocarde les jésuites, on critique l'absolutisme : l'une des cibles favorites est le P. Daniel qui défend à la fois la tradition des humanistes classiques et l'autorité des auteurs classiques en histoire selon l'orientation caractéristique

10. Bougainville, *op. cit.*, p. 315.
11. D'Ira O. Wade, *The clandestine organisation and diffusion of philosophic ideas in France from 1700 to 1750*, Princeton, 1938; Renée Simon, *Henry de Boulainvilliers, historien, politique, philosophe, astrologue, 1658-1722*, Paris, 1940; *Un révolté du grand siècle, Henry de Boulainvilliers*, Garches, 1948; Paul Vernières, *Spinoza et la pensée française avant la Révolution*, Paris, 1954, 2e éd., 1982; Lionel Gossmann, *Medievalism and the ideology of enlightenment*, Baltimore, 1968.
12. N. Fréret, *La lettre au sujet de la personne et des écrits de M. le Comte de Boulainvilliers restée manuscrite* (Bibliot. mazarine, 1577-1588) est étudiée par Renée Simon, *Nicolas Fréret, op. cit.*
13. L. Gossmann, *op. cit.*, p. 48.

de la rhétorique jésuite, le P. Daniel que Boulainvilliers ne perd jamais une occasion de ridiculiser. L'un des auteurs de prédilection est Spinoza qu'on lit avec ravissement et effarement. De ce petit clan émane un certain nombre de traités matérialistes et antichrétiens qui circulent d'abord de façon anonyme et ont été attribués non sans discussion[14] à ses divers membres : *L'analyse de la religion chrétienne* attribué à Dumarsais est rédigée en 1722, *L'examen critique des épologistes* de Levesque de Burigny en 1733, *La lettre de Thrasybulle à Leucippe* de Fréret envoyé à Duclos en 1739[15]. On peut tenter d'imaginer le fonctionnement de la coterie Boulainvilliers en faisant appel à la science conjecturale élaborée par Augustin Cochin et qui nous a été naguère, si profondément restituée par François Furet[16], pour rendre compte de la nature des sociétés de pensée. Le comte de Boulainvilliers était rien moins que peuple et son cercle clandestin n'est nullement, à l'instar des loges, cercles, académies provinciales, clubs de tout poil qui proliféreront au xviiie siècle, la forge du jacobinisme égalitaire. Mais, dans la mesure où il a eu pour vocation, non de représenter des intérêts, mais d'exprimer des idées, non de dégager des majorités mais de manifester un consensus, non de défendre des métiers ou de poursuivre des utilités mais de transformer la culture et d'influencer l'opinion, dans la mesure où il a regroupé autour de discussions communes, aristocrates et roturiers, ducs, cardinaux, abbés et académiciens, il est déjà caractéristique de cette addition de volontés libres destinées à régénérer la société, dans laquelle Augustin Cochin a vu la définition de la société de pensée. C'est cette coterie dont Paul Vernières et Lionel Gossmann estiment qu'elle ne se dissoudra pas à la mort en 1722 du comte de Boulainvilliers qui a été le billet d'entrée de Fréret dans la société de son temps. En 1712, *Mérope*, tragédie de Raffin eut un succès prodigieux en Europe. Fréret eut l'idée de la traduire; lorsque la pièce paraîtra en français

14. Sur la discussion concernant l'attribution à Fréret, cf. ci-dessus.
15. Cf. Paul Vernières, *op. cit.*, p. 396.
16. Cf. Augustin Cochin, *L'esprit du jacobinisme*, présenté par Jean Baechler, Paris, 1979 et François Furet, Auguste Cochin; la théorie du jacobinisme, *Penser la Révolution française*, Paris, 1978.

en 1728, sa traduction attirera sur lui l'attention du roi, des ministres et de Voltaire. La coterie était aussi le « sésame ouvre-toi » de l'Académie des Inscriptions. Après avoir présenté devant ses amis quatre exposés relatifs au culte de Bacchus, de Cérès, de Cybèle et d'Apollon, Nicolas Fréret fit, à vingt-six ans, la rencontre de l'abbé Bignon. « L'abbé Sevin le fit connaître vers la fin de l'année 1723 à M. l'abbé Bignon qui, charmé de l'étendue de ses connaissances et de la solidité de ses jugements, le regarda comme un sujet que l'Académie ne pouvait trop se hâter d'acquérir. Nicolas Fréret y fut reçu le 23 mars 1714 en qualité d'élève... le règlement de 1716 qui supprima la classe des élèves fit passer Nicolas Fréret dans celle des Associés. »[17] Comme Bignon assurera en 1701 l'élection de J.-B. Rousseau, de l'abbé Fraguier en 1705, de Nicolas Boindin en 1706, habitués de la coterie et déclamateurs de « Monsieur de l'Etre » au café *Procope*, l'Académie des Inscriptions passera insensiblement dans les années 1710 sous l'influence des Lumières.

Au-delà des apparences de sa plate vie d'érudit, la coterie Boulainvilliers a donné à Fréret une marginalité originale dont il ne se défera jamais tout à fait : la manie qui sera la sienne de garder indéfiniment par-devers lui ses manuscrits, sans se résoudre à les donner à l'impression à l'Académie comme il y était tenu, n'accuse-t-elle pas une tendance à maintenir en partie secrètes ou cachées ses productions intellectuelles ? La marginalité de Nicolas Fréret toute relative au temps où les Lumières vont l'emporter et qui n'est d'abord que marginalité par rapport aux institutions de la monarchie, débute par le témoignage éclatant de son embastillement. Le 26 décembre 1724, Fréret est conduit à la célèbre forteresse. Quelques jours, quelques semaines plus tôt il avait inauguré sa vie académique, par la lecture publique en séance le 18 novembre, puis le 11 et le 14 décembre d'un Mémoire *De l'origine des Français et de leur établissement dans les Gaules*[18] fortement interrompu par les véhémentes objections de l'abbé de Vertot. Alors que communément, on rend l'abbé de Vertot responsable de la dénon-

17. *Eloge, op. cit.*, p. 316-317.
18. Ce mémoire a été publié dans l'édition de Septchènes en 20 vol., 1796, t. V et VI, cf. ci-dessous.

ciation qui conduisit le jeune académicien en prison, Walckenaer, dans le rapport qu'il présente au xixᵉ siècle des œuvres de Fréret[19] tente de le disculper. Mais sa défense, pour autant qu'elle argue d'une vie sans tache de l'abbé n'est pas véritablement convaincante pour qui connaît les mésaventures de Dom Lobineau, historien de la Bretagne dénoncé aux autorités par de Vertot. L'abbé était parfaitement capable de délation. L'arrestation de Fréret est aussi à mettre en relation avec les conditions politiques et institutionnelles du moment. A l'extrême-fin du règne de Louis XIV, membre du cercle Boulainvilliers, le jeune savant est devenu un proche, et il sera bientôt un obligé des Noailles, par Rollin son maître qui a été précepteur du duc de Noailles et bientôt directement lorsqu'il sera à son tour, lui Fréret, le précepteur des enfants du duc, l'un des protecteurs influents de la coterie. Or en 1714, la famille de Noailles n'est pas en faveur à Versailles. Le cardinal de Noailles qui a refusé de recevoir la Constitution *Unigenitus* est le protecteur de ceux que Louis XIV considère comme ses principaux opposants, les jansénistes. La mère de Fréret est par ailleurs la sœur d'un solitaire de Port-Royal. Autant d'éléments qui permettent de soutenir l'accusation portée contre le jeune érudit de partager les opinions jansénistes de son maître Rollin et de ses proches. Le raisonnement que Walckenaer attribue au chancelier Voysin[20] est d'autant plus vraisemblable que ce dernier devait être mal disposé à l'égard d'un jeune homme qui avait lancé une discussion publique sur l'origine des Francs, critiquant les conceptions du P. Daniel, porte-parole de l'histoire jésuite que le roi venait de nommer historiographe. Ainsi, au lendemain de Noël, Fréret est-il arrêté par un officier du lieutenant de police de Paris, d'Argenson, et conduit à la Bastille. Il en profita pour se livrer à la chronologie chinoise et parfaire ses connaissances des classiques grecs et latins. L'inventaire de ses papiers n'ayant rien donné, il fut relâché le 31 mai 1715. L'Académie se fit un plaisir de le récupérer immédiatement, sans doute parce qu'à travers le

19. Cf. le « Rapport Walckenaer », *i.e.* Rapport fait à l'AIBL au sujet de la publication des manuscrits de Fréret et en particulier de celui qui a pour titre Observations générales sur la géographie ancienne, *HAI, n.i.,* 1845-1848.
20. Rapport Walckenaer, *op. cit.,* p. 315.

jeune homme c'était le mauvais esprit d'une coterie qui avait des positions très solides aux Inscriptions, que l'on avait voulu frapper. Les relations avec le comte de Saint-Saire et ses amis, l'embastillement, tel est le moment d'éclipse qui interrompt le cursus classique du jeune érudit et paradoxalement, le passage obscur qui va faire de Fréret un homme des Lumières en l'éloignant insensiblement du monde des antiquaires.

De là peut-être, une production énigmatique par son usage répété de la disjonction. L'œuvre de Fréret ? Des météorores. En pluie, Compacts, ébréchés, obscurs ; retenus quelquefois dans le vide infini des intuitions récusées et des pensées refoulées. Une incroyable explosion de mémoires, réflexions, observations, sur des sujets qui, à première vue, paraissent incroyablement divers : histoire grecque, romaine, assyrienne, chinoise, gauloise, germanique, française, etc., on ne peut tout énumérer[21]. Cette dispersion correspond apparemment à l'élargissement des intérêts de l'Académie des Inscriptions voulue depuis 1701 par l'abbé Jean-Paul Bignon et où les activités essentiellement consacrées au présent, cour royale des arts, poésie savante, médailles, jetons et devises, ont cédé la place à la recherche historique du passé. Dispersion primitive d'une investigation qui cherche sa voie ? Cela est plus compliqué. Etalée dans ses objets d'attention, la recherche de Fréret est aussi distribuée en méthodologies diversifiées qui se combinent de telle sorte qu'on ne sait par quel bout aborder son œuvre si l'on veut y reconnaître un ordre : philosophie et mythologie comparées, chronologie, astronomie, géographie, épigraphie, toponymie, se jouxtent, déroutant les classifications *a priori* et surtout démonayant l'ordre proposé par Chatel et de La Rozière. L'œuvre de Fréret est contemporaine de l'éruption qui embrase et secoue définitivement la philologie classique jusqu'à la rendre méconnaissable; en elle, se déploient des chemins qui conduisent de la philologie à la naissance des sciences humaines.

La philologie était mal en point, elle devait céder... Tout commencerait par la critique, hochet tant vanté de l'activité dévastatrice des

---

21. Cf. Bibliographie des mémoires de Fréret.

modernes ? Sans doute. De La Mothe le Vayer (*Du peu de certitude qu'il y a dans l'histoire*, 1668) à Bayle (*Critique générale de l'histoire du calvinisme*, 1682) sans compter son *Dictionnaire*, au P. Honoré Sainte-Marie (*Règles de la critique*, 1723), au P. de Laubrussel (*Les abus de la critique*, 1720), ce n'était plus qu'une empoignade sur la certitude de l'histoire où le philologisme faisait figure d'assommé. Un événement met en scène cette bagarre : la dispute vers 1724 à l'Académie des Inscriptions sur l'incertitude de l'histoire romaine, ouverte par un mémoire présenté par Levesque de Pouilly intitulé : *Dissertation sur l'incertitude de l'histoire des quatre premiers siècles de Rome*[22]. Trois auteurs lui donnent la réplique : l'abbé Antoine Anselme[23], l'abbé Claude Sallier[24] et Nicolas Fréret[25]. On prenait conscience du caractère éminemment fragmentaire du corpus des auteurs classiques où les informations de seconde main et les simples travaux des copistes avaient longtemps fourni le gros des sources disponibles. L'histoire ancienne flottait, en grande partie irréelle, sur un territoire imaginaire, dans un espace discontinu, projetée tout à coup hors d'elle-même par l'irruption de contradictions insurmontables. S'accrochant au moindre relief constitué par un début de texte, l'ensemble apparaissait imperceptiblement comme une vaste marquetterie émiettée, s'interrompant ici et là, comme un puzzle incomplet auquel manquerait toujours l'essentiel. Passe encore que le certificat de décès de la *prisca sapientia*, de la sagesse des anciens fût délivré par les pyrrhonistes; il y avait plus grave, le pressentiment de l'éparpillement insurmontable des sources disponibles qui avait saisi la fin du XVIIe siècle et qui obsédait maintenant les esprits en ce début du XVIIIe siècle, venait d'un mal interne. De la rhétorique et du classicisme des jésuites, qui avaient lourdement pesé en faveur des auteurs latins, donnant plus d'importance à la

22. *MAI*, t. VI, 1729 et Nouveaux Essais critiques sur la fidélité de l'histoire, *op. cit. ibid.*
23. Abbé Antoine Anselme, Des monumens qui ont servi de mémoires aux premiers historiens, *MAI*, t. VI, *ibid.* (l'abbé Anselme avait publié une première dissertation en 1724 (publié au t. IV, I, *MAI*).
24. Abbé Claude Sallier, Second discours sur la certitude de l'histoire des quatre premiers siècles de Rome, *MAI*, t. VI, *ibid.*
25. Nicolas Fréret, Réflexions sur l'étude des anciennes histoires et le degré de certitude de leurs preuves, *MAI*, t. VI. Sur ce débat, cf. notre livre III.

forme qu'au contenu, plus de valeur à l'éloquence qu'à la vérité des
textes, accordant à l'histoire plus d'attention comme exercice de
mémoire que comme recherche scientifique, Peu à peu, dans l'en-
seignement des collèges jésuites, la philologie avait été absorbée avec
les humanités, dans les belles-lettres ; on avait accoutumé de l'inscrire
parmi la littérature universelle dans une sorte de composé mal défini
où figuraient la grammaire, la poétique, l'antiquité, l'histoire et la
philosophie. Il y avait plus sérieux : sans que l'on y prît garde, le
poison avait été distillé goutte à goutte par *La Diplomatique* elle-même.
Elle avait appris à vérifier l'autorité des témoins, elle avait enseigné
qu'en histoire comme en droit, *testis unus, testis nullus*, elle avait délivré,
dans une prodigalité qui conduisait maintenant à la ruine de la connaissance, les critères formels qui permettaient de douter de l'authenticité
des sources.

Depuis que l'on savait lire les textes, les visiter, passer dans leur
profondeur et traverser la surface plane de leur reflet, il ne suffisait
plus de les restituer. Se déroulant comme une bande de Moebius, la
diplomatique avait fait apparaître un dehors, une écologie, une histoire de la langue qui, comme un acide brûle un métal, dissolvait le
plan apparemment inaltérable de l'écrit. Lentement mais sûrement,
la diplomatique avait mis fin au symbolisme. La philologie sans doute
n'était pas originellement le philologisme qui n'était que sa glose,
son coquillage transparent et calcifié. Mais précisément les emblèmes,
les allégories, les devises, les signes kabbalistiques, toute cette hiérarchie des symboles modernes, jaillie dans l'atmosphère du néo-
platonisme avec leur silhouette aristocratique et leur contour savant,
avec leur ésotérisme et leur poésie, jouant sur le commentaire et sur
l'imaginaire, suscitant la concentration et l'imitation, toute cette joail-
lerie de signes enchâssés, chiffrés et retaillés, témoignent de la plus
haute majesté du texte et de la plus grande gloire de l'écriture, expo-
sant l'incomparable hauteur du langage, comme l'avaient fait naguère
Les Emblèmes d'André Alciat, tout ce corail était éventré, cassé par
l'art décapant du catalogue, désabusant des rébus et brisant les blasons
pour distribuer les signes en deux catégories et deux catégories seulement : ceux qui étaient authentiques, c'est-à-dire d'époque et ceux qui

étaient faux, c'est-à-dire anachroniques. Le faux dans la profondeur du texte, s'il était là, enfoui, caché, alors on devait revisiter la tradition, alors on devait la réinsérer dans l'environnement dont, dégagée, elle s'était crue maîtresse et législatrice : l'espace, le temps. L'œuvre de Nicolas Fréret est contemporaine de la fin de la prééminence du texte, elle s'ouvre par un arbitrage concernant la difficulté du corpus de l'histoire ancienne, dans sa dissertation du 17 mars 1724 « Réflexion sur l'étude des anciens livres et sur le degré de certitude de leurs preuves »[26]. A l'intersection de cette conception de la philologie exténuée par la critique, ensablée dans la rhétorique mais aussi transformée par *La Diplomatique*, et dans le cadre d'un formidable élargissement de l'histoire jusqu'à l'histoire universelle, Nicolas Fréret contribue au déploiement de disciplines qui communiquent entre elles, en conservant leur autonomie : la philologie et la mythologie comparée, la chronologie et la géographie. Fréret précède sa réflexion d'un acte de résistance au discrédit jeté par les Modernes, sur la science des Anciens : « Le parti de l'ignorance n'est déjà que trop fort dans un siècle et dans une nation qui se fait gloire comme la nôtre de préférer la gentillesse naturelle et les agréments frivoles au mérite solide que l'étude et les occupations sérieuses peuvent donner à l'esprit. »[27] Au dégoût de la sagesse antique, il oppose la conviction de l'existence incontestable non seulement d'une *philosophia perennis* mais surtout de connaissances antiques, en particulier dans le domaine de l'astronomie, de sorte que la science des Modernes ne peut se développer qu'en approfondissant et en corrigeant celle des Anciens.

On a dit et Jean-Pierre de Bougainville l'a justement souligné à son tour[28] que la formation de Fréret comme antiquaire était complète. Des disciplines de son temps il savait tout ce qu'on peut savoir : philosophie, langues anciennes, astronomie, physique, mathématique. Ces connaissances lui permettent de s'arc-bouter pour refuser de plier devant le diktat des Modernes condamnant leurs contemporains

---

26. *MAI*, t. VI, p. 146 et sq. Nous citons ici d'après l'édition de Champollion-Figeac, 1825, t. 1.
27. *Op. cit.*, p. 4.
28. Bougainville, Eloge de Fréret, *HAI*, XXIII, p. 330-331.

à rejeter, pour cause de péremption aggravée de crédulité, la science des Anciens. A la suite des érudits gallicans, opposés en même temps à la rhétorique jésuite et au pyrrhonisme, Nicolas Fréret propose une solution tierce. Ecrivains et penseurs en vue de la robe étaient traditionnellement pour les Anciens mais ils n'avaient jamais aimé le classicisme des jésuites qui avait lourdement pesé en faveur des auteurs latins au détriment des auteurs grecs, et qui valorisait davantage la forme des textes classiques que leur contenu, qui donnait plus de prix à leur éloquence qu'à leur vertu morale. La coterie Boulainvilliers est dans le droit fil de ce milieu et Fréret est en accord avec ses membres lorsqu'il rejette la conception jésuitique de l'histoire comme exercice rhétorique parce qu'elle encourage le scepticisme, à laquelle il préfère l'idée d'une science de l'histoire. C'est la raison pour laquelle l'érudit ne craint pas d'invoquer la science des Anciens en se référant à une *philosophia perennis* à laquelle le conduisait sa propre formation philosophique. « Cette justesse des Anciens dans leurs calculs avait fait concevoir à Fréret, une haute idée de leurs mérites astronomiques. Convaincu que cette différence qu'on a prétendu mettre entre les hommes tombe plutôt sur les siècles que sur les esprits : que les Anciens et les Modernes sont égaux, que pour apprécier leurs talents on doit moins considérer le progrès qu'ils ont fait que le point dont ils sont partis, il avait pour principe que le nombre de nos idées est tôt formé, pour ne pas s'être épuisé de bonne heure ; et que par conséquent, il n'est aujourd'hui peu d'opinions nouvelles, peu de découvertes qui méritent ce nom pris à la rigueur. La réflexion seule l'avait conduit à ce raisonnement. Et si ce fut d'abord un préjugé de sa part, le préjugé ne put être que celui d'un philosophe... Aussi personne n'a-t-il mieux connu que lui la philosophie des Anciens. »[29] Revenant dans ses « Observations générales sur l'étude de la Philosophie ancienne »[30] sur la querelle des Anciens et des Modernes, Fréret critique la propension des Modernes à ne voir dans les Anciens que des poètes et des orateurs[31], alors qu'ils sont tout sim-

29. *MAI*, XXIII, art. cité, p. 329.
30. *MAI*, XVIII, 1753.
31. Art. cité, p. 97.

plement à l'origine de la science : les calculs des astronomes babylo-
niens refaits par Halley montrent le caractère entièrement fiable de leurs
observations du ciel et, dans ses principes essentiels, la physique de
Newton ne varie pas de la physique d'Empédocle[32]. La dispute d'ailleurs n'est qu'une vieille antienne et la péroraison de l'article conclut
à reculer les limites de l'Antiquité elle-même : « Athéniens, disoit un
prêtre d'Egypte à Solon, vous êtes semblables à des enfans, vous ne
connaissez rien de ce qui est plus ancien que vous. Remplis de votre
propre excellence et de celle de votre nation, vous ignorez tout ce qui
vous a précédé. Vous croyez que ce n'est qu'avec vous et qu'avec votre
ville que le monde a commencé d'exister. »[33] A moderne, moderne et
demi ; les Modernes d'aujourd'hui ne sont que les Anciens de demain.

La position de Nicolas Fréret se conforte de l'invocation explicite
de Leibniz : « Cependant les sciences les plus importantes à l'homme,
la morale, la politique, l'économie, la médecine, la critique, la jurisprudence sont-elles incapables de cette certitude identique des démonstrations symétriques, mais ajoute-t-il, elles ont chacune leur dialec-
tique à part, comme l'a remarqué M. Leibniz et leurs démonstrations
ne vont jamais qu'à la plus grande probabilité. »[34] L'épistémologie de
l'érudition est, selon lui, nécessairement leibnizienne[35] et il n'y a
qu'une certitude relative de l'histoire. Fréret propose un cadre de
déroulement et d'insertion de cette certitude qu'il ne laisse pas
d'exposer comme innovateur[36]. Il faut accepter le caractère fragmentaire et morcelé du corpus de l'histoire ancienne : « La connaissance
que nous avons de l'ancienne histoire est presque entièrement fondée
sur diverses citations que nous trouvons répandues dans des écrits
de l'Antiquité ; ces citations peuvent être considérées comme des fragments d'anciens ouvrages historiques contemporains aux événements
ou du moins composés sur ces histoires contemporaines. Ces fragments des traditions historiques sont les plus universellement reçus

32. Art. cité, p. 102.
33. Art. cité, p. 114.
34. *Op. cit.*, p. 9.
35. Sur l'influence des thèses de Leibniz dans le *Mémoire de Fréret* au tome IV des
MAI, cf. Madeleine David, *Le débat sur les Ecritures et hiéroglyphes*, Paris, 1968, cf. ci-dessous.
36. *Réflexions*, Ed. Champollion-Figeac, *op. cit.*, p. 2-3.

dans l'Antiquité et leur témoignage doit avoir un grand poids, au moins pour les événements considérables. »[37] La distance entre les traces papillotantes, éphémères en raison même de leur rareté n'est pas sans le hanter comme elle obsède toute la critique du temps. Comment franchir l'espace qui sépare les quelques données précieuses et infimes de l'étendue de la connaissance des sociétés qui ont versé dans l'abîme ? Comment resserrer les mailles immensément lâches du filet de l'historien ? Comment surmonter la discontinuité de la connaissance et trouver le socle théorique qui permettrait de relier entre eux les relevés isolés ou incomplets, les sources fragiles et imprécises ? Le coup de génie de Nicolas Fréret est dans la formulation de ces questions qui l'autorise à dessiner en partant de l'histoire ancienne, « un cadre résultant de la liaison de plusieurs sortes de recherches », comme l'a justement formulé Madeleine David[38]. Sa réponse est que la diplomatique est à la fois nécessaire et insuffisante. Nécessaire parce qu'en raison même du caractère fragmentaire de l'histoire antique, il est indispensable de dater les fragments, de tester l'autorité des auteurs, par le recours à des critères chronologiques, à des renseignements philologiques et la méthode que propose ici Fréret n'est autre que la méthode diplomatique. Mais insuffisante parce qu'il faut aussi relier ces fragments entre eux : « Comme ces fragments laissent souvent des vides entre eux, que plusieurs sont obscurs et paraissent opposés les uns aux autres ou avec les histoires authentiques dont la vérité entière ne nous est pas connue; il ne suffit pas de déterminer en général, le degré d'autorité des écrivains dont on emploie les fragments, il faut encore les interpréter et les suppléer par des conjectures et des hypothèses qui ne tirent leur force que de leur probabilité et de leur raison avec le reste de l'histoire. C'est principalement sous cet article que la méthode des savants du siècle passé me paraît vicieuse. »[39] La tactique de Nicolas Fréret est double : d'un côté, il s'agit d'épurer l'histoire de ses fragments variés comme dans le même temps les géographes, un

---

37. Art. cité, p. 114.
38. M. David, Nicolas Fréret et le cadre de l'histoire ancienne, *Le journal des savants*, oct.-déc. 1978, p. 244.
39. N. Fréret, *op. cit.*, p. 3.

d'Anville, un Delisle éradiquent les cartes océaniques de leurs archipels imaginaires, de rejeter tout ce qui est abîmé, incertain, obscurci; de l'autre, il faut donner sens au puzzle en remplissant les interstices par les moyens que procure une méthodologie de la comparaison. La philologie et la mythologie comparée, la géographie, la chronologie. L'idée d'élargir d'un seul coup, du fait même de sa pauvreté, tout le corpus des traces à l'histoire universelle est une parade contre la pénurie. De ces différentes disciplines que nous énumérons ici, il serait injuste d'assigner à l'une ou l'autre une place cardinale car Fréret les conjugue et on ne peut les convoquer pour les examiner que dans un ordre arbitraire : leur jaillissement coïncide inévitablement avec le retour aux choses mêmes. Aussi bien ne peut-on comprendre le sens des interventions de Fréret, qu'à partir de leur contexte ou de leur *terminus ad quem*. L'historien inaugure, initie, commente et, si l'on veut apprécier la direction proposée par son itinéraire, il faut avoir en tête la suite de l'expédition. Pour le dire autrement, l'historiographie de Fréret n'est intelligible que rétrospectivement. Pour lui, davantage que pour d'autres, l'histoire des sciences ne peut être, comme l'a souligné Bachelard, que récurrente. Si l'on veut suivre les études de l'historien, il faut s'intéresser aux sciences elles-mêmes, si l'on veut analyser ses recherches, il faut se documenter sur la philologie, la mythologie, la chronologie ou la géographie : toute notice sur Nicolas Fréret est une notice sur le jaillissement des sciences humaines.

On commencera par la philologie comparée : celle-ci est née de l'éclatement de la philologie classique centrée sur les trois langues anciennes de la tradition occidentale, l'espace d'Hérodote et d'Homère, de la constitution d'Athènes, du *Corpus juris civilis* et de la Bible, l'espace du classicisme. Les trois grands territoires extérieurs à cette tradition, appelés à faire exploser la philologie classique seront dans l'ordre, la Chine, l'Egypte, l'Inde parce qu'on y parlait non le dialecte de tribus ensauvagées mais la langue savante de sociétés hautement civilisées dont les écritures au moins pour deux d'entre elles firent tout de suite sentir le poids de leur mystère. La renommée de la philologie comparée s'est imposée au début du XIXᵉ siècle par un succès qui a frappé les imaginations en confortant l'orgueil national : le déchiffre-

ment des hiéroglyphes par Champollion. Pourtant, la découverte du
secret des écritures égyptiennes ne date pas de ce jour de janvier 1822
où, sur une petite lithographie de l'inscription gravée sur l'obélisque
de Philae, Jean-François Champollion se sentit littéralement électrisé
en voyant dans un cartouche, le nom de Cléopâtre tel qu'il l'avait
lui-même déjà écrit signe pour signe, tant de fois en remontant,
grâce à l'alphabet qu'il s'était patiemment constitué, du démotique à
l'hiéroglyphique originel. Il ne date pas davantage du fameux 14 septembre 1822 où, en examinant d'excellentes reproductions de bas-
reliefs relevés dans les temples pharaoniques par l'architecte Hyot,
l'égyptologue sentit son cœur s'arrêter à la vue de la première feuille
consacrée au sanctuaire rupestre d'Abou Simbel, lorsque découvrant
dans un cartouche royal, un double S, il déchiffra lentement le groupe
phonétique *mes* au-dessous du disque solaire, Ré ou Râ et qu'il lut,
Rameses, Ramess, Ramses ! Puis sur la même feuille de nombreuses
variantes du titre qu'il connaissait « Aimé d'Amon »; de ce jour où,
à midi, il arriva à l'Institut où travaillait son frère et lui jetant ses
papiers sur la table il s'écria : « Je tiens l'affaire ! », avant de s'écrouler,
inanimé[40]. Si Champollion le jeune a pu écrire son *Précis du système
hiéroglyphique des anciens Egyptiens...*[41] dont il avait exposé les éléments
dans sa fameuse *Lettre à Dacier* à qui était dédié le mémoire qui allait
faire époque et qu'il lut à l'Académie des Inscriptions, le vendredi
27 septembre, ce n'est pas seulement parce que depuis près de vingt ans,
il s'était donné une formation sans égale dans le domaine de l'histoire
et des langues anciennes, préparé sans relâche à ces journées exceptionnelles où toute une vie d'incertaines recherches, d'extases menia-
ques déchirées de délires d'indignité, de critiques couvrant les encou-
ragements, contemple enfin sa soleilleuse moisson, c'est d'abord et
surtout parce que le jeune égyptologue était le produit tardif mais

40. Cf. Hermine Hartleben, *Champollion, sa vie, son œuvre*, présentation de Christiane
Desroches-Noblecourt, Paris, 1983, chap. VII.
41. ... *ou recherches sur les élémens premiers de cette Ecriture sacrée, sur leurs diverses combinaisons, et sur les rapports de ce système avec les autres méthodes graphiques égyptiennes* par
M. Champollion le Jeune. Seconde édition, Paris, 1828, contient la *Lettre à Dacier relative
à l'alphabet des hiéroglyphes phonétiques employé par les Egyptiens sur leurs monumens de l'époque
grecque et de l'époque romaine.*

soigneusement mûri, le fruit longtemps attendu, mais légitime d'un siècle d'érudition française dans le domaine de la philologie comparée. Le déchiffrement de l'écriture égyptienne n'est pas né tout armé de la tête de Champollion. Il avait fallu au préalable lever l'hypothèse que trois obstacles épistémologiques, la théorie symboliste, la notion de déchiffrement, l'idée d'une hiérarchie de perfection des écritures, avaient semé sur la route de l'égyptologie[42]. A partir de la Renaissance, le symbolisme avait porté à son comble la valeur des hiéroglyphes mais l'avait exceptée de tout déchiffrement. Le projet d'écriture universelle, cher notamment à Leibniz avait exalté le caractère des langues non figuratives et éloigné à son tour la langue égyptienne d'une interprétation linguistique. L'idée d'une hiérarchie des Ecritures exaltant les écritures philosophiques ou sacrées au-dessus des langues parlées avait coupé le rapport entre la langue et la parole et écarté l'intelligence de l'écriture égyptienne de la langue parlée par les anciens Egyptiens. Pour que l'idée de déchiffrement pût s'appliquer à l'écriture égyptienne, il fallait à la fois que fût critiquée l'idée du pur symbolisme des hiéroglyphes, révoquée en doute l'idée d'une pure abstraction des écritures philosophiques, mise en cause l'idée d'un rapport privilégié de toute opération de déchiffrement de la pensée à l'écriture sans passer par le son. Dans le symbolisme, le corps concret, imagé du texte a pour correspondant l'abstraction du contenu, dans le chiffre universel, le corps abstrait du texte renvoie à une pure pensée; dans la hiérarchie des langues, les écritures sacrées sont sans rapport avec la communication orale. Le double préjugé symboliste et antifiguratif éloigne également du déchiffrement des hiéroglyphes mais la conception anhistorique de la hiérarchie des écritures ne l'anéantit pas moins. Comme l'a montré Madeleine David, « Dans l'écriture égyptienne de même que dans toutes les écritures du Proche-Orient moderne, usant de procédés idéographiques et phonétiques, le rapport avec la langue parlée est essentiel. Mais il fallut de longs débats aux XVIIᵉ et XVIIIᵉ siècles pour que fût vaincue la répugnance

42. Madeleine David, *Le débat sur les écritures et l'hiéroglyphe aux XVIIᵉ et XVIIIᵉ siècles et l'application de la notion de déchiffrement aux écritures mortes*, Paris, 1965, p. 126. Voir aussi Erik Iversen, *The Myth of Egypt and its hyeroglyphs in european tradition*, Copenhague, 1961.

du public et des savants d'Europe à considérer comme écriture véritable le système hiéroglyphique en raison de sa forme figurative. »[43]
Si c'est à partir du xviiie siècle qu'allait progressivement se débloquer l'exploration scientifique des hiéroglyphes égyptiens, la meilleure connaissance de l'écriture chinoise ne fut pas sans jouer un rôle décisif dans ce déblocage. A partir de 1516, une mission jésuite promise à un bel avenir partit pour l'Empire du Fils du ciel. Son animateur le plus brillant, le P. Ricci (1552-1610), apprit le chinois, entra en relation avec l'empereur et les plus hautes autorités du pays. A partir de cette mission, la civilisation et la langue chinoise se trouvèrent au centre des débats intellectuels en Europe : certains esprits ne manquèrent pas de relever les contradictions qui existaient entre la chronologie chinoise et la chronologie biblique. D'autres répliquaient en greffant le développement de la Chine sur le développement plus ancien de l'Egypte. C'est à cette étape qu'intervient Nicolas Fréret. De même en effet que la science du droit moderne est née à travers la recherche de l'école de Bourges, de même la philologie comparée est liée à l'histoire, c'est-à-dire à la tentative de réinsérer le déchiffrement des écritures mortes dans la connaissance des civilisations passées en faisant de la langue elle-même un fait d'histoire. Si la première condition pour que l'on essayât d'appliquer l'opération de déchiffrement aux textes hiéroglyphiques était que ceux-ci fussent tenus pour des *écrits* et non pour un ensemble de symboles, Fréret a joué un rôle non négligeable. Après les travaux de Hermann Hugo, du P. Kircher, de John Wilkins au xviie siècle, Fréret sut élargir la voie. Au P. Athanase Kircher (1602-1680)[44], auteur en 1644 d'une fantaisiste *lingua aegyptica restituta*, revient le mérite d'avoir réalisé l'identification du copte moderne et de l'égyptien ancien, mais aussi le défaut, souligne Madeleine David, d'avoir instantanément refermé la route du déchiffrement en affirmant, dans le même temps, la qualité purement sym-

---

43. M. David, *op. cit.*, p. 13.
44. En 1633 Athanase Kircher avait rencontré en Avignon Isaac Pereisc qui s'intéressait aux études coptes. Un lexique copto-arabe découvert par Pietro Della Valla se trouvait à Rome et Pereisc aida Kircher à s'installer en Italie pour se consacrer aux études des coptes (cf. M. David, *op. cit.*, p. 44-45).

bolique des figures hiéroglyphiques. Après Kircher, Leibniz qui avait conçu une grande admiration pour lui, se tournera vers un projet d'écriture universelle qui le portait à exalter, notamment en raison de son caractère non figuratif, la langue chinoise réputée langue philosophique par excellence, une langue qui ne se parle pas mais qui représente directement les idées. A la fin du xviie siècle et au début du xviiie siècle l'intérêt pour la Chine était lié à l'idée d'une écriture universelle philosophique[45]. C'est dire toute l'importance, dans la levée de l'obstacle représenté par le symbolisme, des études chinoises. Menés parallèlement avec ceux d'Etienne Fourmont qui lui en dispute la priorité, les travaux de Nicolas Fréret bénéficièrent de la venue en France d'un jeune Chinois, Hoang, lettré et chrétien amené grâce à M. de Lionne et qui permit à Fréret de travailler à l'établissement d'une grammaire chinoise. Il appartient à l'académicien, non d'avoir appris à parler le chinois, privilège dont jouissaient déjà les missionnaires jésuites comme le P. de Prémare, le P. Couplet, le P. Gallet, le P. Régis et le P. de Mailla, mais d'avoir réfléchi sur l'écriture chinoise dans une perspective qui élargit les voies de la philologie comparée. Fréret composa un vocabulaire de trente langues différentes afin de rapporter tous les idiomes connus à quelques textes primitifs. Son apport a été triple. Il a d'abord sérieusement miné l'idée que l'écriture chinoise pût former le modèle d'une écriture universelle en réintégrant la civilisation chinoise dans la durée historique. Dans son mémoire, *Réflexion sur les principes généraux de l'art d'écrire et en particulier sur les fondements de l'écriture chinoise*[46], Fréret trouve à la civilisation chinoise les avantages qu'en peut tirer une philosophie spinoziste, interprétée selon le matérialisme du xviiie siècle. Après avoir souligné l'ancienneté et la dignité de la civilisation chinoise : « Les Chinois forment aujourd'hui la plus ancienne monarchie de l'Univers. Ils ont cultivé les sciences dès les premiers temps et subsistent au moins depuis quatre mille ans avec les mêmes loix et les mêmes mœurs et les mêmes usages. Ils ne méritent pas moins notre curiosité que les

---

45. Cf. V. Pinot, *La Chine et la formation de l'esprit philosophique en France*, Paris, 1932.
46. *MAI*, t. 6, 1728, p. 632.

Grecs, les Latins et les Arabes commentateurs d'Aristote dont on
enseigne la philosophie dans nos écoles... »[47], l'académicien met définitivement à mal l'idée du caractère philosophique de l'écriture chinoise en arguant de ce que, dans la culture chinoise, il n'y a pas de
métaphysique au sens traditionnel du terme (c'est-à-dire au sens de
repoussoir que les lumières ont donné à la métaphysique), parce que
la culture chinoise n'admet pas la notion de substance[48], ne connaît
pas le concept de Dieu[49], ne donne pas d'existence séparée à la morale[50]
Il revient ensuite à Nicolas Fréret d'avoir réfléchi à l'écriture chinoise
dans la perspective de la philologie comparée à partir notamment de
la méditation de l'ancienneté comparée de la Chine et de l'Egypte.
Pour cela, il inséra la recherche sur les écritures dans la recherche
chronologique, s'employant comme nous le verrons un peu plus loin,
à comparer les diverses chronologies à partir de la chronologie
biblique[51] dont il résultait que la Chine était moins ancienne que
l'Egypte et que les différences entre les deux civilisations pouvaient
s'appréhender dans une méthodologie de l'estimation réciproque.
Comparant l'écriture égyptienne à l'écriture chinoise, Fréret note que :
« Les Chinois n'ont jamais connu que l'écriture représentative des
idées et semblent n'avoir fait aucune attention à l'écriture verbale

---

47. Art. cité, p. 633.
48. Impossible de ne pas être sensible aux accents proprement spinozistes de Fréret
lorsqu'il écrit : « Les philosophes chinois ne mettent aucune distinction réelle entre les
différentes substances dont l'assemblage compose l'univers : ainsi à prendre ce mot de
substance à la rigueur et au sens que lui donne notre philosophie, ils ne reconnaissent
aucune substance : selon eux tous les Estre particuliers n'ont qu'une même existence à
laquelle ils participent tous également et qui est incapable d'augmentation et de dimi-
nution, c'est-à-dire, infini et inaltérable. La forme par laquelle chaque Estre existe ne
luy est point propre ; il n'existe point indépendamment des autres, mais son existence
est nécessaire et il ne peut jamais être ni détruit, ni produit. Dans le système chinois tout
est éternel, rien ne commence ni ne cesse d'exister », *MAI*, VI, art. cité, p. 632.
49. « Le principe étant posé, on voit aisément que la philosophie chinoise n'admet
ni création, ni providence et par conséquent ne reconnaît pas de Dieu, c'est-à-dire d'Estre
distingué de l'Univers qui est produit ou crée le monde et qui le gouverne ou le conserve
en conséquence des loix qu'il a établies », art. cité, p. 632.
50. « ... Tout estant nécessaire dans ce système, on comprend qu'à parler exactement,
il n'y a plus de distinction entre le bien et le mal moral, plus de vertus ni de vice, plus de
liberté, plus de perfection ni d'imperfection », art. cité, p. 632.
51. Cf. *supra* et *MAI*, t. X, XV, XVIII.

dont les caractères sont plutôt les signes des paroles que des choses. »[52]
Il y a trois genres, dit-il : « De cette écriture réelle : la peinture, le symbole, le signe arbitraire. » Les Egyptiens mélangent les deux premiers,
les Chinois s'en tiennent au premier. Les hiéroglyphes égyptiens représentent des objets tandis que les Chinois n'ont « qu'un rapport d'institution » avec ce qu'ils expriment. Il a enfin le mérite d'abaisser le seuil
des différences communément admises entre l'écriture chinoise et
l'écriture égyptienne. Dans un mémoire de 1746, *Observations générales
sur l'origine et l'ancienne histoire des premiers habitans de la Grèce*[53], ana-
lysant la nature de la langue égyptienne, Fréret rejoint le point de vue
de Kircher selon lequel la langue parlée par les Egyptiens a une
parenté avec le copte; en distinguant volontiers l'écriture hiéroglyphique, sacrée, représentation et symbolique utilisée pour les phénomènes religieux et sur les monuments importants, il refuse pourtant
l'interprétation symboliste de Kircher. Le résultat des études de
Fréret est de minimiser l'écart entre les différentes formes d'écritures.
Sans doute admet-il la distinction traditionnelle instituée entre les
différents types d'écriture : la première, une reproduction picturale
comme celle dont usent les Mexicains et les Egyptiens, grâce à laquelle
on peut transcrire les récits de la manière la plus concrète, la peinture
des pensées, la seconde formée par les systèmes alphabétiques qui sont
les signes de la parole et des sons proférés. De l'une à l'autre, Fréret
n'indique sans doute pas de passage. Mais c'est à l'intérieur des écritures non alphabétiques qu'il élimine des différences. En détruisant de la
sorte l'idée d'une écriture chinoise philosophique et en rapprochant
les modèles de l'écriture mexicaine et égyptienne, les considérations
de Fréret, bien qu'il ne les poursuive pas pour son compte jusque-là,
ouvrent néanmoins la voie aux travaux contemporains de Warburton
et à ceux, ultérieurs, de l'abbé Barthélemy. Après lui, deux étapes
fondamentales seront franchies par Warburton (1689-1779) dans un
livre *The divine legacy of Moses*, traduit en français (Paris, 1744) sous le
titre *Essai sur les hiéroglyphes des Egyptiens*. Bibliciste érudit comme l'était

52. Art. cité, *MAI*, VI, p. 618.
53. *MAI*, t. 47, 1809.

Newton, Warburton revient à l'idée de *l'unité* de l'écriture humaine accompagnée de sa progression à travers les stades successifs qui font que les écritures composent un tout lié et divin. Par une gradation insensible, l'histoire générale de l'écriture va de l'état de la peinture à l'état de la lettre. Connu essentiellement comme l'auteur du best-seller que fut le *Voyage du jeune Anacharsis en Grèce*, l'abbé Barthélemy, ami de Fréret et autre membre de l'Académie des Inscriptions est aussi celui qui dans deux mémoires importants, *Réflexions sur l'alphabet et la langue dont on se servait autrefois à Palmyre*[54] et *Réflexions sur quelques monuments phéniciens et sur les alphabets qui en résultent*[55] a su déchiffrer les alphabets palmyréniens et phéniciens. Et comme Madeleine David encore une fois l'a remarqué : « Ces deux mémoires constituaient les étapes de réalisation d'un programme formulé dès 1752. L'idée maîtresse de celui-ci était de rechercher une approche méthodique des problèmes égyptiens. »[56] On la voit notamment apparaître dans ses *Réflexions générales sur le rapport des langues égyptienne, phénicienne et grecque*[57]. En mettant systématiquement en rapport les connaissances données par les monuments égyptiens avec les renseignements tirés des auteurs grecs et latins, en puisant avec méthode dans le *Recueil d'Antiquité égyptienne, étrusque, grecque et romaine* publié par le comte de Caylus à partir de 1752, la voie était ouverte au chiffrement des hiéroglyphes par la philologie comparée. Depuis les travaux de l'abbé Barthélemy, on savait que le copte était la forme la plus récente de l'égyptien, que l'égyptien et le copte étaient apparentés aux langues sémitiques, qu'il existait même une parenté externe entre l'écriture monumentale et l'écriture cursive. Néanmoins dans la mesure où l'abbé Barthélemy pensait à tort que les hiéroglyphes représentaient des idées tandis que seule, l'écriture hiératique exprimait des sons, il restait à comprendre que les trois formes anciennes de l'écriture égyptienne — hiéroglyphique, hiératique, démotique — appartenaient à un système unique, que ce système était composé pour les neuf

54. *MAI*, XXVI, 1754.
55. *MAI*, XXX, 1758.
56. *Op. cit.*, p. 150.
57. *MAI*, XXXII, 1763.

dixièmes d'éléments phonétiques et pour un dixième d'éléments en partie figuratifs, en partie symboliques. Ce sera là l'œuvre de Champollion. Mais elle avait été allégée, facilitée par les travaux de Fréret, qui avait réinséré l'écriture dans la philologie comparée et la philologie comparée dans l'histoire.

Dans les tomes XVIII, XXIII et XXIV des *Recueils de l'Académie*, se trouve exposée une partie des écrits de Fréret relativement à la mythologie comparée. L'introduction est constituée par la « Réflexion avec la nature de la religion des Grecs et l'idée qu'on doit se former de leur mythologie »[58]. S'insurgeant contre l'évhémérisme des Modernes, l'historien se refuse à voir dans des fables une simple transposition des événements historiques : « On se persuade que leur histoire est un tableau défiguré des événements du premier âge... Il faut avouer que cette réduction du merveilleux au naturel est une des clefs de la mythologie grecque mais cette clef n'est ni la seule ni la plus importante. »[59] Autant qu'elle relate les événements historiques, la mythologie exprime la culture, les mœurs, la vie sociale d'une civilisation. La mythologie grecque en particulier qui, concouramment à la diffusion de l'hellénisme, en France au XVIIIe siècle[60], l'intéresse particulièrement, contient selon lui trois éléments : d'abord un fonds philologique relatif à une cosmogonie religieuse qui, sous des allégories bizarres, renferme une espèce de système sur l'origine du monde, sur la nature, sur les différents ordres d'intelligence qui ont donné l'Etre ou la forme de la théodicée : ensuite l'histoire de l'établissement des Dieux étrangers dans la Grèce; Fréret essaie de montrer l'origine égyptienne de Bacchus, transposition d'Osiris, et suit dans les mythes d'Hercule et de Pan, l'histoire défigurée de leur établissement en Grèce[61]. Enfin s'y trouvent des descriptions allégoriques des arts et des usages utiles portés à travers la mythologie des monstres ou la propagation de nouveaux cultes. Fréret définit la mythologie comme

58. *HAI*, XXIII, 1749-1751, 2751. Le mémoire est retranscrit à la troisième personne.
59. Art. cité, p. 17.
60. Cf. E. Egger, *L'hellénisme en France, leçons sur l'influence des études grecques dans le développement de la langue et de la littérature française*, Paris, 1869, 2 vol.
61. Art. cité, p. 43.

le moyen d'approche général d'une civilisation. Il avance prudemment dans le développement d'une mythologie comparée susceptible de permettre un passage de l'histoire ancienne à l'histoire universelle. Très attaché à la spécificité des différentes mythologies, il rejette notamment l'idée d'une identité prétendue des Dieux grecs et des Dieux barbares qui ne lui paraît avoir aucun fondement réel[62] et repousse la doctrine qui se répand comme un éclair, selon laquelle les Grecs avaient emprunté la plupart de leurs divinités aux Egyptiens et aux Phéniciens, tandis qu'il exalte, dans un tableau volontiers germaniste d'inspiration, la religion germanique, comparée à celle des Gaulois qui connaissaient les sacrifices humains[63]. La référence critique, pertinente ici, lui permet de souligner, en excipant des descriptions approximatives ou erronées de la religion des Hébreux qui se rencontrent chez Strabon, Diodore, Tacite ou Plutarque, de la difficulté d'une mythologie comparée réduite à se documenter chez les seuls historiens anciens. Position modérée qui porte le secrétaire perpétuel de l'Académie à répudier nettement le système qui reconduit des fables religieuses au positivisme historique, sans rejoindre davantage les idées de Vossius, Bochard, Daniel Huet ou de l'abbé Banier qui voyaient dans les mythes païens, les débuts défigurés et méconnaissables d'une révélation divine dont seuls les Hébreux avaient gardé la forme pure.

La philologie et la mythologie comparée qui émergent au fil des spicilèges de Fréret, copeaux tombés de l'établi délesté de la philologie, ouvrent l'accès à une histoire étirée dans ses dimensions temporelles et spatiales : le XVIIIe siècle, davantage encore que le XVIIe siècle est le temps de la découverte d'une histoire universelle qui ne se coule plus dans le moule de la théodicée. La prise de conscience de l'histoire humaine se confond avec la reconnaissance d'une expression du nombre des peuples connus. Ce défi a fasciné l'historiographie érudite : depuis combien de temps, combien de nations et sur quel espace ?

62. Observation sur la religion des Gaulois et sur celle des Germains, *HAI*, XXIV, 1756, p. 391.
63. Sur l'usage des sacrifices humains établis chez différentes nations et notamment chez les Gaulois, *HAI*, XVII.

L'Antiquité reculait : on savait par les textes enfin collationnés que depuis l'Antiquité hellénistique, les peuples de l'Orient se vantaient d'une origine immémoriale : trente mille ans pour les Egyptiens, au dire de Platon, qui dataient la destruction de l'Atlantide de huit mille cinq cents ans. Dès lors que la mythologie était censée détenir une part de vérité sur les sociétés dont elle avait réglé les croyances, il n'était plus possible de traiter uniquement ces propos de simples fables, il s'agissait plutôt de dégager la part consistante qui résistait dans les fables elles-mêmes. Et puis c'étaient les peuples qui ressurgissaient plus nombreux qu'on ne le pensait, de la nuit des mots et de la langueur des temps. Aussi bien la dispersion, l'éclatement, le scintillement abîmé de l'œuvre de Fréret ne doivent pas induire en erreur, son rabot ne construit que des esquisses, mais elles visent toutes l'histoire universelle. Le passage sensible accompli par l'érudit de l'histoire ancienne à l'histoire universelle à travers la Haute Antiquité a été fort bien mis en valeur par Bougainville, le successeur de Fréret à l'Académie au poste de secrétaire perpétuel. Celui-ci dans un mémoire intitulé *Vues générales sur l'origine et le mélange des anciennes nations et sur la manière d'en étudier l'histoire*[64] dégage les principes généraux qui ont guidé son prédécesseur : 1º Rassemblement du corpus de tous les témoignages et critique de l'autorité de ces témoignages sur le principe de plus grande certitude du témoignage le plus contemporain; 2º Distinction des nations par leur langue et par leurs mœurs; 3º Distinction entre nation, cité et peuple, lesquelles précisions se trouvent au principe même d'une histoire nationale; 4º Nécessité d'examiner très précisément les bases géographiques et les mœurs politiques des diverses nations; 5º Principe de l'existence d'un résidu des anciennes populations même en cas de déplacement des populations; 6º Augmentation des colonies dans leur déplacement; 7º Recherche de l'origine du nom donné aux nations (soit épithète honorable près de la langue originelle, soit sobriquet attribué de l'extérieur pour désigner une singularité remarquable); 8º Permanence du nom des nations au cours de leur développement qui nous fait retomber ici sur l'utilité de la

64. *HAI*, XVIII, 1753.

philologie comparée. Histoire des peuples, histoire des langues : problématique déjà romantique mais enveloppée dans l'analyse des déplacements de population de la Haute Antiquité qui permet à Fréret d'établir des groupes nettement individualisés et autonomisés de peuples : il distingue quatre peuples anciens[65] : d'abord les peuples latins en raison de la conformité du latin, de l'italien, de l'espagnol et du français. Puis les peuples grecs qui parlent les dialectes ioniens, éoliens, doriens; encore les peuples de langues esclavonnes qu'on reconnaît au russe, polonais, « bohémien », bulgare; enfin, les peuples de dialectes germaniques. L'étude plus systématique des langues aggrandit encore l'horizon : Fréret énumère quatre groupes de langues : premièrement la langue germanique qui se parle dans l'Allemagne et dans les pays où les colonies allemandes se sont établies, deuxièmement, la langue esclavonne qui s'étend en général depuis la Vistule jusqu'à la Volga vers l'ouest, troisièmement la langue des Tartares, quatrièmement la langue des peuples de Finlande, des Hongrois et des colonies de ces peuples. Mais dans le tome XVIII du mémoire intitulé *Recherches sur l'origine et l'ancienne histoire des différents peuples d'Italie*[66], il analyse dans ses grandes lignes la distribution des différentes nations et distingue les colonies illyriennes, les colonies ibériennes ou espagnoles, les colonies celtiques, les colonies grecques ou pélasgiques, les Etrusques ou anciens habitants de la Toscane.

Fondées donc sur l'étude des nations et des langues, des fables et des textes, les études de Fréret consacrées à la philologie et à la mythologie comparée jalonnent insensiblement l'évolution d'une histoire des antiquités proprement occidentales resserrées autour de la Méditerranée, lac intérieur de notre civilisation, vers une histoire universelle. Par accrétions successives, les terres inconnues de la Barbarie sont repérées, étiquetées, palpées pour figurer elles aussi dans le corpus agrandi des études. Cet élargissement traduit l'explosion de l'espace habituel du classicisme centré sur les antiquités gréco-latines, ajoutée à l'histoire sainte, superficiellement adonnée de connaissances

---

65. *HAI*, VI, 1729, art. cité.
66. *HAI*, XVIII.

néo-orientales par l'adjonction du repère d'Alexandrie et de Byzance. L'extension se fait par l'Est et par le Sud. En Occident, on commence de reconnaître le tropisme oriental de la culture grecque sensible en Asie Mineure ou en Thrace aux lieux d'origine des spéculations orphiques et des mystères dyonisiaques. Au Midi et par le souvenir de la captivité en Egypte, c'est la tradition de l'Egypte ancienne, sa religion, ses dieux, ses prêtres qui ont commencé de fasciner le monde européen avant de l'obséder. Dans le *Discours sur l'histoire universelle*[67], Bossuet avait déjà reconnu un rôle important à l'empire égyptien et à ses astronomes, arpenteurs, géomètres, médecins, érudits[68], réservoir d'antiquité pour la tradition judéo-chrétienne puisque « Dieu a voulu que Moïse même fût instruit dans la sagesse des Egyptiens »[69]. L'Egypte était-elle au fondement de la culture occidentale ? Du déchiffrement des hiéroglyphes on attendait d'abord la réponse à une interrogation historique sur le développement de notre civilisation. La découverte de la Chine et la connaissance de la langue chinoise ont en quelque sorte rendu irréversible une dilatation à laquelle la mode des récits de voyages avait déjà préparé l'opinion publique. Elle n'a pas seulement ancré la doctrine désormais reçue, martelée qu'elle avait été par les *Lettres persanes* de Montesquieu (1721), les *Voyages de Gulliver* de Swift (1747), d'un inévitable pluralisme culturel, que la découverte des sauvages, le Huron, l'Iroquois d'Amérique avait précipité, elle avait surtout accentué le problème proprement intellectuel au sein de cette diversité des nations. Car la Chine était à n'en pas douter elle aussi une civilisation. Ce qui a menacé d'exploser alors, c'est bien l'idée d'unité de l'humanité à travers la mise en cause désormais incontournable de l'histoire biblique réduite à elle-même, qui datait la création du monde à peu près quatre mille ans avant la naissance de Jésus-Christ. Se posaient d'abord et de façon urgente des problèmes d'harmonisation des coordonnées temporelles et spatiales : la chronologie, la géographie : nul hasard si les recherches apparem-

---

67. Paris, 1681, et nous citons d'après l'édition de Paris 1966.
68. *Op. cit.*, p. 360 et sq.
69. *Op. cit.*, p. 367.

ment désordonnées de Fréret s'orientent systématiquement dans ces deux directions.

Au xviiie siècle la méditation chronologique a sans doute atteint à un seuil d'équilibre : les bases du comput accepté à l'Académie des Inscriptions avaient été jetées depuis plus d'un siècle notamment par Juste Joseph Scaliger (*De Emendatione temporum* en 1583), le P. Denis Petau (*De Doctrina temporum*, 1627). Chez les bénédictins Dom Maur d'Antine avait commencé un travail qui sera poursuivi par Charles Clémencet et publié en 1750, *L'art de vérifier les dates.* Nicolas Fréret a consacré de nombreuses recherches à la chronologie dans la tentative de redonner à l'histoire antique d'abord déséquilibrée par les doutes pesants sur la certitude de la chronologie biblique puis bientôt distendue par les découvertes concernant la Haute Antiquité, un cadre susceptible d'harmoniser les différents calendriers et de synthétiser les observations chronologiques fournies par les civilisations connues et notamment les civilisations orientales, tant assyrienne que chinoise. En ce domaine le temps fort de son intervention est celui de sa dispute avec Newton, non seulement en raison de la célébrité du physicien anglais, mais parce que malgré elle, ce sont les thèses de Fréret qui l'ont emporté. La chronologie est inséparable de la science astronomique et c'est en partant de réflexions astronomiques que Newton intervint sur cette chasse gardée des érudits, lui qui par ailleurs avait l'habitude de pratiquer aussi « la chasse au lion vert ». Parmi ses nombreux passe-temps, alchimie, kabbale, sciences bibliques, le membre le plus en vue de la *Royal Society* s'adonnait aussi à la chronologie ancienne. Pour la princesse de Galles qui comptait parmi ses admiratrices, il en avait rédigé un abrégé. L'abbé Conti, de voyage en Angleterre, en obtint une copie et de retour en France en 1719, il la fit voir à Levesque de Pouilly qui le transcrivit et à son tour le communiqua à Fréret, lequel le copia encore et cette fois le traduisit en français, adorné d'un certain nombre de remarques[70].

70. *L'abrégé de la chronologie de Newton* traduit en français par Nicolas Fréret se trouve dans le tome I des *Œuvres complètes de Fréret*, Ed. Champollion-Figeac. Dans le même volume on trouve des éléments de la discussion avec notamment : *Observations générales sur le système chronologique de Newton par M. de Bougainville. Observations générales sur la chrono-*

Le calcul chronologique de Newton concernant l'histoire ancienne repose sur deux principes très simples. Premièrement, les anciens comptant trois générations par siècle appliquaient cette durée à la longévité des règnes soit environ trente-trois ans par règne. Newton estime devoir réduire cette durée à vingt ans. Deuxièmement, la précession des équinoxes est de un degré tous les soixante-douze ans ; en comparant la place que les points cardinaux occupent dans les constellations observées selon Clément d'Alexandrie par Chiron qui était contemporain du voyage des Argonautes avec celles contemplées à son tour par Méton en l'an 432 avant Jésus-Christ, Newton trouve une différence de 27 degrés dans l'ordre des signes. Comme un degré correspond à soixante-douze ans, 27 degrés font cinq cent quatre ans lesquels ajoutés à l'an 432, date de l'observation faite par Meton, donnent 936 avant l'ère chrétienne pour l'époque de Chiron et du voyage des Argonautes. La chronologie de Newton réduisait alors de cinq cents ans la chronologie antique qui plaçait ordinairement le voyage des Argonautes au XIVe siècle avant Jésus-Christ. Cette datation était à l'évidence de très grande conséquence pour l'histoire ancienne à laquelle d'un coup, le célébrissime Anglais faisait perdre cinq cents ans. Dans la mesure où des concordances chronologiques existaient avec les Egyptiens, les Chaldéens et les autres nations de l'Europe et de l'Asie, c'est toute la chronologie de l'histoire universelle qui était repensée. A ce calcul Fréret fit deux objections : d'une part il rétablit le compte par générations qu'il tenait pour valide, d'autre part il contesta — jouant là à contre-emploi, lui qui d'une manière générale excipait de la validité des observations anciennes — que la fixation des points équinoxiaux faite par les Anciens ait été fiable. En vérité, si l'on veut comprendre l'enjeu réel de la dispute, il faut revenir à la comparaison des histoires anciennes avec celle de la chronologie biblique. Et rappeler d'abord que la chronologie ancienne n'est pas établie sur des bases documentaires certaines avant la Ire olympiade grecque de 776

logie de Newton par Nicolas Fréret. *Réponses de Newton aux observations générales de Fréret.* En dehors des mémoires de l'Académie, on trouve aussi les *Remarques sur la chronologie* à la fin de la traduction du livre de Warburton, Paris, 1744, 2 vol.

(avant Jésus-Christ). Pour les périodes antérieures, la Bible avait fourni un comput de générations, plus ou moins crédible, et plusieurs chronologies concurrentes pouvaient comme le montre Fréret, être constituées à partir des Ecritures, même s'il était possible de trouver une solution aux contradictions. Selon la durée accordée aux générations bibliques, il était loisible toutefois de remonter sans difficulté jusqu'aux alentours de l'an 1000 grâce aux durées des règnes de Saül, David, Salomon et de leurs successeurs. Mais la suite avait un caractère conjectural : si l'on se référait aux indications de l'Ecriture, la période dite des Juges qui est celle au cours de laquelle les Hébreux se sont installés sur les terres de Canaan, s'étend sur plus de quatre cents ans et l'Exode se serait produit vers — 1500, la période abrahamique remontant à — 1900. Au XVIIIᵉ siècle, au même titre, mais à l'inverse, des dates très récentes adoptées pour la création du monde et le Déluge, ces dates élevées étaient remises en cause ; non seulement, en raison de la suspicion légitime qui pesait sur le texte biblique mais aussi parce qu'on prenait désormais en considération avant de les rejeter, les prétentions à la longue durée des peuples de l'Orient face à l'Antiquité occidentale. Même si l'effort personnel de Fréret en ce qui concerne la chronologie chinoise s'appliqua dans le sens d'une très nette restriction des ambitions de longévité de l'Empire céleste[71], son orientation personnelle, en raison même du cercle d'amis qui était le sien, l'éloignait nécessairement des préoccupations biblicistes de Newton. Il refusa en particulier, bien qu'une immense catastrophe proche d'un déluge se trouve relatée par les chroniques chinoises pour une époque correspondant à — 1500, d'accorder le moindre crédit au rapprochement qui pourrait se trouver dans la mythologie grecque tendant à accréditer l'existence du Déluge universel[72]. En dehors des raisonnements ci-dessus indiqués, les

71. Lettre de Fréret à Gaubil : « Les temps historiques de la nation chinoise ne remontaient point au-delà du siècle d'Abraham, siècle dans lequel il est constant par le témoignage formel de l'Ecriture qu'il y avait déjà plusieurs grandes monarchies », cité par M. David, *Nicolas Fréret...*, art. cité, p. 256 et *HAI*, X, 1733, *HAI*, XVII, 1739, *HAI*, XVI, 1742.
72. Cf. Observation sur les deux déluges ou inondation d'Ogyges et de Deucalion, *HAI*, XXIII, 1749.

sources évoquées par Fréret sont celles de Manethon, et de Théon d'Alexandrie. Le premier, égyptien de famille sacerdotale, qui a vécu sous les Lagides, les rois macédoniens de l'Egypte en voie d'hellénisation, a produit une histoire apologétique de l'Egypte laquelle est une réponse à l'œuvre légèrement antérieure de son homologue chaldéen, Bérose, qui travaillait pour les Séleucides de Syrie. Les fragments de Manethon transmis par Flavius Josèphe, Eusèbe de Césarée et Jules l'Africain ont commencé à servir de base à l'établissement de la chronologie égyptienne bien avant le déchiffrement de hiéroglyphes, et la macro-structure de la chronologie manéthonienne en trois grandes périodes : Ancien, Moyen et Nouvel Empire, s'imposera. Nicolas Fréret cite aussi le Gréco-Egyptien Théon qui évoque l'existence d'un calendrier mobile égyptien lié à l'apparition du cycle de Sirius (Sothis en égyptien hellénisé) à l'horizon du delta du Nil, ultérieurement qualifié de cycle sothiaque. Malgré l'attitude assez juste milieu adoptée par *L'Encyclopédie* dans son article Chronologie, qui relate la querelle Newton-Fréret, ce sont les orientations de Fréret qui, d'une manière générale, raccourcissaient l'étendue de la chronologie des grandes civilisations mais se refusaient à resserrer l'histoire de la Grèce, qui triomphèrent. L'adoption du système chronologique de Newton aurait conduit à une présentation de l'histoire ancienne de l'Egypte et de la Grèce très éloignée de celle qui a été peu à peu reçue. Akhenaton, le dernier pharaon de la XVIIIe dynastie aurait été un contemporain des deux royaumes d'Israël et de Juda. Alors que de l'abondance des objets égyptiens appartenant à des pharaons placés plus tard sur l'échelon sothiaque, on a déduit une chronologie égéenne et grecque parallèle à celle de l'Egypte ancienne : minoen ancien, minoen moyen, minoen récent qui a conduit à placer la fin des royaumes achéens et la guerre de Troie ainsi que l'expédition des Argonautes, vers 1250-1200, à concevoir l'existence d'un très long Moyen Age grec de cinq siècles dépourvu de vestiges archéologiques et d'événements, et à soupçonner l'existence d'une conquête catastrophique par les Doriens, préalable au miracle grec vers — 800, la chronologie newtonienne supprimait la période de latence de trois siècles pour la diffusion de l'alphabet phénicien, en Grèce donnait un caractère positif et non mythologique au voyage des Argonautes situé au xe siècle et enfin supprimait la vision des chants homériques élaborés pendant quatre siècles après la guerre de Troie par dix générations d'Aèdes en réduisant son temps de création à environ quatre-vingts ans. Finalement la chronologie newtonienne retrouvait la chronologie grecque elle-même faisant remonter la guerre de Troie à — 900 environ (l'époque de David et de Salomon), et l'expédition des Argonautes à la génération précédente, le centaure Chiron étant le maître d'Achille et l'initiateur de l'expédition. Dans ses grandes lignes, la chronologie newtonienne acceptait le schéma biblique et, si elle avait été reçue, le rapport chronologique qui a triomphé aurait été inversé. On aurait daté Mycènes par rapport à la guerre de Troie et à l'expédition des Argonautes, Cnossos par rapport à Mycènes et différents pharaons par rapport à Cnossos, etc. L'hypothèse de l'ordre des influences des civilisations aurait été dérangée, en faisant de la guerre de Troie et d'Homère des épisodes contemporains des psaumes du roi David et de la sagesse de Salomon. En revanche la chronologie de Fréret préparait la réception du paradigme d'antériorité de l'Egypte sur la Bible qui avait des bases d'autant plus fortes que les Hébreux eux-mêmes reconnaissaient cette antériorité civilisatrice, et elle fragilisait la datation biblique de l'Exode.

Le renouveau que Nicolas Fréret a fait subir aux matières de l'érudition est particulièrement perceptible dans le domaine de la géographie. Renée Simon a relevé toutes les communications prononcées par Fréret à l'Académie des Inscriptions. Elles s'étalent sur près de trente années et se suivent régulièrement de 1715 à 1746[73]. Dans

---

73. Qu'on en juge : « Observations sur la géographie de Xénophon (30 août 1715); « Etude sur les mesures longues des Anciens » (août-septembre-décembre 1722, janvier-février 1723), « Mesures longues des Arabes » (février 1723); « Distinction des villes de Cyrrha et Crissa » (20-28 juillet 1725); « Etendue de l'empire de Cyrus » (26 février 1726); « Mesures grecques et romaines » (1er juillet 1727); « Comparaison des Anciens et des Modernes par rapport à la connaissance de la géographie » (16 mars 1728); « Examen des connaissances géographiques des Anciens et des progrès de leur navigation » (juillet, août, décembre 1729); « Voyages des Anciens autour de l'Afrique » (décembre 1729 - janvier 1730); « Dissertation historique et astronomique sur un phénomène du temps d'Osygès » (novembre-décembre 1732); « Les embrasements du Vésuve » (mars 1734); « Connaissances des Anciens en géographie jusqu'à Ptolémée » (janvier-février 1735); « Inscriptions sur des colonnes itinéraires »

Les observations générales sur la géographie ancienne publiées par les soins du baron Walckenaer[74], l'érudit définit la géographie : « Science qui nous instruit non seulement de la grandeur et de la figure de la terre en général mais encore de l'étendue et de la situation des continents, des mers et des îles qui forment la surface du globe que nous habitons. » Elle a deux objets principaux : « L'un de marquer l'étendue et la situation respective des divers lieux qu'elle décrit, l'autre de situer les longitudes et les latitudes. »[75] L'objectif que se propose Fréret est d'établir un bilan des connaissances géographiques détenues par les Anciens. Ces derniers, expose-t-il, ont connu et développé la géographie et leur savoir est contemporain de l'institution des grands royaumes et des grands empires. Ainsi la Bible rapporte que Josué demanda aux Hébreux des cartes du pays cananéen à conquérir. L'Egypte ancienne a eu une cosmographie et une géographie en particulier sous le pharaon Sesostris à la cour duquel vivait Moïse. Selon Fréret les Grecs de leur côté ont développé de remarquables observations déjà avec Homère mais surtout avec les physiologues d'Ionie, Thalès, Anaximandre, Anaximène, Hécatée de Milet qui dressa une carte de toute la terre connue. Dicaearque, disciple d'Aristote et ami de Théophraste entreprit de réformer cette carte plate. Après lui, l'un des plus grands géographes de l'Antiquité fut le garde de la bibliothèque d'Alexandrie, Eratosthène, qui redessina une nouvelle carte universelle. Hipparque à son tour publia un nouveau traité de géographie dont il ne reste qu'un abrégé confectionné par le Grec Strabon sous l'Empire romain. « Les Anciens avaient donné à la terre, la figure d'un sphéroïde allongé vers les pôles. »[76] Ptolémée enfin, sous l'empereur Hadrien a formé une grande collection géographique. Parallèles au rythme de leurs

---

(février 1738); « Etat géographique de la France comparé à la table de Peutinger et aux anciens itinéraires » (juillet-août 1739); « Le cours de l'Halys et du Phase » (13 décembre 1740); « Latitude d'Athènes » (10 janvier 1741 - mai 1744); « Accroissement et élévation du sol de l'Egypte attribués aux inondations du Nil » (juillet-août, novembre 1742 - avril 1746), Renée Simon, *Nicolas Fréret, académicien*, Genève, 1961, p. 140.

74. *HAI*, *n.i.*, XVI, 1845-1848, p. 331 et sq.
75. Art. cité, p. 391.
76. Fréret, art. cité, p. 361.

expéditions, les données géographiques recueillies par les Anciens
étaient aussi en rapport direct avec leurs connaissances astronomiques. L'incertitude relative de leurs connaissances tient à ce que
la fable et l'observation se trouvent mélangées de façon indistincte :
ainsi les récits du voyage des Argonautes sont contradictoires mais
on y trouve des renseignements sur l'embrasement de l'Etna qui
donnent un repère chronologique. Du point de vue de la documentation ethnique ou politique, leurs travaux sont loin de satisfaire aux
exigences de la science des Modernes mais ils constituent une base
solide d'observations sédimentées, à rectifier. Cette recension critique
de la géographie ancienne accomplie par Fréret correspond au temps
de constitution de la géographie générale; elle en a accompagné le
mouvement et elle en est inséparable. Peu auparavant on ne disposait
pas de bonnes observations des longitudes et des latitudes et la longueur des mers restait mal connue. C'est l'Académie des Sciences
qui a fait mesurer entre Paris et Amiens un degré avec une exactitude
dont nul n'avait encore approché. Dominique Cassini (1625-1708)
entreprit ensuite la mesure du méridien sur toute la largeur de la
France. De là, on put conclure aux dimensions réelles du globe,
mesurer le rayon terrestre, constater l'aplatissement de la terre aux
pôles. En 1694, Cassini avait mesuré la longueur de la Méditerranée
en rectifiant le chiffre fourni par Ptolémée. Sur la base de ces travaux,
toujours à l'Académie des Sciences, intervient le renouvellement
décisif de la cartographie. Guillaume Delisle exécuta une nouvelle
mappemonde et des cartes en 1700 avec une introduction à la géographie marquant les nouveautés qu'il apportait. En rassemblant autour
de lui une documentation unique à la fin du xviiᵉ siècle, en s'ap-
puyant sur toutes les sources disponibles et en les recoupant entre
elles, Delisle aura évidemment été le maître incontesté de cette
nouvelle géographie : explorateur infatigable du monde et des
limites que lui fixait l'état de la cartographie moderne, voyageur
immobile, mais souvent averti au mois près des dernières découvertes,
il passera très vite pour l'un des géographes les plus féconds du
siècle. Se servant systématiquement des toutes dernières observations
astronomiques pour rectifier la position des îles, la forme et le contour

des terres, reprenant une à une, en les convertissant entre elles, les mesures fantaisistes dont la cartographie s'était servie en mêlant voyages et récits, calculs et hypothèses, dans une tentative de correction globale de la cartographie, spectaculairement prolongée par d'Anville et qui trouvera provisoirement sa conclusion sur le sol de l'Observatoire de Paris, dans un grand planisphère de marbre où l'Europe aplatie des cartes de Sanson trouvera enfin sa configuration définitive. En obligeant par ailleurs les éditeurs traditionnels à rayer de leur production — comme Dudley l'avait fait avec l'océan Pacifique — les êtres imaginaires qu'ils s'obstinaient à y inscrire. Sa démarche était historienne. Avec celle de d'Anville, elle aura accompagné un bouleversement plus profond, mais qui s'est situé, lui, du côté des mathématiques : histoire de calculs et de veilles, de nuits entières passées sur tout ce qui pouvait servir d'observatoire astronomique, d'années à revenir sur ce que l'on croyait acquis dans une mise à plat de l'histoire. Longtemps confidentiel, ce désir d'aboutir à une cartographie civile complète et homogène — partie d'un grand Atlas du Monde, et qui, bientôt pourrait couvrir l'Europe entière — va peu à peu trouver ses marques. En mordant sur les interdits qui traditionnellement pesaient sur elle et en imposant le projet d'une représentation publique, librement accessible, du territoire français; en favorisant la naissance d'une cartographie régionale encore embryonnaire (de là, les cartes successives de Seguin et Querret, et de Garipuy et de Gauthey en Franche-Comté et en Bourgogne, en Languedoc et en Lorraine; de là aussi le pur chef-d'œuvre qu'aura représenté pour la cartographie locale la carte de Guyenne éditée par Belleyme : merveille de précision topographique, assise sur un canevas qu'elle affinera jusqu'à multiplier par dix le nombre des amers fournis par Cassini, dans un relevé d'échelle double — 1/43 200 au lieu de 1/86 400 de la carte de l'Académie —, auquel elle intégrera au passage l'ensemble des données fournies par les cartes secrètes de Médoc de Claude et Félix Masse). En essaimant, mais aussi en s'ancrant au cœur d'une réflexion spatio-économique qui allait la porter bien au-delà d'elle-même et lui donner sa véritable assise, loin de réserves que la deuxième moitié du siècle aura parfois émises à son sujet. Car la carte déçoit : il se peut bien qu'elle soit précise, qu'elle forme à terme un document unique, que l'on puisse l'enrichir, l'imprimer sur papier ou sur soie, elle n'en reste pas moins un document confidentiel, à mille lieues des gravures que l'édition traditionnelle s'était acharnée à faire vivre : monument laconique, hérissé de symboles, conçue et présentée comme un réseau, sans que rien n'y rappelle les paysages que chacun sait connaître. Déception donc, dans laquelle vont immédiatement s'engouffrer les géographes du Génie en offrant au public, à travers la carte des Chasses, l'un des plus beaux tableaux de la fin de l'Ancien Régime. Faiblesse en tous les cas, et qui pourtant aura été l'une de ses plus grandes forces. Car quoi qu'on dise, le résultat est là : dans un espace conquis, quadrillé, dominé à travers sa mesure, et qui va désormais fonctionner comme la base d'une exploration à la fois plus profonde et plus large, que l'édition traditionnelle s'ingéniait à faire vivre. Ce que le regard n'y trouve pas — ce que l'on aimerait, au fond, que la gravure suggère en laissant sourdre à sa surface, au-delà, des anses et des ports, des villes et des forêts, la forme d'une plage, le miroitement d'une plaine inondée ou d'un lac —, d'autres en effet ont commencé à le chercher, en décrivant une trajectoire exactement inverse. Non pas au-delà (du côté de Vernet, là où triompheront plus tard Lautherbourg, Friedrich et Hackert) qu'en deçà de ces grands repérages : en s'en servant précisément comme d'un réseau qui ne livrait de l'espace que son dessin le plus abstrait. Ainsi est née la géographie nouvelle. Faut-il partir ici du bâtiment lui-même : grand prisme de calcaire implanté par Perrault sur l'axe de la Méridienne dont Delambre et Lacaille se serviront un siècle après pour fonder le système métrique, ou plutôt des voyages qu'il allait susciter et des milliers d'informations nouvelles qu'il allait recueillir ? Faut-il partir du centre qu'a été Paris pour la cartographie moderne ou de la constellation de points fixes qu'un siècle entier d'exploration allait faire apparaître ? Peu importe, à dire vrai, car quelle que soit la date que l'on retienne — fondation de l'Académie des Sciences en 1666, construction de l'Observatoire de 1668 à 1671, basculement au profit de Paris du Méridien de référence en 1687 —, quelle que soit la chronologie à laquelle on

s'arrête, tout, désormais, va renvoyer à un projet unique de redi-
mensionnement du territoire civil. Un projet que l'histoire attribue
volontiers à Jean-Dominique Cassini (inspirateur incontestable de
l'ensemble de l'entreprise), mais dont l'inauguration va voir deux
autres astronomes — Jean Picard et Philippe de La Hire — modifier,
dans un premier temps le visage de la France. Le problème qu'ils
vont aborder est connu et, pour une part au moins, résolu sur le
plan théorique. Il s'agit tout d'abord, comme Delisle l'avait fait,
mais à partir, cette fois, de repérages astronomiques, de s'affranchir
une fois pour toutes des mesures à l'estime qui continuaient à faire
du temps le critère essentiel de l'évaluation des distances, pour
mesurer les différences de latitude et de longitude relatives d'un
certain nombre de points fixes rapportés à un jeu de coordonnées
d'origine : de détacher, en somme, une série d'invariants empi-
riques — repères géographiques, mais aussi bien donjons et citadelles,
phares, flèches ou obélisques — de l'espace qui leur servait d'assise
et de les agrafer sur une sphère de référence géométriquement définie :
démarche vieille comme la géographie, mais que personne n'avait
jamais songé à appliquer à une aire définie, et qui va conduire Picard
et La Hire à suivre la côte atlantique avant de remonter vers la
frontière des Flandres (partis de Brest en 1679, ils atteignent d'abord
Bordeaux et Bayonne, puis se séparent six mois plus tard, l'un vers
Dunkerque et Gravelines, l'autre vers Saint-Malo, pour redescendre
finalement jusqu'à Antibes, avec pour résultat le relevé d'une cinquantaine de points fixes et un dessin au trait où la silhouette massive
et dilatée de la carte de France va, pour la première fois, trouver sa
configuration définitive. Ce n'est pourtant qu'un premier pas, et
quand La Hire, trois ans plus tard (le 16 décembre 1684), présente
cette « France rectifiée » devant l'Académie des Sciences, leur projet
d'origine chemine dans deux directions différentes. Mêlant, cette fois,
astronomie et trigonométrie, elle les conduit à y surajouter un effort
de dimensionnement tel qu'une fois connue la distance de deux
points séparés par une mesure d'angle, on puisse en déduire à la
fois la forme et l'amplitude du sphéroïde, ou plutôt de l'ellipsoïde
de référence (long débat sur la taille et sur la « figure » de la Terre,

qui verra triompher l'hypothèse newtonienne d'une terre aplatie vers les pôles après les expéditions de Bouguer, Maupertuis et La Condamine au Pérou et en Laponie), mais telle aussi que l'on puisse s'en servir comme d'une base dans l'édification d'un réseau de triangles dont le semis viendrait un jour ouvrir l'ensemble de la France : projet moins théorique déjà, depuis la mesure décisive effectuée par Picard entre Sourdan et Malvoisine, et qui manquera vingt fois de ne pas aboutir avant de rebondir et de s'user encore, pour finalement trouver son achèvement dans les années... 1830. Après cent cinquante ans d'un travail épuisant, marqué par six levées dans les côtes méditerranéennes et atlantiques, trois mesures successives de la Méridienne de Paris (de 1683 à 1718, de 1734 à 1746, de 1786 à 1790 avec Delambre et Lacaille), et dominé, de 1744 à 1756 par la parution des premières feuilles de la Carte de France : trophée géographique où chacun des deux mille et deux sommets consécutifs de chacun des deux mille triangles qui lui servaient d'assise aura été pointé, mesuré et conquis un à un, ne laissant plus « à ceux qui voudraient établir des cartes plus précises, ni incertitudes, ni critiques, ni choix dans l'affinement ou l'extension d'un canevas qui puisse un jour s'étendre à l'ensemble du monde »[77].

Il faut alors revenir à Nicolas Fréret, à son estimation critique des points assurés et des doutes entretenus par la géographie et l'astronomie ancienne a contribué à ce mouvement de critique préalable, de toilettage nécessaire sans lequel le *nouveau déploiement des sciences du territoire* ne pouvait être entrepris tranquillement, et situer dans ce contexte sa défense de Guillaume Delisle injustement attaqué par les Frères Sanson où Fréret formule cette belle définition : « La géographie est un des yeux de l'histoire. »[78] Les connaissances géographiques ne constituent nullement le dernier mot du savoir mais représentent une base documentaire irremplaçable et concernant le passé, la géographie est la première voie d'accès à l'observation de frontières territoriales, tandis que le niveau de repré-

77. Cassini de Thury, *Mémoires pour servir à l'histoire de l'Observatoire de Paris*, Paris, 1810.
78. Nicolas Fréret, *Lettres*, 1731, p. 39.

sentation des succès géographiques atteint par une société renseigne sur son niveau culturel. Paradoxalement, la science des Anciens que rendaient plus consistante et nécessaire la philologie et la mythologie c'est dans la géographie qu'elle venait toucher ses limites et confesser son aveuglement. Sur ce point, Fréret a été loyal et prémonitoire : l'histoire doit en quelque endroit s'incliner devant la géographie.

Nous quittons là les sciences humaines en leur expansion pour revenir à l'histoire de France, car enfin Fréret s'est aussi intéressé à l'histoire de France. Paradoxalement, l'histoire de France qui lui a donné la célébrité en l'envoyant à la Bastille, qui tout naturellement retenait une part essentielle des intérêts de la compagnie dont il était le secrétaire perpétuel, il l'a précocement abandonnée. Révérence tôt tirée à ce qui aurait pu être la meilleure part de son historiographie, à laquelle Augustin Thierry dans la rétrospective fameuse *Considérations sur l'histoire de France*[79] de l'héritage classique légué aux études historiques contemporaines, ne voit qu'une explication : la Bastille et la crainte d'y retourner, n'incrimine qu'une fautive : la Monarchie et sa répressive incompréhension. A relire, après l'auteur du *Récit des temps mérovingiens*, la communication de Fréret qui fit scandale, on peut se demander si c'est bien la seule interprétation recevable de sa défection. « De l'origine des Francs et de leur établissement dans les Gaules » fit l'objet de plusieurs lectures successives à la fin de l'année 1714, les dernières fréquemment interrompues par les objections de l'abbé de Vertot. Fréret lut un second traité du 16 décembre 1727 au 25 mai 1748 auquel furent consacrées treize séances de discussion, l'Académie considérant, nous l'avons dit, l'histoire de France comme un sujet d'intérêt par excellence. C'est ce traité qui sans doute fut publié dans une édition anglaise des œuvres de Fréret en 1727, puis dans l'édition Septchènes de 1796 avant d'être une dernière fois republié à la suite du rapport Walckenaer par la nouvelle Académie des Inscriptions en 1858. La surprise qu'il réserve ne vient pas des critiques sans ménagement adressées au P. Daniel contre lequel un auteur qui défend de manière non équi-

---

79. In *Œuvres complètes*, Paris, 1886, t. IV.

voque l'origine germaine des Français, oppose l'autorité des témoignages de Grégoire de Tours, Sidonius et Procope : « On ne doute plus aujourd'hui que les Français ne soient originaires de la Germanie et l'opinion qui les fait descendre des Troyens par un fils d'Hector, ou sortir des marest de Tanaïs, est abandonnée de tout le monde. »[80] Ouverture péremptoire et introduction radicale à une thèse selon laquelle : « Les Francs sont une nation, ou plutôt une ligue de différens peuples de la Germanie établis sur le Rhin, en remontant de son embouchure jusqu'à Cologne, et composée peu à peu des mêmes peuples qui, du tems de César, formaient la ligue des Sicambres. »[81] L'étonnement jaillit plutôt de l'argumentation qui est celle du jeune érudit. L'une des questions qui s'est immédiatement posée en effet à l'égard de son travail touche à ses rapports avec l'œuvre de Boulainvilliers. Fréret a-t-il été influencé par le Comte ou à l'inverse, comme le soutient Walckenaer[82], est-ce Boulainvilliers qui a utilisé les recherches du jeune érudit ? Un premier élément de la réponse se trouve d'abord dans une mise au point chronologique de bon sens proposée par Renée Simon : « Il y a peu d'apparence que Boulainvilliers se soit inspiré d'une esquisse de dissertation de Fréret sur l'origine des Francs, alors que son travail sur les commencements de la Monarchie est de 1710-1712, qu'il avait cinquante-six ans en 1714 et Fréret, vingt-six, et que vraisemblablement, c'est lui qui encouragea Fréret à des recherches historiques qui lui tenaient à cœur. »[83] La solution réside ensuite dans le contenu même des thèses de Fréret qui s'écarte sensiblement, et c'est l'étonnement qu'elle suscite, des thèses germanistes. Le jeune historien rejette d'abord l'idée d'une conquête brutale au profit d'un établissement plus ancien : « L'on a, écrit-il, des preuves incontestables que dès l'an 240, ils étoient établis sur les bords du Rhin depuis l'Océan jusqu'à Cologne et qu'ils étoient très puissants. »[84] La nation des Francs qui passa la première

---

80. Art. cité, Ed. Septchènes, 1716, t. 5, p. 155.
81. Art. cité, p. 157.
82. Rapport, art. cité, p. 17.
83. R. Simon, *Nicolas Fréret, op. cit.*, p. 133-134.
84. Ed. Septchènes, t. V, p. 157.

en Gaule et s'établit en deçà du Rhin longtemps avant le règne de l'empereur Julien et avant l'année 358 avait déjà des rapports de droit avec l'Empire ou plus exactement avec l'empereur. Les Francs servaient dans les troupes romaines, fournissaient des corps de troupes considérables ou même des armées entières commandées par leurs généraux[85]. Ainsi les Sicambres qui ont peut-être une origine commune avec les Cimbres ou Cimmeriens — ici les intérêts ethnographiques de Fréret pointent le nez — chassés du Danemark par une inondation de l'Océan, ont été incorporés dans l'Empire par Auguste[86]. Ces peuples qui n'ont jamais été soumis par l'Empire lequel, faute de mieux ne put qu'entretenir leurs divisions, ont fini par avoir raison de lui. « Vers la fin du règne d'Alexandre (Sévère), ils passèrent le Rhin et le Danube et firent de grands ravages dans le pays des Romains. »[87] Mais c'est seulement au bout de guerres continuelles étirées sur trois siècles qu'ils enlevèrent la Gaule, l'Espagne et l'Italie aux Romains et détruisirent l'Empire dans l'Occident[88]. Nicolas Fréret récuse ensuite l'idée d'une nation conquérante : « Une nation — ou plutôt une ligue de différens peuples » — comme il l'écrit plus haut. C'est ce *plutôt* qui l'emporte. Les Francs sont, explique-t-il, une nouvelle ligue de Germains et ils ne remontent qu'à cette ligue. L'invasion elle-même de la ligue des Francs ne date que de 241 et on se rappelle que c'est seulement en 407 que les Barbares ont fait irruption dans la Gaule[89]. Fréret conteste d'ailleurs l'étymologie habituelle : « Les Francs sont une ligue formée au

---

85. *Op. cit.*, t. V, p. 166.
86. *Op. cit.*, t. V, p. 176.
87. *Op. cit.*, t. V, p. 187.
88. *Op. cit.*, p. 190. Fréret écrit : « C'est ainsi que les Francs éteignent enfin le nom et la puissance romaine dans les Gaules, plus de 246 ans après la première expédition qu'ils avaient faite en deçà du Rhin environ l'an 240. Sous l'empire de Gordian et environ cent ans après l'invasion des pays situés entre le Rhin, l'Escaut et l'Océan où j'ai fait voir qu'ils étaient établis en 187... J'ai fait voir que les Romains ne les en chassèrent pas (de la Gaule) et qu'ils les laissèrent dans la partie septentrionale qu'ils occupaient déjà depuis longtemps sous le nom de Saliens. Lors de l'expédition de Julien en 358, j'ai montré aussi que depuis ce tems, jusqu'au détrônement de Childerich, et à son rétablissement en 465, c'est-à-dire pendant plus d'un siècle, les Francs avaient été les alliés les plus fidèles des Romains... Ainsi il n'est pas surprenant que les Romains aient souffert et même aient favorisé leur établissement en deçà du Rhin. »
89. *Op. cit.*, t. V, p. 200, 241, 325.

III⁰ siècle entre plusieurs peuples de la basse Germanie; les mêmes
à peu près qui, du temps de César, composaient la ligue des Sicambres.
Il n'y a pas lieu de rechercher la descendance des Francs ni les traces
de leur prétendue migration, puisque ce n'était point une race distincte ou une nation nouvelle parmi les Germains. Le nom des Germains ne veut point dire libre; cette signification, étrangère aux
langues du Nord, est moderne pour elles; on ne trouve rien qui s'y
rapporte dans les documents originaux des IVᵉ, Vᵉ et VIᵉ siècles.
Frck, *Frak*, *Frank*, *frank*, *Vrang* selon les différents dialectes germaniques, répond au mot latin *ferox* dont il a tous les sens favorables et
défavorables, fier, intrépide, orgueilleux, cruel. »[90] Enfin Nicolas
Fréret réfute la thèse de l'asservissement des Gaulois vaincus. On
n'en trouve aucune relation dans Grégoire de Tours, explique-t-il,
et si l'on avait dépouillé la plus grande partie des habitants de la
possession de leurs terres, nul doute qu'ils n'eussent pris les armes,
ce qui se saurait[91]. Pas davantage les Gaulois n'ont été réduits en
servitude. De là sa conclusion générale de tonalité romaniste[92].
Etonnante argumentation en effet pour qui voudrait faire de l'historien de l'Académie, un fidèle disciple de Boulainvilliers. Le système
qui cherchait le berceau de la nation franque en Germanie avant le
IIIᵉ siècle, qui, à partir d'une étymologie controuvée, érigeait les
Francs en hommes libres apportant la liberté aux peuples qu'ils ren-
contraient, est contesté. A la place, Fréret trace le tableau nuancé de
l'établissement successif de diverses tribus, de simples bandes ou de

90. Nous citons d'après l'extrait cité par A. Thierry qui a eu en main le manuscrit
original de Fréret qui devait faire partie de la collection Champollion-Figeac. Le texte
dans l'édition Septchènes se trouve t. V, p. 200.

91. *Op. cit.*, t. VI, p. 209.

92. *Op. cit.* : « Ainsi lorsque Clovis mourut en 511, les Francs étaient maîtres de la
Gaule entière, à l'exception de ce que les Bourguignons occupaient entre le Rhin et les
Alpes, de la Provence, et de la partie méridionale de la Septimanie, et ils possédaient en
partie à titre de conquête sur les ennemis de l'Empire romain, et en partie par la concession
formelle des empereurs, ou du moins par une approbation tacite, qu'ils avaient faite des
établissemens qu'ils y avaient formés dès les premiers tems, c'est-à-dire plus de cent
cinquante ans avant Clovis, pour ne dater que la confirmation accordée aux saliens en 358
par Julien alors césar et depuis empereur. Ce qui est bien différent du système imaginé
par les Modernes auxquels il a plu d'ôter à notre monarchie près de deux cent quatre
vingt ans et demi », t. VI, p. 227.

ligues confédérées, en mettant en évidence la simplification abusive à quoi on a réduit la conquête. Si comme l'a pensé Augustin Thierry, les thèses de l'abbé Dubos peuvent se réduire aux assertions suivantes : « La conquête de la Gaule est une illusion historique. Les Francs sont venus en Gaule comme alliés, non comme ennemis des Romains. Leurs rois ont reçu des empereurs les dignités qui conféraient le gouvernement de cette province, et par un traité formel ils ont succédé aux droits de l'empire — l'administration du pays, l'état des personnes, l'ordre civil et politique, sont restés avec eux exactement les mêmes qu'auparavant... »[93], force est de reconnaître que l'analyse de Fréret est plus proche de celle de l'abbé que de celle de Boulainvilliers.

On peut alors imaginer une autre explication à l'abandon où le jeune érudit laissa l'historiographie de la France que celle d'avoir craint avec l'ensemble de sa coterie les foudres de l'administration royale; une explication plus pessimiste. A comparer les dates en effet des traités de Fréret, 1714, 1727 et celle de l'œuvre de l'abbé Dubos, 1734, contemporain du *Recueil* de Dom Bouquet, on observera que l'érudit a seulement l'avantage de l'antériorité. Alors comment ne pas imaginer la perplexité de celui qui, loin de mettre en péril la constitution monarchique, ne faisait que redresser une historiographie romancée ou dévoyée et auquel la seule récompense octroyée était la paille du cachot. De celui qui découvrait en 1714 qu'il n'y avait plus de répondant du côté de l'administration royale, pour préférer sa jeune mais solide science aux contes du P. Daniel ou aux calomnies de l'abbé de Vertot. Loin d'être un germaniste orthodoxe, le fidèle disciple ou le jeune inspirateur des thèses de l'ancien admirateur du clan des ducs, Nicolas Fréret était déjà engagé dans la rectification savante de l'histoire de France que tentera d'accréditer le courant principal de l'histoire érudite. Il se trouvait en communauté d'inspiration avec les futures réalisations de l'historiographie bénédictine. La difficulté étrange, l'obstacle insaisissable, l'énigme sur laquelle il butait était que personne ne semblait le comprendre.

93. A. Thierry, *Considérations..., op. cit.*, p. 48.

La méprise qui est à l'origine de l'embastillement de Nicolas Fréret illustre le fait accompli de la séparation de corps de la Monarchie avec ses doctes : elle ne les soutient plus et ils ne peuvent plus se faire entendre d'elle. Il y a ainsi une deuxième marginalité du jeune académicien érudit, plus décisive et plus définitive que celle qui l'a écarté des antiquaires classiques, qui l'a finalement isolé au sein même de la coterie Boulainvilliers. Marginal par rapport à la Monarchie, Fréret est marginal par rapport à la société. Il ne sera pas, tel Levesque de Pouilly, héraut du pyrrhonisme et proche ami de Voltaire, un simple porte-parole des Lumières à l'Académie, lui qui croit à l'existence d'une sagesse des Anciens et qui tient à l'érudition. Au-delà de la discussion engagée après sa mort pour décider si oui ou non il est l'auteur du traité athéiste, la *Lettre de Thrasybulle à Leucippe*[94], il est certain qu'il n'est pas, qu'il ne peut pas être, même par anticipation, un membre à part entière de la République des Lettres et l'un de ces philosophes des Lumières dont Voltaire est le modèle standard. Ce qui séparera Fréret des autres habitués du café *Procope*, ce qui le réunira à l'abbé Barthélemy en qui il trouvera un ami et un continuateur, c'est l'impossibilité de partager entièrement le système de valeurs qui sera celui des Lumières françaises. On a beau se sentir français, on n'est pas moins érudit et comme érudit on a du mal à avaler la fable de la conquête et la légende des Gallo-Romains vaincus. On a beau être mauvais esprit, on n'est pas moins savant et comme savant, on a tendance à repousser beaucoup plus loin, beaucoup plus haut dans le temps la barbarie que ne le fera l'auteur de l'*Essai sur les mœurs*. On a beau se vouloir philosophe, on n'en est pas moins historien et comme historien, il est difficile d'accepter l'opinion d'une écriture chinoise « philosophique » et d'un Empire céleste « métaphysique ». Les Lumières ne pouvaient pas inventer la mythologie et la philologie comparées, rectifier la chronologie et émonder la géographie parce que de telles disciplines supposaient que persistât l'intérêt pour les Anciens. Fréret ne pouvait pas croire à la coupure absolue d'avec la civilisation barbare parce

94. Cf. Walckenaer, rapport cité et Madeleine David, art. cité, conclusion.

qu'il découvrait chaque jour de nouvelles raisons de reculer la chronologie des civilisations et d'étendre leurs territoires. Les Anciens étaient toujours plus modernes qu'on ne le croyait, la civilisation était toujours largement plus implantée qu'on ne l'imaginait. Comment s'opère alors le partage ? Mal, ou plutôt, non sans trouble, sans empiétement, sans aller et retour, non sans production d'une plage brouillée, d'un espace de frottement. C'est ici, dans le rapport entre le singulier et l'universel, entre la nature et la culture, entre la parole et l'écriture, que se dessine un clair-obscur de la pensée de Fréret. En dégageant l'interprétation de l'écriture chinoise de sa carapace fallacieuse d'écriture philosophique, Fréret a singulièrement contribué à abaisser le seuil de différence entre la langue parlée et la langue écrite qui obstruait l'accès au déchiffrement de l'écriture égyptienne. Pourtant ce n'est pas lui, c'est Warburton qui a énoncé le principe simple de la continuité de la langue et de la parole en revenant à l'idée de l'unité de l'humanité et de la dérivation de toutes les écritures de leurs représentations les plus concrètes à leurs représentations les plus abstraites. Dans l'œuvre de Fréret le passage de la philologie à l'avènement des sciences humaines ne s'est pas opéré aisément, ni effectué sans dégâts. Longtemps en effet, la science des textes et la connaissance des sources avaient été protégées de l'opposition cartésienne tracée entre la nature et la culture, occupée qu'était la philologie, à retrouver sous les artifices, sous la culture du texte, la nature de l'histoire qui l'avait produite. Pour que la culture tout entière fût assimilée à un artefact, pour que les sources fussent confondues avec les ruses du symbolique il a fallu que le point de vue de la critique ravageuse de Pierre Bayle et des Modernes l'emporte. C'est Bayle et le pyrrhonisme après lui qui ont surchargé les symboles de semblants, les ont opacifiés d'illusions, ont dénoncé les légendes fondant les récits, les fables alimentant les religions, les fantasmagories régnant sur le passé. N'y avait-il plus que déraison dans la tradition, que sarcophages d'erreurs dans l'Antiquité ? Nul doute que Nicolas Fréret ne se soit dégagé d'une telle orientation et qu'il l'ait combattue. Mais sans arriver pour autant à rétablir le principe normatif d'une unité des mythes de la langue, ni même de

l'espace et du temps. En palpant les différences, il espérait retrouver
les identités. De ce désaccord initial avec l'administration de la
Monarchie commanditaire de l'Académie, Fréret gardera l'habitude
de la rétention : ne pas avouer, garder pour soi, avancer à petits pas.
Parce qu'on risque à tout moment d'être non seulement incompris
mais aussitôt réprimé, parce qu'il y va non de la sécurité mais de la
stabilité du lien ténu qui lie les savants aux institutions de cette société.
Ne restait qu'une marge si étroite qu'elle commandait l'évasion.
Augustin Thierry a raison : faute d'avoir été bien reçu en exhibant
le résultat de ses travaux sur l'histoire de France, Nicolas Fréret
a choisi le grand large, c'est-à-dire comme historien, le lointain,
le plus lointain : la Chine, la Haute Antiquité, ou l'espace le plus
distendu : l'histoire universelle à la place de l'histoire du royaume.
De cette dissidence plus secrète avec sa sensibilité de jeune homme,
l'érudit conservera une attention pour les interstices et une propension aux déplacements. A risquer un rapide bilan sur l'immense
domaine où il a porté son attention et investi ses intérêts, on ne
peut manquer d'être frappé par l'inégalité de l'usage qu'il a fait des
mêmes principes suivant les disciplines considérées : tirant la conclusion légitime de la fin de la philologie et des impasses de philologisme, s'essayant à maintenir au sein de la diversité des peuples, des
cités, des civilisations un minimum d'ordre et de cohérence, Nicolas
Fréret n'a pas complètement retrouvé l'idée d'universel ni véritablement promu le principe de l'unité de l'humanité. Bien que ce fût sa
direction essentielle, sa main a quelquefois tremblé et son pas a
boité. Mais, dans ces temps obscurs pour l'érudition, sur le fil tendu
dans le vide entre une monarchie aveugle et une société indifférente,
entre une critique dévastatrice et une érudition déconsidérée, il a
continué de marcher. Ce n'est pas rien que d'avoir accompagné les
premiers pas de la mythologie et de la philologie comparées, de la
chronologie et de la géographie d'aujourd'hui. C'est pourquoi un
remords saisira la génération des historiens des années 1830 qui
faisait les comptes de ce que lui avaient légué ses prédécesseurs
d'avant la Révolution et Augustin Thierry rendra un hommage signalé
à Nicolas Fréret, tandis que Champollion-Figeac prendra la résolution

de publier ses œuvres complètes. Il y a deux manières d'observer ce que la science historique contemporaine a perdu de la grande érudition d'Ancien Régime : l'une est de constater, à la lecture des *Considérations sur l'histoire de France*, ce qu'Augustin Thierry ne sait plus et ne comprend plus de l'effort et des œuvres des historiens classiques, l'autre est d'observer — que faute de souscripteurs — la republication des œuvres de Fréret prévue par Champollion-Figeac s'arrêta au tome I. Toutes les deux sont poignantes qui laissent s'esquisser le portrait inachevé de Nicolas Fréret, génie retenu, érudit incompris, antiquaire d'une société qui n'aimait plus ses savants, philosophe d'une histoire qui n'avait plus de philosophie.

Jacob-Nicolas Moreau

1717-1803

CHRONOLOGIE

Vie de Moreau		Chronologie générale
1717 Naissance le 20 décembre à Saint-Florentin	1715	Mort de Louis XIV, début de la Régence
1734 Etudes au collège de Beauvais		
1741 Patente d'avocat	1743	Mort de Fleury
	1745	Bataille de Fontenoy
1746 Moreau commence à plaider	1748	Montesquieu : *L'Esprit des lois*
	1749	Machault d'Arnouville Contrôleur des finances
	1750	J.-J. Rousseau : *Discours sur les Sciences, les arts et les lettres.* Début de la guerre du Canada
1751 Moreau censeur	1751	Début de la publication de l'*Encyclopédie*
	1752	Affaire des billets de confession
	1753	Exil et rappel du Parlement
	1754	Disgrâce de Machault d'Arnouville et instabilité ministérielle
1755 *La lettre du Chevalier de *** à Monsieur *** Conseiller au Parlement* et débuts de *L'Observateur Hollandois*	1756	Début de la guerre de Sept Ans
1757 *Nouveaux mémoires pour servir à l'histoire des Cacouacs*	1757	Attentats de Damiens
	1758	Début du Ministère Choiseul
1759 Silhouette embauche Moreau au contrôle général des finances comme directeur d'une nouvelle bibliothèque administrative *Examen des effets que doivent produire dans le commerce de France l'usage et la fabrication des toiles peintes*	1759	Silhouette contrôleur général (8 mois)
1760 *Le Moniteur français* (6 numéros) Rédaction du Discours du chancelier Lamoignon au lit de justice du 21 juillet 1760		
1761 *Remontrances pour la Cour des comptes, aides et finances de Montpellier au Roi*		Bertin contrôleur général des finances (1759-1763)

Mémoire pour créer un dépôt public des chartes	
1763 Présentation de Moreau au dauphin. *Mémoire sur les Parlements. Remontrance de la cour des comptes, aides et finances d'Aix*	1763 L'Averdy contrôleur général des finances jusqu'en 1768
1764 Moreau député perpétuel de la cour des aides d'Aix-en-Provence	1764 Abolition de la Compagnie de Jésus en France. Agitation parlementaire
1765 *Preuves de la souveraineté du roi sur les Etats de Bretagne*	
1768 *Lettres historiques sur le Comtat Venaissin et sur la Seigneurie d'Avignon*	1768 Maynond d'Invault, contrôleur général, part en 1769. L'abbé Tenay
1770 Réforme Maupeou. Moreau bibliothécaire de la dauphine	1770 Disgrâce de Choiseul
1771 Moreau porte les lettres d'exil à Aix	1771 Réforme Maupeou
1773 *Leçons de morale de politique et de droit public*	
1774 Moreau historiographe de France	1774 Mort de Louis XV. Avènement de Louis XVI. Turgot contrôleur général. Edit sur la libre circulation des grains
1775 *Mémoire sur la constitution politique de la ville et cité de Périgueux*	1775 Guerre des Farines
	1776 Abolition de la corvée et des corporations. Chute de Turgot. Appel de Necker. Déclaration d'Indépendance des Etats-Unis d'Amérique
1777 *Débuts des Principes de Morale de Politique et de droit public ou Discours sur l'histoire de France en XXI volumes* (1777-1789)	
1781 Arrêt du Conseil créant la Bibliothèque et dépôt de législation, histoire et droit public	1781 Compte rendu au roi de Necker. Renvoi de Necker. Appel de Calonne
	1785 David : *Le serment des Horaces*
1787 *Projets des travaux littéraires ordonnés par S. M. relatifs à la législation, à l'histoire et au droit public de la monarchie française*	1787 Convention de Philadelphie et Constitution des Etats-Unis d'Amérique. Assemblée des notables. Chute de Calonne. Appel de Loménie de Brienne
1788 *Supplément aux mémoires... destiné à faire connaître les travaux littéraires ordonnés par S. M....* Création de la Bibliothèque et dépôt de législation attaché à la chancellerie de France	1788 Edits de Lamoignon et rappel de Necker
1789 *Exposé historique des administrations populaires aux plus anciennes époques de notre monarchie... Exposition et défense de notre constitution monarchique,* 2 vol	1789 Réunion des états généraux
1803 Mort de J.-N. Moreau	

Le temps des légistes était passé.

Les légistes soldats qui souffletaient les papes, dressaient les bûchers et conduisaient sur les chemins de guerre des troupes de brigands et de condottieres, les *milites regis*, plébéiens anoblis, agents des grandes affaires, les Guillaume de Nogaret, Pierre du Bois; les légistes humanistes qui avaient fait renaître le droit romain républicain contre le droit de Justinien au grand dam des glossateurs impériaux, qui avaient bâti, avec la doctrine de la souveraineté, la tour carrée de l'Etat moderne, les Jacques Cujas, Hugues Doneau, Jean Bodin; les légistes juristes rédacteurs des coutumiers, commentateurs du droit « françois », animateurs de la collation et de la réformation des codes, les Guy Coquille, Charles Dumoulin, Bertrand d'Argentrez; les légistes officiers qui avaient vilipendé la puissance en propriété de la seigneurie pour exalter la puissance publique de la Monarchie et révoqué la suzeraineté au profit de la souveraineté, les Antoine Loysel, Charles Loyseau; les légistes historiens et publicistes qui avaient mené la guerre diplomatique et peaufiné de père en fils les droits du roi, les Godefroy, les De Thou, les Dupuy, les Pithou; les légistes parlementaires qui avaient codifié des parties entières de droit civil et rédigé les grandes ordonnances, les Daguesseau. Tous ces légistes de geste et d'épopée, d'écrits et d'édits avaient disparu pour faire place aux financiers et aux traitants, aux commis et aux commissaires, aux ministres et aux ministères. Pourtant, le dernier des historiens de la Monarchie, Jacob-Nicolas Moreau n'est pas un clerc comme Mabillon, n'est pas un académicien comme Nicolas Fréret, c'est un légiste, le dernier des légistes.

Jacob-Nicolas Moreau est né le 20 décembre 1717 à Saint-Florentin, petite ville médiévale de l'Yonne, située aux confins de la Champagne et de la Bourgogne, dépendant au spirituel du siège archiépiscopal de Sens et au juridique du ressort du Parlement de Paris, la coutume de Troyes y étant appliquée[1]. Le jeune Moreau était d'une famille janséniste de robe récente. Son arrière-grand-père, « apothicaire » avait déjà un goût prononcé pour l'histoire qui rédigea *Les Antiquités de la ville de Saint-Florentin et de ses dépendances, privilèges et juridictions avec les noms, qualités des princes et des seigneurs qui l'ont possédée,* ouvrage empreint de dévotion royaliste et religieuse. Son père Edme-Nicolas Moreau, qui n'hérita pas de la fortune paternelle avait été primitivement destiné au sacerdoce et pendant ses études en séminaire, il fit la connaissance des frères Pâris qu'il ne reniera jamais mais bifurqua en se faisant avocat. Sa mère Anne-Ursule est une Gallimard. Malgré les moyens limités de leurs parents, les enfants Moreau reçurent une éducation très solide sous influence janséniste et sous la protection discrète mais efficace que le chancelier Daguesseau, durablement impressionné par l'érudition du père de Jacob-Nicolas qu'il fit nommer avocat au conseil, procura à la famille.

---

1. On peut dire de Jacob-Nicolas Moreau ce que Virginia Woolf a dit de Jane Austen : il y a peu d'exemple qu'un écrivain de cette importance — ici dans le domaine de l'histoire — soit demeuré si longtemps ignoré. C'est à l'historiographie locale que Jacob-Nicolas Moreau doit en partie d'avoir été sauvé de l'oubli. Camille Hermelin à qui l'on doit l'édition des *Souvenirs* de Moreau à la fin du XIXe siècle (cf. ci-dessous) était membre de la Société des Sciences historiques et naturelles de l'Yonne où la famille Moreau avait laissé des souvenirs. Le silence qui a longtemps entouré l'œuvre de J.-N. Moreau a été récemment rompu par l'ouvrage essentiel et qui est désormais le travail de référence de Dieter Gembicki, *Histoire et politique à la fin de l'Ancien Régime, Jacob-Nicolas Moreau (1717-1803),* Paris, 1979, qui s'est notamment consacré par un travail de recherche approfondi à éclaircir des points obscurs ou litigieux de la vie de Moreau, notamment son activité de député de la Cour des aides d'Aix-en-Provence. En ce qui concerne la biographie de Moreau, nous empruntons notre documentation aux œuvres de l'historien (cf. Bibliographie générale) et à ses *Souvenirs* complétée par les mises au point de D. Gembicki. En revanche notre propre travail d'interprétation de l'œuvre de Moreau ne reconduit pas totalement les appréciations de Dieter Gembicki comme nous nous en expliquerons ci-après.

Tandis que son père poursuivait la tradition d'étude historique inaugurée par le grand-père en rédigeant à son tour un *Mémoire sur le martyr de Saint-Florentin* dont il puisa la documentation dans les collections de la Bibliothèque bénédictine de Saint-Germain-des-Prés, le fils fut envoyé en septembre 1734 au collège de Beauvais qui dépendait du Parlement de Paris où il eut comme professeurs Rollin, Desenguy, Coffin et Crenier. C'est là, à Beauvais, qu'il composa une traduction en vers de l'Ancien et du Nouveau Testament que Colombat, imprimeur de la Cour « lui paie bien »[2]. Pour subvenir à ses besoins il dut ensuite accepter un poste de précepteur de latin dans la famille d'Aguesseau de Veljouan puis il se consacra à des études de droit et reçut en 1741 sa patente d'avocat.

C'est ici que — passé le temps du collégien — commence l'étrange vie de Moreau, trop grande pour ce qu'elle a de petit, trop petite pour ce qu'elle a de grand. Ce n'est pas qu'il y ait en elle comme nous l'avons observé chez Nicolas Fréret, deux teintes qui se contredisent, deux plans qui se masquent, se cachent et se déforment, l'éclair oblique du sens par l'indice de réfraction d'une autre scène, c'est plutôt qu'on y observe une diffraction des lumières, une explosion des actions. Moreau légiste soldat ? Sûrement pas. Humaniste ? Comme on l'est encore lorsqu'on est janséniste. Juriste ? Absolument ; dilettante en tout mais sachant à fond le droit comme Hubert Robert son contemporain savait la peinture. Publiciste ? Abondamment et incontestablement historien. Officier ? Aussi et magistrat à la fois. Et cependant très différent de ses prédécesseurs. Il y a une énigme de la vie de Moreau déposée dans les facettes trop nombreuses et les contradictions trop coloriées de ses entreprises, une énigme prisonnière de la cristallisation de ses activités où la bimbeloterie percute souvent le diamant. Avocat et courtisan, publiciste et commis, officier et légiste, bibliothécaire de Madame la Dauphine, historiographe du roi, directeur du Cabinet des Chartes, Moreau sera tout cela. Un siècle plus tôt, l'avocat aurait rencontré plus de difficultés à devenir magistrat, le commis davantage de facilités à

2. J.-N. Moreau, *Mes souvenirs*, édit. par Camille Hermelin, Paris, 1832, 2 vol., t. I, p. XI.

suivre la carrière d'un ministre longuement en place qui régulièrement aurait assuré sa promotion; littérateur, il se serait inséré dans
la filière officielle des académies; magistrat, il serait demeuré attaché
à la défense de son corps; légiste historien, ses ouvrages eussent fait
autorité. Or Jacob-Nicolas est toujours un peu au-dessous et un
peu au-dessus de chacune de ces fonctions. Son activité sera immense
et multiforme; il s'occupera directement des grands transferts de
fortune qu'occasionnent, par le biais des donations et des contrats,
les mariages, les testaments ou les substitutions; il interviendra
personnellement au cœur de la lutte entre les Parlements, les cours des
Aides et le ministère, il se battra devant l'opinion; il participera à la
modernisation de l'administration. Mais ce profil de carrière moderne
qui, au-delà de l'état d'incertitude institutionnelle des doctes, témoigne
des exceptionnelles possibilités d'avancement qui leur sont désormais
offertes, à condition qu'au prix d'un labeur forcené que Dieter Gembicki rapproche très justement du modèle des habitudes de travail de
Voltaire, les nouvelles élites de la technostructure étatique sachent
accepter les risques et les périls, des aventures que réservent les
institutions auxquelles elles appartiennent, comporte nécessairement
un caractère individuel plus marqué. Le paiement au comptant et le
solde déficitaire seront gagés sur l'actualité et sur l'immédiate postérité; le bilan de la vie de Jacob-Nicolas oscille largement entre une
incontestable réussite personnelle professionnelle et intellectuelle et
un non moins évident échec social et politique. C'est cette inflexion
par rapport à ses devanciers, et cet écart au cœur de son existence
qui méritent d'être observés.

En un sens, la vie du futur directeur du Cabinet des Chartes
témoigne d'une remarquable réussite privée : réussite dans le mariage,
réussite dans l'acquisition d'un patrimoine. Jacob-Nicolas n'est ni
clerc, ni célibataire; il vit dans le siècle et il y vit bien. Il se mariera
deux fois, deux fois avec des femmes « nées » et deux fois, si l'on en
croit son témoignage, il sera heureux en ménage. Le 27 septembre 1759,
il épouse Henriette-Marguerite de Coulanges dont il était fort épris;
grâce, nous explique-t-il dans ses *Souvenirs*, à son nouvel établissement
à la cour comme attaché ministériel d'abord auprès de Silhouette,

ensuite auprès de Bertin : « Un des avantages que je tirai de ma nouvelle place fut de conclure enfin mon mariage avec une demoiselle de
trente ans à qui j'étais tendrement attaché depuis plus de six; car si je
désirais la gloire pour moi, je la souhaitais aussi afin de mériter
Mlle de Coulanges, sœur du baron de Coulanges, lieutenant-colonel
du régiment de cavalerie *Colonel général*, dont les terres étaient voisines
des domaines de ma famille en Bourgogne. »[3] Henriette de Coulanges,
parente de la comtesse puis duchesse Jules de Polignac qui deviendra
la favorite de la reine Marie-Antoinette, était un solide appui pour
l'avocat mais elle mourut un an après son mariage, emportée par une
maladie foudroyante. Très affecté, Moreau après un veuvage de sept
ans se remariera en secondes noces en 1767 avec Marie-Louise O'Neil,
de vieille noblesse irlandaise dont il aura trois enfants, d'abord une
fille et un fils morts en bas-âge, puis une fille Pauline qui deviendra
en 1792 par son mariage, baronne de Clédat. Bien qu'il n'ait pas hérité
de son père, Moreau comme jeune avocat va gagner 15 000 livres de
rentes annuelles en 1756, 18 000 en 1764[4]; son contrat de mariage
détenu aux Archives nationales[5] montre que le 2 février 1767, sa fortune a triplé et qu'elle s'élève à 99 000 livres. Jacob-Nicolas Moreau
acquerra en 1760, pour la somme de 16 000 livres, une maison à Ville-
d'Avray qu'il revendra ultérieurement puis, en 1777, la terre, fief et
seigneurie de Chambourcy. « On peut vraisemblablement évaluer sa
fortune avant la Révolution à 300 000 livres », conclut Dieter Gembicki, qui ajoute : « Parmi les fonctionnaires du ministère des Affaires
étrangères, nous ne trouvons aucune fortune comparable à la sienne. »[6]
Fortune au demeurant acquise honnêtement par la conjonction des
multiples activités de son possesseur, avocat, commis, publiciste,
journaliste, magistrat, etc. Pour autant, Moreau n'a pas atteint à l'anoblissement et cela tient sans doute à une série de raisons bien mises
en évidence par Gembicki : l'étrécisssement au xviiie siècle des voies
rapides d'anoblissement, le choix fait par Moreau d'acheter, au lieu

3. J.-N. Moreau, *Mes Souvenirs, op. cit.*, p. 71.
4. Chiffres cités par Dieter Gembicki d'après les *Souvenirs* de Moreau, t. 1, p. 7 et 64.
5. *AN Minutier central*, E CXXVIII, liasse 553, cité par D. Gembicki, *op. cit.*, p. 344.
6. D. Gembicki, *op. cit.*, p. 345.

d'une charge anoblissante au premier degré, une charge qui ne donnait l'anoblissement qu'au bout de trois générations; enfin l'acquisition de la Seigneurie de Chambourcy et quelques velléités d'obtenir l'anoblissement[7], une attitude ambivalente à l'égard de la noblesse et des seigneurs. Ce n'est pas seulement que comme bourgeois, Moreau reste fidèle aux mœurs économes de la robe, c'est que comme publiciste, comme docte, et davantage encore, comme historien qui écrit au XVIIIe siècle où le tiers état a gagné en conscience de soi et en orgueil face à la noblesse, il a lui-même consolidé les raisons de l'antagonisme qui le sépare de la noblesse. Toute son œuvre de légiste ne se départira pas, nous le verrons, d'une aversion décidée pour la seigneurie féodale. Moreau est *gentry* si l'on convoque ici la catégorie chère à Georges Huppert, plus *gentry* que ses prédécesseurs immédiats même si, selon le mouvement irrépressible des couches sociales en ascension, sa fille franchira la ligne visible qui sépare un roturier d'un noble. Les raisons qui peuvent expliquer l'obscurité quasi complète dans laquelle est tombée la renommée de Moreau malgré ses postes et ses publications ne tiennent donc pas à sa situation personnelle, elles touchent davantage à ses relations avec la société qui pourtant va lui donner ses premiers succès comme avocat et comme courtisan.

Comment Moreau, « archiparlementaire et archijanséniste » selon ses propres termes est-il devenu l'une des plumes du ministère des Affaires étrangères, l'un des adversaires les plus solides des philosophes et parlementaires, l'un des appuis les plus déterminés du trône et de l'autel ? Le trajet du jeune Moreau le conduit insensiblement de la ville à la cour. Ses premières fréquentations le mettent en contact du noyau le plus dense du milieu janséniste par « la sœur du Thaumaturge de Saint-Médard née de Lude... ». « J'étais alors un bon petit janséniste »[8], écrit-il. Son père le présente à M. de Legal dont la mère est remariée à un commis important de la Monnaie, M. Masse, qui tient salon et surtout à la famille d'Aguesseau, à Daguesseau de Valjouan, l'oncle du chancelier et à Mme de Chastellux, sa fille. Bientôt l'avocat

7. *Op. cit.*, p. 350.
8. Moreau, *Souvenirs*, t. 1, p. 8.

débutant est régulièrement invité dans la propriété que les Daguesseau ont à Fresnes, et on lui confie l'instruction des enfants de Mme de Chastellux. C'est par cette très puissante famille dont le chef naturel est « le plus éclairé de nos législateurs » que Moreau fait son entrée dans le monde. « J'avais commencé à plaider en 1746. Je faisais la profession d'avocat avec quelques succès mais je la faisais encore avec plus d'agrément parce que, libre et garçon, logé et nourri chez mon père, je conciliais avec un travail que j'aimais le plaisir des belles-lettres, que je n'ai jamais négligées, et les charmes de la société, que j'ai goûtés, dans ma jeunesse de la manière la plus vive. J'étais le matin au Palais ; je travaillais l'après-midi chez moi, et à huit heures du soir, j'oubliais les affaires comme si elles n'eussent jamais existé. Je soupais dans les meilleures et dans les plus agréables compagnies, sans autre vue, sans autre objet que de m'y amuser de la meilleure foi du monde. »[9] Dans ces soirées, Moreau rencontre le fils aîné de Samuel Bernard, Bernard l'Omelette ainsi surnommé qui ne lui apporte rien de bien tangible, mais bientôt, par la grâce conjuguée de ses relations et de ses premières activités de juriste après la mort de son père en mai 1754 et notamment grâce à la rédaction de *La lettre du chevalier de X... à N. ****, *Conseiller au Parlement ou Réflexion sur l'Arrêt du Parlement du 18 avril 1755*[10] où il ironise sur le fanatisme des deux partis, le parti du Parlement et celui des théologiens, il se lie avec le procureur général Joly de Fleury et Malesherbes, avant que d'autres publications ne le recommandent à l'attention de celui qui restera son protecteur, le maréchal de Noailles. Ce dernier l'adresse à celui qui était en 1755 sous le nom de M. de Rouillé, le véritable et unique ministre des Affaires étrangères et Moreau est alors embauché pour défendre le point de vue de la France dans le conflit qui s'est élevé entre la France et l'Angleterre. Il rédige un dialogue en forme épistolaire de quarante-six lettres intitulées *L'Observateur hollandais* (la dernière lettre est de février 1759). C'est Etienne de Silhouette, nommé contrôleur général des finances, le 4 mars 1759, qui est responsable de l'installation à Versailles de Jacob-Nicolas qu'il

9. *Souvenirs*, t. 1, p. 36.
10. Paris, 1755.

embauche, pour un poste fixe dont les fonctions préludent à ses futures activités au Dépôt des Chartes[11]. Dans la mesure où cet établissement favorise son mariage, en même temps qu'il inaugure sa future carrière de commis, et que le mariage lui-même avec Henriette de Coulanges lui ouvre les portes des grandes familles de la cour, on voit que les fils des différentes activités de l'avocat s'entrelacent en un tissu serré. Moreau avocat est bientôt chargé d'importantes affaires pour d'importantes familles. La famille des Choiseul : il traite le mariage de la sœur du duc de Choiseul avec le duc de Grammont avant de suivre leur séparation qui lui vaudra de se brouiller avec Choiseul. La famille des Talleyrand-Périgord : grâce à l'amitié de la marquise de Talleyrand-Chamillard, il s'occupe des contrats de mariage comme de pourvoir aux substitutions des membres de l'illustre lignée : « La marquise d'Antigny habitait dans mon voisinage. Je venais de marier sa fille au comte de Talleyrand et depuis j'ai marié la sœur de celui-ci au comte de Chabannes. »[12] Après la cour, l'autel. Tout naturellement, Moreau se rapproche des jésuites. Il se lie au P. Griffet et au P. de Neuville, il entre en relation avec l'archevêque de Paris, Christophe de Beaumont. Infidélité, trahison ou inflexion des temps ? Comment le petit avocat jansénisant a-t-il pu ainsi évoluer ? Christophe de Beaumont, le jeune archevêque de Paris qui avait été désigné en 1746 par l'évêque de Mirepoix, applique avec plus de rigueur que prévu la procédure inquisitoriale des billets de confession. A partir de 1749[13], on oblige les fidèles à présenter un billet de confession signé par des directeurs de conscience approuvés et sélectionnés comme adversaires de la Bulle *Unigenitus*. Ces confesseurs devaient refuser l'absolution aux adversaires de la Bulle qui, dès lors, ne pouvaient ni recevoir le saint viatique ni reposer dans une sépulture chrétienne. Des scandales éclatent, comme le refus des derniers sacrements dont en juin 1749, est victime l'ancien recteur de l'Université de Paris, Charles Coffin, que Moreau avait eu comme professeur et qui n'avait pas voulu donner le nom de son confesseur, un prêtre interdit, au curé de sa paroisse. Son enterrement

11. J.-N. Moreau, *Souvenirs*, t. 1, p. 68.
12. J.-N. Moreau, *Souvenirs*, t. 1, p. 93.
13. Cf. P. Godard, *La querelle des refus de sacrements, 1730-1765*, Paris, 1937.

suivi par plusieurs milliers de personnes réunies dans une protestation muette[14] est l'un des nombreux épisodes qui jettent le Parlement de Paris dans l'attitude de rébellion ouverte qui lui vaudra, en 1753-1754, son exil. Sur cet événement nous avons le témoignage de Moreau : « Je perdis mon père au mois de mai 1754. J'en fus inconsolable et ce qui m'a le plus touché, c'est que je suis persuadé que ce qui contribua à hâter sa mort fut le chagrin qu'il eut de l'exil du Parlement, dont personne ne pouvoit prévoir la fin et qui ne venoit qu'au mois de septembre suivant. Il crut mon avenir perdu et il ne m'en avoit fait envisager d'autre : le Barreau du Parlement de Paris avoit été le terme de son ambition pour moi. »[15] Moreau tint-il rigueur au Parlement d'une intransigeance qu'il rendait peu ou prou responsable du chagrin mortel de son géniteur ? Nous ne le savons pas mais ce qui est en revanche certain, c'est que sa *lettre* de 1755 marque son éloignement invincible de la cause du Parlement dont il dénonce le sectarisme et que, dans la crise des années 1750 qui affecte les rapports du Parlement et de l'Eglise, il se rallie à la politique de conciliation de la Monarchie appliquée à trouver, non sans difficultés, les bases d'un accommodement. Moreau s'est en partie, en partie seulement, expliqué de son changement de position lorsqu'il a rapporté qu'il se refusait à condamner sans appel les deux frères Pâris, lors d'une discussion avec les bons pères. « Un jour, écrit-il, qu'en me mettant à table avec eux et quelques gens de lettres, je leur dis : "Mes Pères, je vous aurais donné quelques jansénistes si nous avions encore des gens de Port-Royal, mais malheureusement nous n'avons plus que la crapule du jansénisme et il ne nous faut pas nous encanailler." »[16] Dans les années 1760, c'en est fini du jansénisme des temps héroïques comme c'en est fini du jésuitisme des temps triomphants — la compagnie toute entière fait l'objet en 1762 d'une condamnation par le Parlement — et, les commentaires du légiste rejoignent le sens de l'observation désabusée que fera plus tard Péguy lorsqu'il stigmatisera la dégénérescence de la mystique en politique. Dans le jansénisme politique du Parlement, Jacob-Nicolas

14. Cf. Jean Egret, *Louis XV et l'opposition parlementaire*, 1715, 1774, Paris, 1970.
15. *Souvenirs*, t. 1, p. 46-47.
16. J.-N. Moreau, *Souvenirs*, t. 1, p. 112.

Moreau ne pouvait reconnaître le jansénisme gallican de ses parents. Insensiblement, une salve en entraînant une autre, l'adversaire en vue des parlementaires, le publiciste du ministère, devient-il un idéologue de la Cour ? Il faut nuancer la réponse. Incontestablement, les diverses charges accompagnées de gratifications ou de pensions que Jacob-Nicolas va obtenir, bibliothécaire de la Dauphine, secrétaire des Commandements de Monsieur, député de la Cour des aides d'Aix-en-Provence, historiographe de France, il les acquiert grâce à l'appui des grands aristocrates qui le protègent comme le maréchal de Noailles, des ministres qui le soutiennent comme Bertin, de la coterie versaillaise qui le recommande comme celle de Mesdames filles de Louis XV et tantes de Louis XVI. A suivre les péripéties qui lui permettent d'arracher par l'entremise de Madame Victoire, à travers une supplique assez basse et un zèle assez appuyé, la charge d'historiographe à laquelle il tient particulièrement[17] ou, à observer le soin par lequel il se tient très visiblement informé du moindre changement de ministre et de la capricieuse météorologie de la faveur, on a le sentiment que Moreau, comme tout un chacun, se plie aux mœurs de la société de cour et l'on se convainc que, s'il réussit mal avec Marie-Antoinette que l'on voit passer et repasser roide et froide devant son bibliothécaire désemparé malgré le soutien de la « petite duchesse » de Polignac, c'est qu'après tout, l'avocat n'est pas de sa coterie aristocratique qui défend bec et ongles les grands seigneurs. Plus souvent qu'à leur tour, les souvenirs de l'historiographe font entendre les gémissements plaintifs d'un ego meurtri par les humiliations que lui infligent les puissants. Choiseul par exemple : « Un soir je rencontre ce ministre dans un corridor du château. Il donnait la main à la Maréchale de Mirepoix. Je me rangeai pour les laisser passer. M. de Choiseul m'appela : "Qu'est-ce que c'est donc Monsieur Moreau. Je ne sais ce que vous devenez. Nous ne vous voyons plus ?" Je répondis : "Monsieur le Duc, je suis enchanté du reproche ; mais vous vous souviendrez s'il vous plaît que c'est vous qui me l'avez adressé et à coup sûr, je ne le mériterai plus..." Dès le lendemain, je me présente chez M. de Choiseul. Porte fermée ; le sur-

17. J.-N. Moreau, *Souvenirs*, t. 2, p. 26-27-28.

lendemain, la même chose; je retournai cinq à six jours de suite et à toutes les heures sans être plus heureux. Je m'en plaignais à l'archevêque de Cambrai qui se chargea d'en parler à son frère et de lui dire : "Pourquoi l'avez-vous invité à vous voir si vous lui faites fermer votre porte ?" Le ministre répondit : "Oh ! C'est que je voulais lui faire entendre que je savais qu'il en fréquentait d'autres." Ces autres là, c'étaient Mme de Villars et le duc de La Vauguyon. J'ai eu plus d'une fois l'occasion de remarquer cet esprit exclusif de quelques ministres et cela seul eût suffi à me dégoûter de leur intimité, car je n'ai jamais pu être l'âme damnée d'une personne.»[18] Ou le duc de La Vauguyon, précepteur des enfants du dauphin qui veut à toute force l'entraîner dans la rédaction d'un mémoire pour défendre les droits des ducs et pairs contre le Parlement. Moreau se brouille avec lui sans se réconcilier avec Choiseul. Autre histoire : Calonne demande à Moreau ses notes manuscrites qu'il lui prête, les recopie et avant de les lui rendre de mauvaise grâce. Moreau a le tort de s'apercevoir du plagiat, d'en plaisanter; il est exilé à Fontainebleau, s'en plaint à L'Averdy : il est rétabli. Virevoltes et roulés-boulés qui se succèdent en 1763. Faut-il prendre pour argent comptant la conclusion du courtisan désenchanté : « Dégoûté de la cour, sachant que j'étais mal avec M. de Choiseul, persuadé que je n'avais rien de bon à attendre de M. de La Vauguyon, ayant fort peu la confiance de M. de Laverdy et ne possédant de patron et de protecteur parmi les ministres que M. Bertin, je résolus de me livrer principalement à mes recherches sur le droit public et le travail que me fournissait le dépôt des Chartes. J'allais beaucoup moins à Versailles. Je vivais à Boulogne car je ne m'achetai ma maison de Ville-d'Avray qu'à la fin de cette année 1766, une petite propriété où je passais une partie de la belle saison. Des connaissances m'y venaient voir. L'archevêque de Cambrai, la comtesse de Grammont et tous leurs amis y venaient souvent. J'étais tranquille. J'étais gai » ? Est-ce la fin de la carrière de Moreau à Versailles ? Serment inconstant. Le livre II des souvenirs de Moreau consacré aux vingt années qui précèdent la Révolution regorge d'anecdotes sur Versailles et peint le réseau com-

---

18. *Souvenirs*, t. I, p. 140-141.

pliqué d'intrigues dont Moreau se plaint mais dans lesquelles il se
complaît. N'est-ce pas par elles qu'il parvient au poste, avec pension
de conseiller secrétaire des Commandements de Monsieur et surtout
à celui occupé naguère par Voltaire d'historiographe de France, titres
dont il fera suivre désormais fièrement après celui de conseiller hono-
raire de Cour des comptes, aide et finances de Provence, l'intitulé de
ses publications ? A son relatif échec il y a plusieurs ordres de raisons
des plus générales aux plus particulières : le xviiie siècle est un temps
de permanence et de castification de l'élite sociale. Comme l'ont montré
les travaux de Jean Meyer et comme l'a analysé Pierre Chaunu[19], la
noblesse la moins nombreuse d'Europe referme ses rangs sur les clans
étroits de l'aristocratie « d'épée » et de la haute robe, laissant à l'écart
la grande bourgeoisie; Moreau est un homme trop neuf pour faire le
grand saut en une génération. La coterie ou plutôt les coteries auxquelles l'avocat se rattache, celle du parti dévot et des filles de Louis XV
celle du parti de la réforme administrative avec son protecteur Bertin
qui est avec Trudaine l'un des grands modernisateur de l'administration, ne sont pas loin s'en faut, pendant le temps que dure de 1758
à 1770 le ministère Choiseul, les coteries dominantes. Sans doute
Madame Victoire continue-t-elle d'exercer une influence sur l'entourage du Monarque, sans doute encore, une fois remplacé au contrôle
général des Finances en 1763, Bertin poursuivra-t-il des fonctions de
secrétaire d'Etat jusqu'en 1780 mais les options de Choiseul, essentiellement préoccupé par la politique extérieure et relativement favorable
aux parlementaires et aux encyclopédistes en politique intérieure, ne
le prédisposent guère à accélérer la carrière de Moreau. Davantage,
et nous touchons là à un trait singulier de l'historien Moreau, qui
n'aura jamais accès aux grandes charges et ne sera jamais maître des
Requêtes, n'est aussi la « créature » de personne. C'est que les temps ont
changé. Sous Louis XIV, les ministres restaient longuement en place :
Colbert était demeuré vingt-deux ans, Louvois, vingt-cinq. Sous
Louis XV, les cabales font et défont les ministères; si Machault et

---

19. Jean Meyer, *La noblesse bretonne au XVIIIe siècle*, Paris, 1966, 2 vol. et Pierre
Chaunu, *La civilisation de l'Europe des Lumières*, Paris, 1971, p. 200 et sq.

Choiseul gardent leurs fonctions douze ou quinze ans de plus, Laverdy ne reste que cinq en place, Bertin, Puisieux, d'Aiguillon quatre, Rouillé, Belle-Isle trois, Bernis deux ou Maynon d'Invault une année et, avec huit mois de passage au pouvoir, Silhouette a donné son nom à une figure qui s'esquisse au moment de s'esquiver[20]. Quittant, en conclusion de ses souvenirs, le ton hypocrite et contraint ou le gémissement humilié du courtisan malheureux, Moreau analyse avec lucidité le rôle néfaste joué par Versailles dans le déclenchement de la Révolution et incrimine deux vices essentiels : le premier est la désunion de la monarchie et de la religion causée par l'influence, au cœur même de l'entourage de Louis XV et de Louis XVI, des idées philosophiques. Le second est l'absence d'un gouvernement royal continu. De ces manquements, c'est le duc de Choiseul, comble de l'esprit aristocratique, défenseur des Parlements, représentant de tous les privilèges, quintessence de l'esprit de cour dont Moreau, réendossant les habits du légiste, fait le principal responsable de ses petites déceptions et des grands malheurs de la Monarchie.

Après Moreau avocat et courtisan, Moreau publiciste ou le second fil d'une vie emmêlée. Moreau polygraphe, mémorialiste, journaliste, rédacteur de mémoire, d'adresses, de lettres, de discours, de leçons, de principes. Activité véritablement prodigieuse qui se distribue en de nombreux domaines, affaires étrangères, droit public, esprit public, libertés religieuses, affaires parlementaires, économie, réforme administrative[21] ; et se situe à l'entrecroisement de deux habitudes, celle de la guerre diplomatique qui avait entraîné la Monarchie à employer des érudits, les Dupuy, les Godefroy, l'abbé de Bourzeix[22] pour rassembler les pièces juridiques destinées à soutenir les prétentions de la Monarchie d'un côté, celle de l'opinion publique qui avait décidé Richelieu à patronner un bataillon de libellistes, Colbert à pensionner des écrivains. Empruntant à ces deux orientations, Moreau commence comme agitateur. Après le succès de son petit libelle (huit pages)

---

20. Nous empruntons les chiffres à *Lavisse*, t. VII, *op. cit.*, p. 330.
21. Comme le montre bien le catalogue des œuvres de Moreau publié par lui-même, cf. Annexe.
22. Cf. livres II, III et IV.

dirigé en 1755 contre le double fanatisme du parti dévot et des combattants intransigeants de la Bulle *Unigenitus* pour faire entendre un point de vue modéré[23], il est recruté au ministère des Affaires étrangères désireux d'influencer l'opinion publique et pour lequel Torcy avait créé quelques années plus tôt, l'Académie politique[24]. Nous sommes en 1755 : « J'allais trouver le maréchal de Noailles, écrit Moreau, il m'envoya chez M. de Rouillé. Le Ministre m'attendait et il me dit : "Monsieur le roi vous a choisi pour défendre sa cause : vous fîtes, il y a six mois, une révolution dans les opinions de ce pays-ci. Il faut que vous en fassiez une qui aille plus loin... dans les pays étrangers..." On conclut qu'il fallait que j'écrivisse de manière à fixer les opinions, à justifier la France et à intéresser toute l'Europe dans nos affaires en lui dénonçant les pirateries, les fraudes et la mauvaise foi de la cour de Londres. »[25] Tandis qu'en Amérique, les Canadiens français isolés se heurtent aux entreprises de l'Angleterre sur l'Ohio, *L'Observateur hollandais*[26], sous la forme d'une pseudo-correspondance de quarante-six lettres, est édité de 1755 à 1759. Moreau prétend y récuser les opinions et interroger « les traités, examiner les conventions et juger les nations comme on juge les particuliers sur les seules actions »[27] pour mener une chronique de la guerre anglo-française en Amérique qui se prolonge par un examen de l'ensemble de la politique européenne et notamment de la politique de Frédéric II, roi de Prusse. *L'Observateur hollandais* se clôt sur ces fortes paroles : « Concluons-en que nous avons en notre faveur les lois générales de l'Europe et l'état actuel des traités... »[28] En 1756, Moreau publie à part un *Mémoire concernant le précis des faits avec leurs pièces justificatives pour servir de réponse aux observations employées par les ministres d'Angleterre*

23. *Lettre du Chevalier de *** à Monsieur de *** Conseiller au Parlement, ou réflexion sur l'arrêt du Parlement du 18 mai 1755*, Paris, 1755.

24. Cf. J. Klaits, *op. cit.*, livre III et A. Baschet, *Histoire du dépôt des Affaires étrangères*, Paris, 1875.

25. *Souvenirs*, t. 1, pp. 59-60.

26. *L'Observateur hollandais ou première à quarante-sixième lettre de M. Van *** à M. H. *** de La Haye, sur l'état présent des affaires de l'Europe*, La Haye, 1755-1759, 5 vol.

27. *Op. cit.*, t. II, p. 9.

28. *Op. cit.*, t. IV, p. 48.

dans les cours de l'Europe[29], catalogue d'actes et pièces justificatives sur les rapports des chancelleries anglaises et françaises. Rédigées dans un style alerte et piquant, les feuilles de *L'Observateur* tiennent de l'article journalistique, des nouvelles de la république des Lettres, de rapport ministériel et de manifeste public, bref de la campagne d'opinion au temps de la librairie, de la guerre diplomatique au temps des Lumières. Pour ce morceau de bravoure, Moreau reçut une pension qu'arrêta un beau jour la mauvaise volonté de Choiseul, laquelle ne fut peut-être pas étrangère aux démêlés de Moreau avec le parti philosophique. La publication en 1747 du *Mémoire pour servir à l'histoire des cacouacs*[30] est un tournant important dans la vie du publiciste jusque-là assez heureux, car, en pleine querelle de *L'Encyclopédie*[31], elle lui assigne l'étiquette dont il ne se départira plus désormais, d'adversaire des philosophes et décidera de sa carrière d'auteur incompris. En 1757, l'abbé Odet Giry de Saint-Cyr (auteur présumé) avait lancé dans le *Mercure de France* une attaque brocardant les philosophes du nom de cacouac, variation de kakos (en grec méchant); Moreau saisit la balle au bond et trousse un petit récit de voyage. Le genre était à la mode avec les immenses succès des *Lettres persanes*, des *Aventures de Télémaque* ou des *Voyages de Gulliver*. Raillant à son tour les philosophes, notre conteur ironise sur leur irreligion, leur naturalisme proche de l'animalisme, leur conventionnalisme, leur éclectisme moral, leur engouement pour l'astronomie et la climatologie[32], leur rhétorique impénitente de l'enthousiasme[33] ou de la séduction, leur esprit de parti, leur goût de la musique italienne et leur habitude de la louange immodérée. Parmi les cacouacs stigmatisés on identifie nettement les chefs de file des Lumières français : Rousseau, « ses cheveux étaient mal peignés; il était vêtu d'une étoffe grossière »[34], Voltaire dans celui qui se propose

29. Paris, 1756.

30. *Mémoire pour servir à l'histoire des cacouacs suivi d'un supplément*, Paris, 1828.

31. Cf. l'édit d'avril 1757 renouvelant les précédents édits prononce la peine de mort contre les auteurs ou imprimeurs de livres prohibés. Cf. J.-P. Belin, *Le mouvement philosophique de 1748 à 1749*, Paris, 1913 et Daniel Mornet, *Les origines intellectuelles de la Révolution française*, Paris, 1913, chap. IV.

32. *Op. cit.*, p. 4.

33. *Op. cit.*, p. 15.

34. *Op. cit.*, p. 16.

d'établir que l'homme est un animal sot et malfaisant, que presque tous les princes ont été des vauriens et les hommes d'Etat des fripons[35] et on reconnaît encore Diderot, Locke, d'Alembert. Le voyageur désabusé des cacouacs dont il a vu la troupe se désagréger lâchement à la première escarmouche revient chez lui et termine son récit : « J'arrivais dans ma patrie. Hélas, je m'aperçus qu'il y avait longtemps que j'étais dehors. Le dirai-je ? Ces cacouacs dangereux ou ridicules, ces cacouacs que le sifflet met en fuite, je trouvais qu'on leur avait donné le nom de philosophes et qu'on imprimoit leurs ouvrages. » C'est un assez petit conte que celui de Moreau qui ne saurait rivaliser avec les belles pièces railleuses, soyeuses, pleines de rires et de satires, de couleurs et de chaleurs dont les cacouacs vilipendés étaient plus capables que leur détracteur. Sa platitude le protégera : bien accueilli par les adversaires des Encyclopédistes et en particulier par Elie Fréron qui en fait un commentaire favorable[36], le livre déclenche plus d'indifférence ou de pitié que d'envie. Mais désormais les philosophes le tenaient pour un ennemi même si Moreau devait par la suite préférer la recherche historique à la polémique métaphysique.

Revenant au journalisme en 1760, Moreau se consacre à la parution du *Moniteur français*[37] où se trouvent pour la première fois ébauchées les thèses sur l'histoire de la France et la Constitution monarchique que nous retrouverons dans ses grands ouvrages d'histoire politique. A partir de 1764, il renoue avec des publications plus directement politiques commandées par le contrôleur général L'Averdy qui, à l'occasion de la rébellion du Parlement de Bretagne et des intrigues déclenchées par La Chalotais contre le duc d'Aiguillon, gouverneur de la Province

35. *Op. cit.*, p. 29.
36. Elie Fréron en fait compte rendu favorable dans *L'Année littéraire*, 1758, n° 1, cité par D. Gembicki qui fait un exposé très soigneux de l'influence de l'ouvrage en montrant que celui-ci ne pouvait pas entrer en résonance avec d'autres attaques contre *L'Encyclopédie*. Après s'être interrogé pour savoir si les cacouacs étaient ou non une commande officielle, Gembicki estime qu'en tant que publiciste des affaires étrangères, Moreau ne pouvait pas écrire sans mettre au courant l'administration. Par ailleurs, le Conseil d'Etat du roi révoque en 1759 les lettres de privilège de *L'Encyclopédie*. Cela ne signifie pas pour autant que Malesherbes en personne qui protégeait par ailleurs Diderot ait commandé une telle satire ni retiré à Diderot sa protection. Cf. *op. cit.*, p. 80 et sq.
37. *Le Moniteur français*, Avignon, Paris, 1760, 2 vol.

depuis 1754, lui demande de présenter une argumentation convaincante des intérêts de la monarchie. Moreau publia anonymement *Les
preuves de la pleine souveraineté du roi sur la province de Bretagne*[38] où en
arguant de l'ancienne suzeraineté du roi de France sur les ducs de
Bretagne et en exhibant le contenu des lettres patentes de 1532 qui
avaient réuni la Bretagne à la Couronne, il réfutait la prétention énoncée
par le Parlement de Bretagne selon laquelle l'union avec la province
avait été réalisée par un acte libre des Etats. Nettement minoritaire
devant l'opinion publique dans cette affaire, Moreau se retrouvera
quatre années plus tard dans le sens de l'histoire en composant ses
Lettres historiques sur le Comtat Venaissin[39], tentative pour légitimer le
rattachement de la cité des papes à la France. Parallèlement, Choiseul
avait commandé au procureur général du Parlement d'Aix-en-Provence Ripert de Monclar et à Frédéric Schoepflin des recherches équi-
valentes[40]. Comme l'on sait, mais cette fois au nom du droit de la
nation, l'Assemblée constituante décrétera, après plébiscite, le 22 septembre 1791, l'annexion d'Avignon et du Comtat Venaissin. En 1778,
Moreau s'engagea encore dans une controverse de diplomatique politique plus douteuse en soutenant les prétentions de la ville de Périgueux à demeurer une ville noble et affranchie de certains impôts[41],
preuve qu'il prêtait sa plume à des causes diverses et quelquefois
douteuses. Dans ce registre, il avait sans doute atteint à son niveau
d'incompétence. Il ne fut pas beaucoup plus brillant en économie.
En 1759, il rédige un *Examen des effets que doivent produire dans le commerce de France l'usage et la fabrication des toiles peintes*[42], écrit de commande pour parer à l'argumentation libérale de l'abbé Morellet qui
lui vaudra les reproches justifiés de Grimm[43]. Nous sommes alors en
pleine expansion des idées de liberté de la production du commerce :
en 1750, Vincent de Gournay a traduit des ouvrages anglais d'inspi-

38. Paris, 1765. Il reconnaît la paternité de cet ouvrage dans le catalogue de ses œuvres.
39. Amsterdam, 1769.
40. Cf. D. Gembicki, *op. cit.*, p. 238-239.
41. Paris, 1759.
42. *Ibid.*
43. Abbé Morellet, *Réflexion sur les avantages de la libre fabrication et de l'usage des toiles
peintes*, Paris, 1759.

ration libérale, en 1753, Claude Jacques Herbert a publié son *Essai sur la police générale des grains, sur ses prix et sur les effets de l'agriculture* qui, de tonalité libérale, s'oppose à la police des prix et au dirigisme commercial[44]. Les articles Fermiers et Grains de *L'Encyclopédie* rédigés par Quesnay sont édités en 1756, le *Tableau économique*, en 1758. Comme le souligne Steven Kaplan, relisant Voltaire et Linguet, les années 1750 voient s'opérer un tournant : l'insecte philosophique se transformant en insecte économique[45] (Linguet), la nation se mit enfin à raisonner sur les bléz (Voltaire). « Les années 1756, écrit justement l'historien américain, constituent la période économique par excellence : la décennie de "pain économique", de la meunerie économique. »[46] Moreau qui, contre les indiennes, défend les toiles traditionnelles en s'attaquant au principe même de liberté apparaît comme franchement réactionnaire et une fois encore, est pris à contrepied par l'ordre des choses puisqu'en 1759, un arrêt du Conseil entérine la victoire du parti de la liberté en permettant la liberté du commerce des toiles peintes. Il ne sera pas plus modernisateur dans ses écrits fiscaux[47] rédigés contre la proposition avancée par Roussel de La Tour, dans *Richesse de l'Etat* (s.l.n.d.), que tout le public avait entre les mains en 1763, d'une capitation payée par deux millions de Français que Moreau dénonce comme trop démocratique dans son inspiration, en voulant disculper le contrôleur général de sa responsabilité dans la crise financière. Si *L'Examen... sur les toiles peintes* est une commande de Silhouette, et si Bertin pouvait d'autant moins être en désaccord avec les *Doutes modestes* qu'il en adressa des exemplaires au premier Président du Parlement de Rouen[48], les ouvrages du publiciste appointé du ministère éclairent à leur manière la position nuancée sinon rétractée de ses chefs hiérarchiques à l'égard de la liberté de commerce industrielle et leur volonté de garder l'initiative en matière de réforme fiscale. Pour

44. Cf. Steven L. Kaplan, *Le pain, le peuple et le roi. La bataille du libéralisme sous Louis XV*, préface de Emmanuel Le Roy Ladurie, Paris, 1976.
45. Cité par Kaplan, *op. cit.*, p. 92.
46. *Op. cit.*, p. 94.
47. *Doutes modestes sur « la Richesse de l'Etat » ou lettre écrite à l'auteur de ce système par un de ses confrères*, Paris, 1763; *Entendons-nous ou le Radotage du vieux notaire*, s.l., 1763.
48. Cité par D. Gembicki, *op. cit.*, p. 200.

« modestes » qu'ils soient, les *Doutes* s'insèrent dans la bataille de la fiscalité engagée dans les années 1750 dont les données sont connues[49]. La guerre de Sept Ans avait été à l'origine d'un bond en avant de la levée des impôts. Dès 1759, un grand nombre d'exemptions de taille sont suspendues. Le vingtième, l'impôt sur le revenu créé par Machault d'Arnouvelle, est doublé en 1749 par la déclaration du 7 juillet 1756 et triplé par l'édit de 1760. Un don gratuit extraordinaire est levé en 1758 sur les villes, bourgs et seigneuries du Royaume. En 1759, le bail des fermes générales est modifié d'autorité. Lorsqu'on avait doublé le vingtième, on avait promis de supprimer le second vingtième, dès la paix revenue. Les besoins d'argent croissant avec la guerre, on a fait appel à Silhouette qui propose un édit dit de subvention généreuse comportant un troisième vingtième, un ensemble de taxes de luxe et une révision du droit des fermes. Ses projets qui rencontrent une forte opposition des parlementaires ne suppriment pas pour autant le déficit, estimé en 1759 à 217 millions de livres l'année, et Silhouette est renvoyé. Bertin lui succédant, propose des mesures non moins radicales : il double la capitation des non-bailliages, triple celle des officiers de finance et crée un troisième vingtième pour deux ans (1760 et 1761), qu'il prolonge en 1762 et 1763. Ce sont ces nouvelles mesures fiscales qui ont déclenché une guerre de libelles et attisé la dispute. Si la *Théorie de l'impôt* de Mirabeau (1760) suggérant d'introduire un impôt sur le revenu net de tous les propriétaires qui se substituerait à tous les impôts a peut-être bénéficié de la bénédiction secrète de Malesherbes[50], Roussel de La Tour fait entendre pour son compte la position officielle du Parlement de Paris. Son opuscule tournait le ministère par la voie plus démocratique de la revendication d'un impôt unique fondé sur la fortune : il fallait donc répondre sur plusieurs fronts. A Moreau est dévolue la tâche de maintenir un certain esprit de hiérarchie sociale et de reformer le camp des privilégiés : « Tout le monde doit contri-

---

49. Cf. notamment M. Marion, *Les impôts directs sous l'Ancien Régime*, Paris, 1920 ; *Histoire financière de la France*, Paris, 1914, reprint New York, 1965 ; Clamageran, *Histoire de l'impôt en France*, Paris, 1867-1876, 3 vol. ; Gabriel Ardant, *Histoire de l'impôt*, Paris, 1971-1972, 2 vol. ; François Hincker, *Les Français devant l'impôt sous l'Ancien Régime*, Paris, 1971.
50. Cf. Elizabeth Badinter, *Les remontrances de Malesherbes (1771-1775)*, Paris, 1978.

buer, rétorque-t-il, mais tout le monde ne doit pas contribuer de la même manière. En France la Noblesse n'a jamais été exemptée de service mais elle a été exemptée de taille »[51], tandis que Bertin poursuit de son côté les négociations secrètes avec le Parlement afin de faire enregistrer ses édits, les lois fiscales d'avril 1763 ayant provoqué une résistance opiniâtre mais non jusqu'auboutiste des Parlements. « La déclaration du 21 novembre 1763 qui édulcorait les lois d'avril de la même année a été élaborée dans de longues discussions entre le Ministre et les chefs de l'opposition parlementaire », observe Jean Egret[52]. Ce double jeu qui est peut-être à l'origine de l'expulsion des jésuites, scandalise Malesherbes partisan d'une discussion publique et hostile aux complaisances privées. Malgré tout, le projet de Bertin d'un dénombrement exact de tous les biens-fonds sans exception pour établir une meilleure assiette de l'impôt était plus que le Parlement ne pouvait supporter et le 13 décembre 1763[53] il est remplacé par L'Averdy, conseiller au Parlement de Paris réputé plus conciliant avec la haute magistrature. Gagné en grande partie aux idées libérales, le gouvernement de Bertin a rassemblé une demi-douzaine de conseillers libéraux et économistes dont Trudaine de Montigny, fils du grand intendant des Finances et directeur des ponts et chaussées, est la figure type[54]. Bertin s'est attelé à des réformes administratives importantes, création de l'école des Mines, des écoles vétérinaires et il a aussi incarné le tournant libéral de l'administration avec la déclaration Mai 1763 qui garantit la circulation des grains et la liberté de commerce dans le royaume, ne réservant les mesures traditionnelles de police qu'à la ville de Paris[55], préalable aux réformes plus libérales encore de Laverdy, en juillet 1764. L'attitude exprimée alors par Moreau confirme les réserves ultérieures de Bertin partisan avéré de la libéralisation mais

51. Moreau, *Doutes modestes*, *op. cit.*, p. 263.
52. Cf. J. Egret, p. 97.
53. Clément Charles François de L'Averdy. Cf. Michel Antoine, *Le gouvernement et l'administration sous Louis XV, Dictionnaire biographique*, Paris, 1978, p. 149.
54. Cf. S. Kaplan, p. 110 et sur Bertin, cf. M. Antoine, *Le secrétariat d'Etat de Bertin, 1763-1780*, Paris, 1948, thèse dactyl. de l'Ecole des chartes et *Le Conseil du roi sous Louis XV*, Paris, Genève, 1970.
55. Cf. Kaplan, *op. cit.*, p. 105.

d'une libéralisation modérée et qui, dans la seconde phase de sa carrière ministérielle, lorsqu'il aura quitté le contrôle général pour un secrétariat d'Etat, essaiera de tempérer l'enthousiasme en rappelant la nécessité de maintenir à un plafond suffisamment bas, le prix du blé. Si, selon les formules percutantes de Steven Kaplan, les employeurs de Moreau, comme les forces principales de la techno-structure à la même époque, se sont convertis à la nécessité de substituer « au prince bouffi et arrogant de la monarchie administrative interventionniste... le roi pâle et discret qui gouverne moins pour gouverner mieux »[56], si davantage encore, ils ont pu être tentés de voir comme le Dr Quesnay « l'expansion anticipée du PNB comme un substitut et un prélude à la réforme fiscale fondamentale »[57] il n'est pas douteux, et après les libelles de Moreau la mise en place du dépôt des Chartes en 1762 en est un témoignage avéré, qu'ils aient gardé par-devers eux la doctrine d'une politique progressive de réformes économiques qui devait être confortée et soutenue par une politique de réformes fiscales et administratives[58].

Quittons là Moreau publiciste. Ecrivain ministériel, libelliste administratif, commis plumitif, Moreau, dont la production politique, toujours commanditée et le plus souvent stipendiée et anonyme, paraît amenuisée, comparée à celle des audacieux entrepreneurs de la physiocratie et de la philosophie qui catapultent d'élégants missiles, ou bâtissent d'imposants monuments de littérature ou de savoir pour prendre d'assaut la Bastille lézardée mais toujours imposante de la Monarchie. Son insuccès et son infériorité instruisent du retard de la politique monarchique au temps de la librairie et des lumières, car le multiplicateur de croissance qui a rallongé de dix ans de victoire sur la mort le monde adulte des lisants et des communicants (Pierre Chaunu), a aussi reculé la frontière intérieure de la culture. C'est qu'il ne s'agit plus seulement d'impressionner quelques chancelleries mais de

56. Kaplan, *op. cit.*, p. 115.
57. Kaplan, *op. cit.*, p. 118.
58. Sur Bertin, cf. D. Prévost, *Bertin*, R. d'Amet et D. Prévost, *Dictionnaire de biographie français*, Paris, 1954 et Livre III.

convaincre des institutions, des corporations, des salons, des sociétés
de pensée et de s'expliquer devant l'opinion publique. Entre le temps
du livre et le temps de la presse, les libelles rédigés par le publiciste
exposent clairement la politique suivie par le ministre dans le moyen
terme et sur des questions de moyenne portée. Par leur objet, les
mémoires de Moreau, même si leurs genres, qui relèvent indistincte-
ment de la déclaration ministérielle de politique générale, de la chronique des événements ou du rapport administratif auront tendance à
se diviser par la suite, ont un avenir certain. Par leur sujet, ils tradui-
sent une identité floue qui n'a véritablement ni présent ni passé. Car
Moreau n'est pas l'auteur mais seulement la plume asservie du discours
qu'il écrit. Qui est le sujet qui parle ? Le Ministre ? Il s'en défend en
empruntant la défroque de son libelliste. La pente du nouveau contrôleur des Finances qui supprime l'édit de février 1763 de Bertin sera de
canaliser la discussion au sein des institutions officielles, voire même
de l'empêcher sur la place publique. On affirme la volonté du monarque
de régner par l'observation des règles et formes sagement établies dans
le Royaume. Laverdy prescrit de demander aux Parlements, Chambres
des comptes et Cour des aides des mémoires « contenant leurs vues sur
les moyens de simplifier l'établissement, la répartition, le recouvrement, l'emploi et la comptabilité de tout ce qui compose l'état de nos
finances... »[59]. Et la déclaration du 28 mars 1764 assure le monopole de
la Magistrature, en interdisant d'imprimer ou de vendre aucun ouvrage
sur la fiscalité et l'administration des finances[60]. La politique du ministre
comme celle du Conseil du roi n'est pas publique mais secrète. Le roi
alors ? Le roi ne parle pas, le prince est délié des voix. C'est l'opinion
publique qui oblige l'administration à s'expliquer, le politique à
convaincre et le roi à parlementer. L'incertaine personnalité de Moreau
traduit l'inaptitude de la Monarchie absolue à accepter que l'espace de
la politique, jeu des parties, soit venu border celui du pouvoir propriété du souverain. De l'anonymat obligé à l'infamie désignée ou à
l'humilité ressentie, l'éloignement n'était pas si grand qui inclinera

---

59. Déclaration du 21 novembre 1763, 15 articles. Art. 1 cité par J. Egret, *op. cit.*, p. 99.
60. *Ibid.*

Moreau à ressaisir autrement et ailleurs, l'image de lui-même ainsi abîmée.

Tirons un troisième fil de l'existence complexe de notre historien, celui de Moreau magistrat. Si, après le réveil des cours souveraines (1715-1750), la crise des années cinquante, les années 1756-1770 voient les Parlements s'engager à la fois dans le procès de la monarchie administrative et dans la révolte contre la monarchie autoritaire, comme a cru l'observer Jean Egret[61], nul doute que l'intervention de Moreau ne concerne davantage la riposte au premier aspect de ce combat. Depuis son éclat public de 1755, Moreau avait insensiblement glissé sur une pente antiparlementaire : « On commençait donc à me regarder, écrit-il, comme l'antagoniste du Parlement, je n'étais que l'ennemi de leurs maximes. »[62] Etienne de Silhouette étant entré le 4 mars 1759[63] au contrôle général, Moreau y avait rendu les services qu'on a vus. En 1759, il traita directement, du point de vue du ministre qui maniait le bâton et la négociation, des affaires du Parlement en rédigeant un mémoire de compromis : *Relation des troubles actuels du Parlement de Franche-Comté* destiné à la fois à accepter l'exil des trente magistrats du Parlement de Besançon et à obtenir leur rappel. Selon son auteur, Lamoignon lui-même en corrigea les épreuves. On n'a pas retrouvé[64] deux mémoires rédigés en 1763 et qui ont été résumés et analysés par Georges Bussière[65] demandés à Moreau par Bertin où Moreau propose de recourir à la manière forte, en l'espèce la confiscation des offices, devant l'opposition des Parlements de Rouen et de Toulouse. Diviser pour régner était une autre politique du ministère. Si l'essai de remplacer l'autorité du Parlement par celle du Grand Conseil avait échoué en 1753, restait toujours la possibilité de tirer parti des divisions intestines qui opposaient les Chambres des comptes et Cour des aides aux Parlements dans la mesure où, depuis que le régent leur avait rendu le droit de remontrer avant d'enregistrer, elles avaient la possibilité de

61. *Op. cit.*
62. *Souvenirs*, t. 1, p. 119, cité par D. Gembicki, p. 210.
63. Cf. M. Antoine, *Le gouvernement et l'administration sous Louis XV, op. cit.*, p. 230.
64. Cf. D. Gembicki, p. 211.
65. Georges Bussière, Henri Bertin et sa famille, *Bulletin de la société historique et archéologique du Périgord*, t. 35, 1908.

faire entendre leurs voix. Là où elles existaient de manière distincte des Parlements à Paris, à Dijon, Grenoble, Aix, Nantes, Montpellier, Blois, Rouen et Dôle notamment, ces cours n'étaient pas sans souffrir de leur réputation de « savonnettes à vilain » et du recrutement de leurs magistrats souvent issus en première génération des roturiers nouvellement enrichis. Les tiraillements et querelles de préséance qui les opposaient aux Parlements ne laissèrent pas de donner au Ministre l'idée d'utiliser leurs remontrances pour les opposer aux Parlements du même ressort. C'est ainsi que Moreau commença par rédiger les *Remontrances de la Chambre des comptes de Grenoble*[66] puis en 1756, celles de la Cour des comptes, aides et finances de Montpellier[67] avant d'atterrir à Aix où il fit carrière[68]. La rédaction des *Remontrances de la Cour des comptes, aides et finances d'Aix au sujet des entreprises du Parlement de Provence*[69] est après son éclat contre les philosophes, un second tournant dans la carrière de Moreau. A plusieurs titres. Datée de juillet 1763, elle précède l'entrée sur la scène politique de Laverdy qui correspond à un recul de la Monarchie en face des cours souveraines. La Commission qu'il constituera pour rassembler les projets de réforme financière des cours souveraines où brillera particulièrement le mémoire du procureur général du Parlement d'Aix, Ripert de Monclar[70], formera, dit Roland Mousnier, « un véritable bureau du Conseil d'Etat et les cours souveraines deviendront selon leurs prétentions, en fait le vrai Conseil d'Etat ». Attaquant les intendants, les fermiers généraux condamnent l'administration exécutive en formation avec la juridiction administrative pour permettre au pouvoir judiciaire de se soumettre le pouvoir administratif[71]. « Les prétentions des cours souveraines, conclut Mousnier, menaient à une révolution aristocratique

66. *Souvenirs*, t. I, p. xxxiii (s.d.), cf. catalogue.
67. Aix-en-Provence, 1763.
68. Les *Mémoires* présentés par les cours au nombre de 24 sont conservés aux Etats-Unis. Cf. P. H. Beik, *A judgment of the old regime*, New York, 1944.
69. *Ibid.*
70. Après les travaux de Flammermont, Roland Mousnier a magistralement résumé la fin du « procès des trois cents officiers contre commissaires », cf. *Les Institutions de la France sous la Monarchie absolue*, Paris, 1980, 2 vol., t. 2, p. 616.
71. R. Mousnier, *op. cit.*, t. 2, p. 617.

au profit de la noblesse de fonction des officiers. »[72] Or, dans son
ouvrage de juillet 1763, Moreau s'attaquait au célèbre Ripert de
Monclar en dénonçant son réquisitoire comme portant atteinte aux
lois fondamentales de la monarchie et tendant à anéantir la souveraineté du roi. « Il atterra M. de Monclar qui n'a jamais pu y répondre
et qui ne me l'a jamais pardonné. »[73] Avec le célèbre procureur général
du Parlement d'Aix, l'avocat affrontait l'un des chefs de file de la
rébellion parlementaire, l'ami rancunier de Choiseul et des physiocrates, qui n'oubliera pas son adversaire provincial. Malheureusement
pour lui, en se heurtant à Ripert de Monclar, Moreau faisait face à l'un
des honorables correspondants de la politique qui allait, quelques mois
plus tard, devenir la doctrine officielle. A la cour, le Procureur aura
suffisamment d'influence et d'entregent pour conduire des intrigues
qui mineront la position de Moreau et l'empêcheront de l'emporter
en 1769, dans une affaire opposant la Cour des aides d'Aix aux tréso-
riers de France. Le deuxième titre de l'importance que revêt le mémoire
de Moreau composé pour la Cour d'Aix touche à l'argumentation
développée. Depuis la grande Remontrance du Parlement de Paris
de 1755, les thèses inspirées par les doctrinaires parlementaires, Le
Laboureur et le Paige[74], étaient passées de la clandestinité à la médiati-
sation. Les idées selon lesquelles, Placite général, Plaid de la Nation,
Cour de France, Conseil du roi, le Parlement ayant de tout temps rendu
la justice, était le dépôt des lois et devait tout naturellement être associé
à l'exercice de la fonction législative quand il ne l'exerçait pas tout
entier, avaient largement diffusé dans les remontrances provinciales,
parce que la théorie de « l'union des classes », selon laquelle l'ensemble
des parlements ne formait qu'un seul corps, avait justifié qu'ils ne
parlent que d'une seule voix. Or ici, c'est directement, frontalement,
que Jacob-Nicolas, esquissant les idées sur lesquelles il bâtira ultérieurement son œuvre de légiste, s'attaque aux prétentions parlementaires
pour défendre, « entre l'arbitraire du despotisme et la licence de

---

72. *Op. cit.*, t. 2, p. 620.
73. *Souvenirs*, p. 119.
74. Cf. Livre III.

l'anarchie parlementaire »[75], la véritable constitution monarchique. Le coup d'éclat n'étant pas pour renforcer sa position à l'arrivée de Laverdy et surtout pour stabiliser sa fonction d'avocat au Parlement de Paris. La troisième conséquence des *Remontrances* est d'incliner Moreau à abandonner sa fonction d'avocat à Paris pour une fonction nouvelle de député perpétuel de la Cour des aides à Aix-en-Provence. « Il est certain, souligne justement Gembicki[76], qu'en 1763 l'avocat au Parlement et des finances se trouve menacé par les conseillers au Parlement de Paris d'être rayé de l'ordre des avocats. » Mis au courant par Bertin des difficultés qui le menaçaient dans la capitale, il se replia en Provence grâce à l'achat d'un office en copropriété[77] qui lui permettait d'être dispensé de résidence et d'œuvrer comme député perpétuel de la Cour des aides à laquelle il rendit de grands services. En prêchant une politique calquée sur les orientations du contrôle général et, grâce à ses entrées dans l'administration, le député put défendre les prétentions de la cour plus souvent qu'à son tour malgré quelques échecs regrettables comme celui de 1769 que nous venons de signaler. Si Moreau ne parvint pas alors à faire triompher les intérêts de la Cour des aides contre les intrigues de Ripert de Monclar, il saisira sa revanche au moment de la Réforme Maupeou qui quelques années plus tard survenait... Sous le ministère Choiseul, en effet, la politique de conciliation à l'égard des cours souveraines n'avait eu comme résultat que de renforcer l'intransigeance et la rébellion des Parlements sans apporter de solution à la crise financière, doublée à la fin des années soixante d'une crise de subsistance avec l'échec des mesures libérales[78]. Le commerce et l'approvisionnement étaient sérieusement ébranlés, la crise sociale et politique produisait un grand bouleversement économique et une terrible récession[79]. Les Parlements continuant, dans

---

75. *Souvenirs*, t. 1, p. 119.
76. D. Gembicki, *op. cit.*, p. 115.
77. Cf. Gembicki, *op. cit.*, p. 216.
78. S. Kaplan, *op. cit.*, p. 208.
79. S. Kaplan : « Ensuite la crise prolongée des grains provoque une crise économique générale qui entraîne de grands désordres sociaux et met les finances du gouvernement en difficulté. La libéralisation avait commencé sur une note optimiste. Le gouvernement

l'épisode culminant de l'affaire de Bretagne, leur politique d'obstruc-
tion aux réformes, une décision s'imposait, ce fut la Réforme Maupeou,
la « Révolution royale » (R. Mousnier) : « Les prétentions des cours souveraines menaient à une révolution aristocratique au profit de la
noblesse de fonction des officiers. Maupeou préparait une révolution
royale au profit du roi, de ses commissaires et commis pour le bien
commun. »[80] Après le lit de justice du 7 décembre 1770 où le chancelier interdit aux cours souveraines d'utiliser désormais leur trop
habituelle terminologie d'unité, d'indivisibilité et d'union des classes,
le Parlement étant entré en rébellion et ayant suspendu la justice le
10 décembre, Maupeou fit envoyer des mousquetaires à chaque magistrat dans la nuit du 19 janvier 1771, avec la sommation d'avoir à
répondre par oui ou par non à la fin de la grève, exila les opposants et
procéda à une immense réforme judiciaire. La vénalité des charges
était abolie au profit de fonctions de juges appointées et révocables,
le Parlement de Paris était supprimé et remplacé sur son ressort par
cinq conseils supérieurs. Des cours provinciales étaient abolies ou
transformées : le Conseil d'Artois, les Parlements de Douai et de
Rouen étaient remplacés par des Conseils supérieurs. Aux dépens de
Rouen on créait le Conseil de Bayeux, et celui de Nîmes aux dépens de
Toulouse. La Cour des aides de Paris ayant à son tour présenté par la
bouche de Malesherbes son premier Président de grandes remontrances[81], celle-ci fut à son tour supprimée ainsi que le Grand Conseil
et les autres cours souveraines de Paris et de la province; Cour des
aides, des comptes, des monnaies, éminentes, table de marbre. Sur
le concours exact apporté par Moreau à la Réforme Maupeou subsiste
un doute. Le député de la Cour des aides d'Aix se défend en effet dans
ses *Souvenirs* d'être, comme la rumeur l'en accusait, le rédacteur des
édits du chancelier. Il met en scène, avec force détails, le démenti

espérait qu'elle engendrerait une vague de prospérité qui allégerait en partie la pression
fiscale et financière. Or bien qu'elle n'en soit pas la cause, la libéralisation se termine par
un désastre économique », p. 329.
80. R. Mousnier, *op. cit.*, t. 2, p. 620.
81. Cf. E. Badinter, *op. cit.*, qui montre que le caractère moderne de ces Remontrances tient à l'accent mis sur la dénonciation de l'abus du centralisme et de la manie
du secret, propres à l'administration royale.

vigoureux qu'il oppose aux allégations de Choiseul[82] soi-même. Il est certain qu'il ne paraît nullement avoir été un proche du chancelier et que le coup d'Etat, qui n'était pas dans sa manière, pouvait être propre à l'avoir effrayé. Néanmoins, il n'est pas non plus discutable que la réforme mise en place, Moreau en fut un agent actif en Provence où il fut chargé de poster lui-même les lettres d'exil des Parlementaires d'Aix et où il travailla efficacement à remplacer le Parlement par la Cour des aides, belle revanche sur Ripert de Monclar. Entre les accusations portées par la rumeur publique et la défense présentée par Moreau, demeure une zone d'incertitude qui n'a pas été balayée. De 1770 à 1774 on touche peut-être au sommet de la carrière politique de Moreau. C'est en 1774 qu'il sera nommé historiographe du roi. Après quoi, il devra subir le contrecoup de la nouvelle politique d'un nouveau règne.

Si la vie de Moreau s'arrêtait ici, si elle se réduisait à sa profession d'avocat, à ses activités de publiciste, à sa charge de magistrat, Moreau n'aurait jamais été que Moreau le petit, mince personnage que la vague de l'événement dépose un instant sur le filet de l'histoire et qu'une autre vague emporte avant de le dissoudre dans l'écume de l'événementiel, mais l'heure de Moreau arrêtée au cadran où il demandera qu'on le juge n'a pas encore sonné. D'avocat et de courtisan, de publiciste et de magistrat, il lui reste encore à devenir commis puis légiste réformateur.

Moreau enfin légiste et légiste parce qu'il avait d'abord été commis. Voyons comment ce changement a pu s'opérer. Commis, le mot était devenu une injure au xviiie siècle où s'y lisait l'écart entre la bassesse d'une origine et le tain mat d'une existence sociale ternie d'un côté, l'omnipotence administrative aveugle et sourde du public de l'autre. Le commis décide et projette l'ombre portée de son anonymat sur la toute-puissance administrative. Au moment même où les commis se multiplient, l'instabilité de leurs chefs s'oppose à leur élévation. Moreau par exemple est ballotté d'un ministère à un autre. On le voit au ministère des Affaires étrangères avec Antoine Louis Rouillé,

---

82. *Souvenirs*, t. 1, p. 258.

secrétaire d'Etat du 28 juillet 1754 au 24 juin 1757[83], au contrôle général avec Etienne de Silhouette qui y reste huit mois, du 4 mars 1759 au 21 novembre de la même année[84], puis sous le robin L'Averdy, contrôleur général à son tour, du 13 décembre 1763 au 1er octobre 1768. Dans le même temps, Moreau a aussi travaillé pour la chancellerie : pour Guillaume Lamoignon de Blancmesnil, chancelier de France de 1705 à 1768[85], il a rédigé des édits, conseillé Bertin en 1763 sur le Parlement, accompagné sinon précédé les réformes de René Nicolas Charles Augustin de Maupeou devenu chancelier de France en 1768. Les attributions de Moreau concernaient moins les décisions à résoudre et à exécuter que l'agitation de l'opinion encore que son rôle en Provence dans la mise en place du nouveau Conseil fût un rôle d'autorité. Dans sa fonction de commis publiciste, il s'est souvent trouvé en porte à faux vis-à-vis des courants politiques qui avaient le vent en poupe. Comment lui qui avait coupé les amarres avec les trois grandes puissances de l'opinion de son époque, lui qui s'était éloigné des Parlements depuis 1755, lui qui était devenu un adversaire des physiocrates depuis 1759, et un ennemi des philosophes depuis 1757 aurait-il pu partager l'orientation de conciliation avec les cours souveraines, de son accueil des idées physiocratiques, d'indulgence séduite à l'égard des idées philosophiques, qui prévalent sous le ministère Choiseul ? Non content de se trouver rangé derrière le modéré et efficace Bertin au sein du clan sacrifié par le ministre Choiseul, Jacob-Nicolas Moreau a également souffert des brutaux changements de politique et c'est miracle qu'il ait été, comme publiciste historien, récupéré *in extremis* par Laverdy. Au vrai, la part la plus floue des combats de Moreau concerne l'économie qui le retient très peu. Dans la discussion qui opposera par la suite Necker à Turgot lorsque Necker publiera son livre *Sur la législation et le commerce des grains*[86], Jacob-Nicolas se range du côté de Necker[87], convaincu par

83. M. Antoine, *Le gouvernement sous Louis XV*, op. cit., p. 221.
84. *Op. cit.*, p. 230.
85. *Op. cit.*, p. 149.
86. Jacques Necker, *Sur la législation et le commerce des grains*, Paris, 1775, 2 vol.
87. *Souvenirs*, t. 1, p. 189.

l'argumentation du banquier selon laquelle le principe qui doit guider le législateur dans le commerce des grains, doit d'abord être d'assurer la subsistance des classes populaires et de mettre les consommateurs à l'abri des monopoleurs par une politique appropriée de surveillance des prix et de l'exportation. En définitive les intérêts majeurs de Jacob-Nicolas ne concernent pas la politique économique mais d'abord et avant tout la réforme administrative et juridique qui connaît à partir des années 1760, une expansion exceptionnelle. Mais ce n'est pas pour ces réformes que mettait en place son secrétariat d'Etat, de 1763 à 1780, en animant une véritable politique des grandes écoles visant à la création d'institutions de formation des agents de l'Etat, disposant tout à la fois de connaissances scientifiques et techniques, d'une culture administrative et d'une optique centralisatrice[88], ni même pour la création des bureaux de commerce et d'agriculture que Bertin enrôla, encouragea et supporta Jacob-Nicolas Moreau mais pour une autre avenue de la modernisation administrative qui concernait la mise en place de services d'archives et de documentation modernes et la réforme des codes. On touche là à l'aspect fondamental le plus ignoré de son vivant de l'activité de Moreau : commis devenu réformateur et devenu réformateur par la transition de l'historiographie et la redécouverte de la loi. L'histoire de la transformation du commis est celle de la création du dépôt des chartes dont Bertin a clairement exposé les missions qu'il devait remplir et les services qu'on en attendait dans une lettre à Louis XVI : « Il faut expliquer à Votre Majesté l'objet et la nature de cette partie de votre administration. L'histoire est une des sciences que nos rois depuis François Ier ont toujours regardée comme très intéressante pour leur gouvernement et dont ils ont cru devoir hâter les progrès. *Cette science tient à celle de la législation,* car elle fournit au législateur les faits qui peuvent l'instruire et les matériaux qui peuvent l'aider. Le droit public d'un Etat n'est autre chose que l'histoire de sa Constitution combinée avec les principes de droit naturel que Dieu a donnés à toutes les sociétés. Il a fallu les rassembler pour connaître et il était nécessaire de connaître

---

88. Cf. M. Antoine, *Le Conseil du roi, op. cit.,* p. 390.

avant que d'agir. »[89] On ne racontera pas ici l'histoire du Cabinet des Chartes qui mérite à soi seul une étude[90] mais, à lire le calendrier qui jalonne les étapes de son organisation[91], on constate que de 1759 à 1790, le Cabinet a occupé plus de trente années de la vie de l'historiographe. Depuis le mémoire de mai 1759 adressé par Moreau à Silhouette, à la demande de ce dernier, mémoire concernant la formation d'un cabinet de législation du contrôle général des finances, en fait un centre d'archives où seraient déposés les originaux et les minutes des dispositions législatives intéressant les finances, l'arrêt du Conseil créant le 31 octobre 1759 la Bibliothèque administrative demandée, en passant par l'arrêt du 8 octobre 1763 relatif à la préparation d'un recueil des Chartes dans le royaume, qui permettait de constituer un dépôt des Chartes, jusqu'à l'arrêt du 3 mars 1782 réunissant la Bibliothèque de législation et le dépôt des Chartes dans une institution unique, le Cabinet des Chartes, et enfin son rattachement à la Chancellerie en 1780, Moreau n'a pas chômé pour accompagner l'élan de réformes qui, ailleurs, avaient vu le jour en matière de fiscalité, d'économie ou d'administration, par un renouvellement de la législation elle-même. C'est dans le cadre de cette activité que nous nous proposons d'examiner ultérieurement avec plus de précision que se joue son destin de légiste et les recherches historiques qu'il a été incliné à entreprendre. Soyons exact : le courtisan a pressé l'allure de commis endossant la livrée du légiste. Les premières esquisses où Jacob-Nicolas Moreau découvre sa pensée sur la « constitution française » et l'essence de la Monarchie lui ont été commandées par le duc de La Vauguyon pour l'instruction du dauphin et de ses enfants. *Les leçons de morale, de politique et de droit public puisées dans l'histoire de notre Monarchie ou Nouveau plan d'étude de l'histoire de France*[92] ainsi que *Les devoirs du prince réduits à un seul principe, ou Discours sur la justice*[93] sont

89. Mémoire de Bertin à Louis XVI sur les dépôts et collection des chartes et les travaux qui en dépendent, *Collection Moreau (CM)*, n° 309, fol. 102.
90. Cf. Livre III.
91. Cf. annexe Calendrier du Cabinet des Chartes.
92. Versailles 1773, le sous-titre est d'ailleurs : rédigé par les ordres et d'après les indications de Mgr le Dauphin pour l'instruction des princes ses enfants.
93. Versailles, 1775. Sur la réception de ces ouvrages qui furent bien accueillis par

des ouvrages réclamés sur des sujets imposés. Si Moreau commence
à y livrer le plan de ses orientations ce n'est pas là qu'il donne toute sa
mesure, mais dans son *opus magnum*, *Principes de morale, de politique et
de droit public puisés dans l'histoire de notre Monarchie*[94] publié en 1777-
1789 et qui ne comprend que (!) vingt et un volumes sur les quarante et un volumes annoncés dans son prospectus publié dans le
premier volume. Disons-le nettement : notre propre lecture des principes ne reconduit nullement le jugement négatif formulé par Elie
Carcassonne dans son ouvrage classique qui, reconnaissant l'importance de l'entreprise : « le plus grand effort de la politique monarchiste
à cette époque »[95] estime que « si son érudition est copieuse, son originalité est à peu près nulle »[96], bien que l'habitude des critiques successives de Mirabeau[97], Mlle de Lezardière[98], Camus[99], critique reprises
et approfondies par Gembicki avec d'excellentes raisons sociologiques,
ait accrédité cette opinion. Si Moreau en effet n'est pas de son temps,
ou plutôt s'il ne partage pas les convictions germanistes dominantes
de son époque, si, comme le dit Elie Carcassonne : « Rien n'a passé
chez Moreau de l'esprit féodal de Montesquieu »[100], si sa cible principale est l'abbé Mably[101] qui a repris l'argumentation germaniste
au profit du tiers état, il n'en est pas moins vrai que son grand ouvrage
compose une synthèse originale et approfondie des vues plurisé-
culaires de la philosophie politique des légistes même si sa systémati-
sation imposante est fragilisée par les lignes de fracture des contradictions, cernée par les lignes de frontières, des limites même de cette

les érudits, notamment (J. Lelong et Fevret de Fontette, *Bibliothèque historique*, 5 vol.,
1768-1778, t. IV, p. 383), le parti dévot (E. Fréron, *L'Année littéraire*, 1773, t. V,
p. 189-316) mais vertement critiqué par Mirabeau, *Essai sur le despotisme*, Amsterdam,
1776 et par la cour. Cf. D. Gembicki, p. 250 et sq.
    94. Paris, 1777-1781, en 21 vol.
    95. Elie Carcassonne, *Montesquieu et le problème de la constitution française au XVIIIe siècle*,
Paris, 1927, reprint Genève, 1978, p. 519.
    96. *Op. cit., ibid.*
    97. Mirabeau, *Essai sur le despotisme, op. cit.*
    98. Mlle de Lezardière, *Théorie des lois politiques de la Monarchie française*, Paris, 1844,
4 vol., cf. t. I, p. 327-328, 586-658, t. III, p. 344-357, p. 371-373.
    99. *Lettre sur la profession d'avocat et Bibliothèque choisie*, Paris, 1805, t. 2, p. 23-24.
    100. *Op. cit.*, p. 521.
    101. Mably, *Observations sur l'histoire de France*, Genève, 1765, 2 vol.

tradition[102]. Car Moreau ne se contente pas de bâtir une grande histoire sur le modèle des histoires littéraires, du P. Daniel ou de l'abbé
Velly, de fouiller l'historiographie du Moyen Age comme l'avait
fait Lacurne de Sainte-Palaye, ni même de compulser d'immenses
catalogues de chartes comme Dom Bouquet, il s'efforce à construire
un système de droit politique de la Monarchie qui orchestre les lignes
majeures de la doctrine politique de ses prédécesseurs. Venons-en
donc à ce grand livre qui arrange et harmonise, ordonne et instru-
mente, adapte une dernière fois les théories du droit politique de la
Monarchie. Jacob-Nicolas Moreau avait conçu d'écrire une histoire
complète des rois de France jusqu'aux Valois inclus mais la réalisation
de son projet s'arrête à la généalogie des Capétiens directs. Autant
qu'au délai de temps qui lui aura été retiré par l'irruption de la Révolution, il faut peut-être imputer cette absence d'achèvement à l'obsession qu'il a nourrie à l'égard de la féodalité. Penseur isolé, Moreau
n'en était pas moins assez perspicace pour comprendre que la rébellion
coalisée contre la monarchie avait trouvé son ciment et son unité dans
la critique du despotisme. « Dans le gouvernement despotique, un
seul, sans loi et sans règle, entraîne tout par sa volonté et ses caprices. »
... « le principe du gouvernement despotique est la crainte »[103]. Si la

102. Nous nous séparons ici de l'interprétation proposée par Dieter Gembicki
lorsqu'il écrit : « Le droit public n'est pas arrivé à se renouveler au cours du XVIIIe siècle.
Les grands penseurs juridiques du règne de Louis XIV, Domat, Cardin le Bret, Bossuet
ne trouvent pas sous les derniers Bourbons de successeurs à leur taille. Les juristes eux
non plus ne savent pas s'adapter face au défi que constitue le droit naturel professé par
Locke, Burlamaqui et Rousseau. A côté de l'échec individuel, dû tant aux harangues
qu'au style amphigourique, verbeux, obligatoirement noble et, par là, étriqué, nous
sommes en droit de constater un échec structurel du *Discours*. Tout discours idéologique
sur l'histoire de France est comme bloqué », *op. cit.*, p. 317. Il est vrai que Moreau a
rencontré avec sa publication un retentissant échec. Echec de l'entreprise elle-même qui
n'a pu être menée à son terme, cisaillée qu'elle a été par la Révolution, échec ensuite
de librairie qui persiste aujourd'hui puisque *Les Principes* ne sont accessibles à la lecture
qu'à la *Réserve* de la Bibliothèque nationale et l'état des volumes avec leurs pages obstinément collées les unes aux autres indique assez la rareté des lecteurs. Echec évidemment
idéologique. Moreau n'a entraîné personne, sinon au-delà de la Révolution les historiens
du Comité des Travaux historiques qui redécouvrent incomplètement le Cabinet des
Chartes. Mais enfin une œuvre est une œuvre et c'est au contenu de celle-ci, dont nous
souhaitons montrer qu'elle n'est pas la plate redite dans laquelle on l'a caricaturée, qu'il
faut s'arrêter.
103. *Avertissement posthume de L'Esprit des lois* (1757), p. 3 (nous citons d'après l'Edition
Lavigne), Paris, 1844.

réflexion de Montesquieu a en quelque sorte « fixé les idées sur la nature du despotisme », comme l'a dit Anquetil-Duperron[104], le concept n'est pas de son invention. C'est à la fin du XVIIᵉ siècle que l'on s'est mis à comparer l'évolution de l'absolutisme français à une évolution despotique. Tel est l'argument d'un retentissant pamphlet *Les soupirs de la France esclave* (1689-1690). Pierre Bayle intitule « Du despotisme » les chapitres quarante-quatre et quarante-cinq de la *Réponse aux questions d'un provincial* (1704), despotisme que Fénelon dans sa *Lettre au roi* avait ouvertement reproché à Louis XIV : « Non seulement, il s'agit de finir la guerre au dehors, écrivait Fénelon, mais il s'agit encore de rendre au-dedans du pain au peuple moribond, de rétablir l'agriculture et le commerce, de réformer le luxe qui gangrène toutes les mœurs de la nation, de se ressouvenir de la réforme du royaume et de *tempérer le despotisme* (souligné par nous) cause de tous nos maux. »[105] L'opposition au despotisme que l'on trouve exprimée dans les œuvres de Fénelon[106] s'était répandue à partir du « Clan des ducs » par des publicistes comme Le Laboureur[107], Saint-Simon[108], Henri de Boulainvilliers[109] et le despotisme oriental avec son sinistre cortège de janissaires, d'eunuques et de muets était venu hanter l'imagination française comme une menace de corruption de la monarchie. Les physiocrates qui avaient emprunté quelque temps le terme de despotisme légal sont contraints de l'abandonner. Avec la réforme Maupeou la critique du despotisme se diffuse dans toutes les provinces. Dans les accusations qui se généralisent, la condamnation

---

104. R. Koebner, Despot and despotism : vicissitudes of political term, *Journal of the Warburg and Courtauld Institute*, t. 14, 1954, nᵒˢ 3-4, p. 275 et sq. et Franco Venturi, *L'Europe des Lumières*, Paris, 1971, § 131 et sq.

105. Fénelon, *Lettre à Louis XIV*, Neufchâtel, 1961, p. 137.

106. Fénelon, *Ecrits et lettres politiques publiées avec une introduction et des notes* par Charles Urbain, Paris, 1921. Cf. Henri Sée, Les idées politiques de Fénelon, *Revue d'histoire moderne et contemporaine*, 1899.

107. Le Laboureur, *Histoire de la pairie de France et du Parlement...*, Paris-Londres, 1740.

108. Saint-Simon, Ecrits inédits..., Paris, 1882-1893, 2 vol., *Projet du gouvernement du duc de Bourgogne Dauphin*, Mémoire attribué au duc de Saint-Simon publié par Meynard, Paris, 1860.

109. Henri de Boulainvilliers, *L'état de la France*, Londres, 1727-1728, 3 vol., *Histoire de l'ancien gouvernement de la France*, Amsterdam et La Haye, 1727. Sur Henri de Boulainvilliers, cf. Livre III.

traditionnelle menée par les légistes contre un régime où les sujets étaient traités comme des biens a disparu pour faire place à l'incrimination du manque de liberté, à la dénonciation de la tyrannie. Il s'agit pour Moreau de changer la cible, de déplacer le front, de dévoyer l'infamie et c'est pourquoi, dans une dissertation insérée au commencement de son premier volume[110] il reprend la distinction entre le pouvoir absolu et le pouvoir arbitraire et il s'attache à la critique du despotisme. Moreau va s'efforcer d'arracher l'étiquette infamante de despotisme collée à la Monarchie en montrant que, par les deux traits structurels qui sont les siens, la transformation du lien civil en combat privé, le démembrement de la puissance publique en propriété, l'appellation convient mieux à la féodalité. L'historien légiste va tenter de montrer que la féodalité c'est la guerre, et que la féodalité c'est le domaine. Moreau ne nie pas l'existence du despotisme mais il le rejette dans le passé. Sous la première race, le gouvernement monarchique a connu une administration despotique en raison du développement des guerres privées et de l'anarchie féodale[111] : « Le roi, dit-il, avait été dépouillé, vous l'avez vu, non par la nation mais par les dépositaires même de leur pouvoir. Aussi le gouvernement féodal ne fut pas une administration républicaine, car la France étoit possédée plutôt que gouvernée par une cinquantaine de tyrans qui tous étoient armés parce que leurs pères, qui n'étoient que magistrats, l'avoient été également. »[112] Comment prouver ces assertions ? Simplement en renouant avec la grande tradition des légistes. Moreau ne se rattache pas seulement à ses prédécesseurs directs du XVIIᵉ siècle, à Bossuet, à Domat, à Daguesseau. Il retrouve d'abord des ascendants plus anciens, Guy Coquille, Antoine Loysel, Charles de Grassailles, Charles Dumoulin, Jean Bodin et Charles Loyseau[113], qui avaient

110. J.-N. Moreau, Des différences de la monarchie et du despotisme ou Lettre à M. de L. C., datée du 2 janvier 1774, *Principes...*, t. 1, p. 10 et sq. à M. de L. C., datée du 2 janvier 1774, *Principes...*, *op. cit.*
111. *Principes...*, t. 7, p. 215.
112. *Principes...*, t. 1, p. 90.
113. Notamment Guy Coquille, *Les Œuvres...*, Paris, 1646. *Institution au droict des françois*, Paris, 1607; Antoine Loysel, *Institutes coutumiere*, Paris, 1607; Charles de Grassailles, *Regalium franciae libri duo, jura omnia et dignitates cristianis. Galliae regum conti-*

critiqué la seigneurie en lui reprochant d'être fondée sur la guerre. Charles Loyseau avait écrit : « Son droit (celui de la seigneurie) est encore plus difficile à fonder en raison parce que les seigneuries, ayant dû au commencement esté établies en confusion, par force et usurpation il a été depuis impossible d'apporter un ordre à cette confusion, d'assigner un droit à cette force et de régler par raison cette usurpation. »[114] Et Jean Bodin de son côté avait proclamé : « La monarchie royale ou légitime est celle où les sujets obéissent aux lois du monarque et le monarque aux lois de nature, demeurant la liberté naturelle et propriété des biens aux sujets. La monarchie seigneuriale est celle où le prince est fait seigneur des biens et des personnes par le droit des armes et de bonne guerre, gouvernant ses sujets comme le père de famille ses esclaves. »[115] C'est la féodalité, dit Moreau à son tour, qui a créé la guerre, avec son cortège d'horreurs, de violence et de servitude. La féodalité était despotique parce qu'elle était guerrière. « On répété mille fois, écrit-il, que la liberté passa le Rhin avec nos ancêtres et j'ai osé soutenir au contraire que c'estoit la tyrannie : c'estoit en effet des marais de la Germanie qu'étoient venues les guerres privées. »[116] Sous la féodalité il n'y a pas de gouvernement civil, il n'y a pas de sûreté, il n'y a qu'oppression et servitude : « Ce pouvoir de courir sus à son ennemi et de verser son sang et celui de sa famille pour venger une injure, suppose l'inexistence de toute espèce de gouvernement, car partout où la société civile est établie, partout même où la société naturelle a un chef obligé de veiller à la sûreté, la force protectrice doit être en même temps une force vengeressc. »[117] C'est pourquoi, estime Jacob-Nicolas Moreau, les Français lorsqu'ils franchirent le Rhin n'avaient pas de gouvernement civil[118]. La féodalité, c'est la guerre qui envahit la société civile, c'est la guerre qui devient

nentes..., Paris, 1538 ; Charles Dumoulin, *La première partie du traité de l'origine, progrès et excellence du royaume et monarchie des françois et couronne de France* proposée par Messire Charles Dumoulin, s.l., 1773 ; Claude du Seysell, *La grant monarchie de France...*, Paris, 1557.

114. Charles Loyseau, *Les œuvres de Maître Charles Loyseau*, Paris, Ed. Claude Joly, 1666, Traité des seigneuries, p. 5.

115. Jean Bodin, *Les six livres de la République*, Paris, Ed. Jacques Dupuis, 1579, p. 272.

116. *Principes...*, t. 8, p. 363.

117. *Principes...*, t. 8, p. 372.

118. *Principes...*, t. 8, p. 372.

le mode normal du rapport social : « Les guerres publiques du temps de la féodalité furent des suites nécessaires de ces guerres privées que nous trouvons sous l'ancienne monarchie. »[119] On doit à la monarchie l'instauration du primat de la politique intérieure avec la fondation de la sécurité publique. Selon Moreau, la véritable liberté ne commence qu'avec Richelieu qui a permis au souverain de monopoliser la violence légitime : « Je dis les fondements de la liberté publique; car ce qui fit le grand mérite du cardinal de Richelieu et ce que l'on n'a peut-être pas assez remarqué, c'est qu'il sut concentrer sur la tête du roi seul, ce pouvoir des armes, qui, attaché à la suprême magistrature sous les deux premiers rois et à la seigneurie sous la troisième, étoient encore trop librement exercé par la noblesse. Les nouveaux magistrats que l'on vit chargés de la puissance publique, après que nos Rois en eurent reconnu l'universalité, n'eurent qu'une autorité civile : ils administrèrent, ils jugèrent mais le titre de leur office ne leur donna que le droit de tirer le glaive. Les gouverneurs de province, les officiers militaires, les grands seigneurs même dans leurs terres croyoient encore que la violence leur étoit permise. Le ministre de Louis XIII leur prouva que le droit de contraindre par la force appartenoit au souverain seul. »[120] Si la liberté publique suppose l'établissement de l'état de paix à la place de l'état de guerre, cela signifie que le gouvernement civil a dû remplacer le gouvernement militaire[121] : « Le gouvernement français est donc aujourd'hui moins militaire et plus civil qu'il ne l'a jamais été dans les premiers siècles de la monarchie. »[122] Moreau nie que la monarchie ait une origine guerrière et il s'attaque très directement à la thèse germaniste voulant, dit-il, présenter :

119. *Principes...*, t. 8, p. 378.
120. *Leçons..., op. cit.*, p. 128.
121. J.-N. Moreau : « Cet art qui ajoute si souvent à la gloire des Etats, n'ajoute rien à leur bonheur. Il est la force définitive de nature et dans cette espèce de lutte qui les met aux prises les uns avec les autres, le moyen d'acquérir la supériorité qui droit le plus précieux sera toujours celui qui multipliera les forces en diminuant les dangers et qui épargnera la vie des hommes en tirant parti de toutes les ressources de la nature. Dans l'état de rivalité et d'observation où se trouvent la plupart des peuples de l'Europe, les rois doivent donc pratiquer cette science mais... ils doivent quelquefois se dire que cet art après tout n'est pas la société dont ils sont les chefs », *Principes...*, t. 6, p. 471-472.
122. *Principes...*, t. I, p. 197.

« l'histoire et non le roman de la monarchie »[123]. Il ne récuse pas
qu'il y ait eu une invasion des Francs, mais il rejette les conséquences
qu'en tiraient les idéologues germanistes. La conquête n'est pas le
fondement du lien civil, les habitants des Gaules n'ont pas été réduits
en servitude. Dès lors, Moreau décrit le règne de Philippe Auguste
(t. 17 et 18) et celui de Saint-Louis (t. 9) comme un retour, par-delà
l'anarchie féodale, à la constitution royale primitive qui avait été
usurpée par les grands féodaux démembreurs de la puissance publique.
Le développement du pouvoir monarchique s'est effectué à partir
des actes de justice, le roi a fait de son tribunal la juridiction en dernière instance devant laquelle il était toujours possible de faire appel.
En soulignant que le Capétien n'est pas un conquérant mais un
défenseur, que la guerre n'est pas la continuation de la politique par
d'autres moyens mais une forme adverse et dégradée du lien des
hommes, Moreau retrouve incontestablement l'inspiration la plus
fondamentale de la pensée légiste des débuts de la Monarchie. De là,
au tome 8 de son grand ouvrage, sa péroraison sur la féodalité, texte
assez long et suffisamment véhément pour que les tensions d'une
passion trop longtemps retenue se fassent entendre : « Ne craindre
que le souverain, voilà la liberté soustraite à toutes les tyrannies.
Etoit-ce le roi que l'on craignoit lorsque pour se soustraire à la punition d'un assassinat, un homme constitué en dignité n'avoit qu'à
monter à cheval et à se faire suivre d'une troupe de brigands à ses
ordres ? Croignoit-on le roi lorsqu'un vassal enfermé dans son fort
n'en sortoit que pour dépouiller les passeurs qui refusoient de payer
les péages qu'il lui plaisoit d'établir ? Craignoit-on le roi lorsque les
seigneurs de terre donnoient à cette multitude de malheureux qu'ils
appeloient leurs sujets, ces coutumes barbares dans lesquelles ils dis-
posoient et de leur personne et de leur propriété ? Craignoit-on le
roi lorsque le gentilhomme qui se contentait de battre ces paysans
croyoit quelquefois leur faire grâce ? Craignoit-on le roi enfin
lorsque le procès des grands excitoit une guerre dans leur province et
lorsque mécontent de la cour ils s'en vengeoient en désolant et en

123. *Principes...*, t. 1, p. 39.

dévastant les campagnes ? Ils étoient libres sans doute les oppresseurs
du peuple mais ils n'étoient point la nation. Celle-ci étoit esclave et
la liberté féroce de ses maîtres loin d'être celle que l'on doit protéger
et maintenir étoit au contraire le fléau de la société contre lequel un
gouvernement sage devoit sans cesse armer les lois... Aujourd'hui...
ce n'est pas à la constitution que l'on doit attribuer le mal, c'est elle
au contraire que l'on doit remercier pour le remède... »[124] Si la
monarchie n'est pas fondée sur la guerre et la conquête mais sur
l'existence d'un roi obéissant à des lois et servi par les magistrats, il
reste à expliquer l'émergence de la féodalité et à comprendre le retour
à la constitution primitive. Dans la mesure où, à son avis, la force
n'est à l'origine d'aucune légitimité sociale, le développement de
l'anarchie féodale est une dégénérescence et une usurpation. Le développement du royaume sous la troisième dynastie n'est que le rétablissement de la constitution primitive. Ce rétablissement, dit Jacob-
Nicolas Moreau, ce sont les rois qui l'ont voulu : « Qu'est-ce qui
rappela la liberté ? Ce furent les rois eux-mêmes; ils sentirent qu'ils
ne pouvoient rien sans elle. Par leur soin, nous verrons la servitude
des peuples diminuer successivement... »[125] La restauration, scellée
par l'alliance du roi et du tiers état a eu pour conséquence la libération
de la servitude : « La royauté affaiblie n'a recouvré son pouvoir, le
trône dégradé n'est rentré dans ses droits que par l'action lente et
progressive de cette justice que les souverains devoient et qu'ils ont
rendue à la nation. Pour la gouverner, ils l'ont affranchie, ils n'ont
pas cru que leur pouvoir fut destiné à faire d'eux des esclaves, mais,
en bannissant l'esclavage, en soulageant les malheureux, en maintenant les propriétés contre les ravisseurs, ils ont cru remplir la plus
belle fonction des obligations de la royauté. »[126] L'alliance du roi avec
le tiers état est au principe de la naissance de l'administration royale.
Selon Moreau qui cite comme exemple les premières communes de
Châteauneuf, Noyon et Laon, la royauté dans les villes ne fit d'abord
que rendre aux habitants l'ancien droit qu'ils avaient d'administrer

124. *Principes...*, t. 8, p. 370 et sq.
125. *Principes...*, t. 7, p. 365.
126. *Principes...*, t. 15, p. 458.

les affaires de la cité et de juger des causes des citoyens. Ces magistratures elles-mêmes avaient autrefois appartenu à la royauté qui les avait cédées aux seigneurs lesquels se les étaient appropriées par usurpation. Mais en rendant les magistratures municipales aux membres des communes, le roi : « n'avoit plus qu'à acquiescer à la prétention qu'ils avoient comme officiers des villes, d'être les dépositaires de son pouvoir. De là il n'y a qu'un pas au rétablissement de la juridiction royale... »[127]. Bien qu'il insiste sur l'alliance du roi et du tiers état, Moreau se défend néanmoins de reconnaître une origine populaire à la souveraineté. Sans doute, expose-t-il, sous l'ancienne constitution toutes les cités ont été des municipes dont l'administration n'était ni arbitraire ni despotique; tout y était délibéré *in conventu populi*, tous les jugements, les contrats, les compositions se rendaient en public et l'administration, il l'admet volontiers, était populaire; davantage il reconnaît que les récrits eux-mêmes des souverains n'étaient exécutés qu'après avoir été déposés comme une règle permanente dans les archives de la municipalité. Mais il nie farouchement que les membres de cette municipalité et de cette communauté aient été composés de la « dernière classe du peuple ». Les anciens municipes, dit-il, réunissaient tous les habitants libres de la cité, le clergé, les bénéficiers, les simples possesseurs. Le plaid de la cité était présidé par le comte, et ce dernier avec l'évêque étaient les deux hommes de confiance du souverain[128]. Cette histoire qui n'est que retour à l'origine que l'anarchie féodale avait dégradée n'est donc pas véritablement évolutive et l'alliance que les rois ont scellée avec le tiers état permet plutôt de faire apparaître un deuxième élément structurel de la constitution monarchique : le pouvoir monarchique n'est pas impérial mais il n'est pas non plus dominial. Le domaine : telle est la seconde cible visée par Moreau pour revenir une fois encore au despotisme et faire apparaître la différence entre la monarchie et son repoussoir. Le domaine est d'origine romaine et Moreau reconnait volontiers que sous Charlemagne le royaume entier fut le domaine

127. *Principes...*, t. 15, p. 441-442.
128. *Principes...*, t. 15, p. 414-415.

du souverain[129] avant d'être morcelé entre les seigneurs. Pour autant l'historien met en cause l'idée que la souveraineté soit de nature domaniale et conteste la thèse selon laquelle la constitution française serait appuyée sur l'universelle loi de la propriété[130]. La théorie du domaine en effet implique l'asservissement, l'appropriation par un maître d'un corps humain comme sa chose et avant Moreau les légistes du XVIe siècle avaient disqualifié la maîtrise comme définition du pouvoir, avaient relégué le lien de dépendance seigneurial comme modèle du lien civil. La souveraineté n'est elle-même « que puissance de gouvernement », elle n'a pas pu devenir « une puissance propriété »[131]. Or la « puissance en propriété », c'est ainsi que Loyseau avait, dans la percutante définition qui était demeurée, défini la seigneurie. Le seigneur, disait Bodin : « gouverne ses sujets comme le père de famille ses esclaves »[132], alors que le souverain reconnaît « la liberté naturelle et propriété des biens aux sujets »[133]. Le seigneur confond les relations publiques des individus avec les liens privés que l'homme noue avec les choses ; il traite les personnes comme des biens, il exerce le pouvoir comme on use d'un droit de propriété. Moreau revient sur cet ancien reproche en dénonçant la confusion du pouvoir politique et de la propriété comme étant le propre de la féodalité : « La puissance de gouvernement change alors en puissance de propriété et ce désordre est le plus grand fléau qui puisse menacer l'humanité. La même époque qui vit nos rois dépouillés de leur autorité vit l'anéantissement ou si vous l'aimez mieux, la suspension de toutes les législations politiques. Nul concert pour le gouvernement général entre le monarque et les vassaux..., ils se font la guerre. Tout ce qu'avoit possédé la puissance publique semble être une dépendance et un attribut de la propriété et les revenus deviennent des produits de la seigneurie. »[134] A l'opposé, il soutient que la souveraineté sépare la puissance de la propriété, que la puissance appartient à l'office,

129. *Principes...*, t. 13, p. 229.
130. *Principes...*, t. 13, p. 250.
131. *Principes...*, t. 13, p. 256.
132. J. Bodin, *Les six livres de la République*, Paris, Ed. Jacques Dupuy, 1579, p. 272.
133. J. Bodin, *op. cit., ibid.*
134. *Leçons*, p. 80-81.

non l'office à la puissance. Parce que les anciens fiefs étaient en même temps des terres et des offices, on a confondu la puissance et la propriété. Lorsqu'on aliéna de nouveau la puissance avec la terre, on fit de la puissance un appendice de la propriété, on détruisit la souveraineté. La seigneurie fut regardée comme une propriété privée alors qu'elle n'était qu'une propriété de puissance publique[135]. Cette évolution était à la fois une usurpation et une aberration. Sous la féodalité on voit disparaître à la fois les lois générales et les capitulaires, on voit des chartes données par les rois et par les seigneurs exécutées dans leur domaine, on voit des peuples devenus esclaves et assujettis à des coutumes barbares et le plus souvent injustes et déraisonnables, on voit la législation abaissée. Elle ne reparaîtra en France que lorsque les rois sauront de nouveau s'affranchir de la féodalité[136]. La seigneurie conduit à l'asservissement d'une grande partie des populations du royaume et c'est aux rois qu'on doit leur libération dont Moreau date l'origine des conseils donnés par l'abbé Suger à Louis VI le Gros. Cette évolution, dit le légiste, est conforme à la loi naturelle : « Les rois eussent-ils pu changer la puissance publique en propriété privée, se considérer naturellement le droit de tailler arbitrairement leurs sujets, de s'emparer de leur succession, de les traiter comme des serfs ou comme des bêtes de somme ? Il faut toujours revenir à un principe de droit naturel : les souverains furent établis pour être les protecteurs des peuples et les peuples ne furent jamais rassemblés pour être la proie des souverains. »[137] Moreau dit « avoir peine à croire qu'il y ait des pays où les souverains se soient persuadés de bonne foi qu'ils avoient cette qualité de propriétaires des personnes et des biens de leurs sujets »[138]. De cette doctrine du droit naturel qui inclut une conception de la loi naturelle[139], Moreau déduit logiquement une doc-

---

135. *Principes...*, t. 13, p. 253.
136. *Leçons*, p. 83-84.
137. *Principes...*, t. 13, p. 258.
138. *Principes...*, t. 13, p. 252.
139. J.-N. Moreau : « Je vois sourire l'impie lorsque dans la suite des faits que nous offre l'histoire, je lui fais remarquer les effets pénibles de cette justice divine qui laisse rarement les forfaicts impunis. Il voudroit que le hasard gouvernoit le monde et si j'ose parler de la Providence, il s'imagine que je lui cite des miracles : il ne voit pas ou plutôt, il ne veut pas voir que la punition du crime est l'effet naturel du crime lui-même et que

trine des droits de l'homme dont il définit très clairement l'existence même si son énoncé bouscule quelque peu l'ordre habituel : « L'homme tient tous ses droits de la nature et le gouvernement ne peut l'exprimer. Il faut donc les retrouver tous dans la société civile. Ces droits sont premièrement son état, deuxièmement sa liberté, troisièmement ses propriétés. »[140] Il définit l'état de l'homme non par la sûreté individuelle comme l'avaient fait les légistes et les théoriciens du pacte social Hobbes, Spinoza et Locke, mais par la famille : « Dans la société naturelle, les relations qui forment l'état de l'homme sont celles que lui indique la famille dont il est membre. »[141] Dans le modèle familial que Rousseau récuse dans *Le Contrat social* comme exemple des premières sociétés, Moreau ne retient, selon l'argumentation conservatrice traditionnelle, que le rapport généalogique des parents aux enfants et non le couple de l'homme et de la femme qu'invoque de son côté Locke. Si les droits de l'homme sont donc : « Liberté, propriété, succession, transmission des propriétés, fidélité dans les contrats ; voilà Monsieur, ajoute-t-il, les biens que tous les gouvernements sont essentiellement destinés à conserver. L'obligation de protéger ces droits est la première loi fondamentale de toute espèce de société. »[142] De là sa position très intransigeante contre l'esclavage : « Non, la nature a fait tous les hommes libres et n'a pas fait un seul esclave mais comme son ouvrage est indestructible la violence injuste qu'a introduite dans le monde la servitude n'a pu anéantir la liberté. »[143] Moreau rejette les concessions faites par Charlemagne qui a regardé les esclaves comme appartenant à leur maître parce qu'à cette époque « la raison et la réflexion n'avoient point encore assez éclairé nos ancêtres »[144] mais rappelle que déjà ce prince a voulu limiter l'arbitraire des maîtres pour

---

les causes morales qui enchaînent entre eux les événements sont pour la société des êtres libres, ce que sont les causes physiques par l'assemblage des êtres inanimés qui composent l'univers matériel », *Principes...*, t. 8, p. 403-404. Conception qui emprunte à Bossuet mais plus fondamentalement à Leibniz.

140. *Principes...*, t. 8, p. 1-2. La doctrine des droits de l'homme est exposée au t. 8, p. 2, 52, 70, 83.

141. *Principes...*, t. 8, p. 2.

142. *Principes...*, t. 8, p. 46.

143. *Principes...*, t. 8, p. 12.

144. *Principes...*, t. 8, p. 83.

rétablir des relations d'homme à homme. Ainsi, remontant aux origines de l'histoire de la monarchie, Jacob-Nicolas Moreau a renversé le contenu de la conception du despotisme. A ses adversaires qui estiment que le despotisme vient d'un renforcement du pouvoir du monarque, d'un accroissement de la puissance des ministres, d'une extension de la surveillance de l'administration, Moreau rétorque que le despotisme n'a pas son origine dans le monarque mais dans les grands, qu'il ne découle pas des ministres mais des brigands, qu'il ne procède pas de la suradministration mais de l'insécurité publique. A ceux qui exposent qu'il vient de l'exercice par le monarque d'une souveraineté qui n'est pas tempérée par des corps intermédiaires, il objecte que le premier despotisme fut non celui de la loi, mais celui de la guerre. A ceux qui énoncent que le despotisme vient des ministères, il riposte que le despotisme vient non des commis mais de l'arbitraire des grands, à ceux qui font des élites de la noblesse et du Parlement le plus sûr rempart contre le despotisme, il rétorque qu'ils ont été les artisans de l'asservissement du peuple. En d'autres termes que l'essence du despotisme est oligarchique et non ministérielle : « Avez-vous remarqué, Monsieur, que dans certains Etats de l'Europe, on paraissoit fort craindre les progrès du pouvoir absolu. La plupart de tous les inconvénients que l'on a reprochés à celui-ci étoient plutôt les vices de l'oligarchie que de la monarchie. »[145] Cette analyse de la féodalité renoue avec la grande pensée légiste du xvie siècle mais nous ne devons pas sous-estimer son audace. Si la répudiation prononcée de la guerre a trouvé ses motivations les plus sérieuses dans la destitution de la politique étrangère belliqueuse conduite par Choiseul, la répudiation du domaine met Moreau en porte à faux avec l'école domaniale absolutiste qui au xviie siècle avait sérieusement infléchi la pensée antérieure des légistes. Moreau rompt avec la dérive absolutiste qui s'était manifestée à partir de Louis XIV et, à sa manière, il critique le despotisme. Revenir au xvie siècle, à Loyseau, à Bodin, c'est trouver la théorie politique à un point où elle s'était arrêtée, au point de séparation entre la puissance publique et la puissance privée

---

145. *Principes*, t. 1, p. 52-53.

qui n'avait pas été entièrement accomplie par la monarchie. Toute mise en cause du caractère dominial du pouvoir royal ne pouvait pas ne pas se heurter à la maison du roi et la cour; on a vu que Moreau avait ses griefs personnels. Toute mise en question de la dimension proprement seigneuriale du pouvoir ne pouvait pas non plus ne pas buter sur la place des droits de l'homme. C'est sans doute ici que Moreau est le plus audacieux et peut-être le plus original en insistant sur l'affranchissement de la servitude qui est un des thèmes majeurs des légistes du XIIIe au XVIe siècle. Ces derniers s'étaient employés à l'inscrire dans le droit public en proclamant le droit fondamental à la sûreté, qui détruisait le rapport de servitude[146]. Mais ils s'étaient aussi efforcés à limiter la servitude dans le droit civil. Ils avaient proclamé libre l'enfant non seulement né mais porté durant la liberté de la mère, ils avaient proclamé le mineur du serf libre jusqu'à sa majorité, ils avaient restreint le droit de fort-mariage, ils avaient renforcé la propriété du vilain jusqu'à la rendre aussi pleine que possible, ils avaient voulu faire régner la communauté entre époux. Moreau retrouve là l'inspiration de Beaumanoir, de Pierre de Fontaine, de Bouteiller[147]. Davantage en insistant sur la séparation au cordeau qui distingue la propriété de la puissance, il s'attaque, sans avoir l'air d'y toucher, au principe de la mouvance directe et universelle du roi sur toutes les terres du royaume qui avait été remis en vigueur sous Louis XIV, à la théorie du domaine éminent que les édits de 1676 et de 1692 avaient énergiquement formulée. De là avait découlé une série de mesures fiscales qui portaient atteinte à la propriété. Le droit de franc-fief sur les biens nobles possédés par les roturiers, le droit d'amortissement sur les biens de main-morte, les droits de bâtardise, le dixième sur les mines, etc. De là encore avait été déduit le renforcement de l'autorité du père, le dépouillement du mariage, de sa nature de contrat pour le transformer en sacrement. C'est donc bien l'absolutisme que Moreau brocarde ici. La conception structuraliste de la féodalité que défend Moreau est un retour à la grande tradition

---

146. B. Barret-Kriegel, *L'Etat et les Esclaves*, Paris, 1979, chap. III.
147. A. Bardoux, *Les légistes, leur influence sur la société française*, Paris, 1877.

légiste mais aussi un couronnement et un approfondissement, car Moreau projette ce modèle d'interprétation ainsi constitué pour expliquer la pérennité des guerres entre principautés en Allemagne et le retard ou l'infériorité du développement politique impérial sur le développement politique monarchique.

Mais alors la monarchie ? Moreau dit : le souverain, la loi, les magistratures[148]. Doctrine constitutionnaliste : une fois n'est pas coutume, le légiste rejoint ici le courant dominant de la pensée politique du XVIIIe siècle. Comme le dit très justement Elie Carcassonne, sa théorie « consiste à affirmer l'harmonie quasi providentielle de la Monarchie française avec les maximes idéales de toute bonne Monarchie »[149]. La Monarchie a toujours existé et l'effort de l'historien n'est jamais que de retrouver une origine méconnue ou pervertie. Il n'y a pas d'évolution. Le constitutionnalisme de Moreau n'est pas élaboré à partir d'une sociologie qui accepte une dimension réformiste et futurologique comme celui de Montesquieu, il est franchement juridiciste et passéiste ; il est fixiste. C'est en ce sens que Moreau peut-être est bien le dernier des légistes. Car avec ses prédécesseurs il partage le rejet des grands et la phobie du pouvoir seigneurial. Ajoutant sa déposition à leur témoignage à charge, il alourdit le dossier d'accusation du pouvoir suzerain pour mieux porter en majesté le pouvoir souverain. Mais il s'écarte des légistes royaux par l'acceptation, en résonance avec son époque, d'un paradigme d'origine de la constitution française. Alors que les légistes qui accompagnaient l'essor de la construction de l'Etat royal étaient parfaitement sensibles à son caractère évolutif, Moreau, lui, emprunte aux germanistes qu'il combat l'idée d'une formation monarchique originaire, d'un établissement premier de la royauté, d'une tradition

148. *Principes*, t. 1, p. 55. Avec le roi : « Voici ce qui, dans tous les temps et dans tous les lieux a fait l'essence de la Monarchie. Premièrement un corps de lois qui, toujours subsistant, garantit à la nation la conservation des avantages que le gouvernement est destiné à protéger. Deuxièmement un corps de magistrature obligé de veiller sous les yeux du prince au maintien et à l'exécution constante et uniforme de ces lois, ce qu'il ne peut faire qu'en avertissant les punis et des défauts de la règle et des mouvements de son application. »
149. E. Carcassonne, *op. cit.*, p. 519.

pure à laquelle il faudrait revenir. Constitution est à entendre littéralement, au sens où l'on parle de la bonne constitution d'un enfant, de son état de santé originel. La thèse de Jacob-Nicolas Moreau est que la constitution fondamentale de la Monarchie française apparaît sous les Francs. Il est dès lors conduit à interpréter le devenir de l'une ou l'autre de ses fonctions, le roi, la loi, les magistratures, en termes de persistance ou de décadence, de restauration ou de déclin. Il est porté à analyser l'histoire comme un mouvement de balancier par rapport au fléau de la constitution.

Examinons d'abord sa conception des magistratures. Les officiers y voient avant tout le Parlement, l'ancien commis y reconnaît par-dessus tout l'administration. Selon l'historien, l'ancien plaid n'est nullement un ensemble de conquérants ni davantage une assemblée issue de la nation : « L'origine de notre Parlement sur lequel on a tant écrit et tant discuté remonte comme vous le voyez non au Champ de Mars que Grégoire de Tours ne nomme qu'une seule fois mais au plaid royal dont il parle à toutes les pages..., mais à quelque époque et sous quelque domination que le parlement paroisse, jamais il ne forme un corps de député ou mandataires de la nation. Il est sous la première et sous la seconde race comme sous le troisième un corps de magistrature représentative du souverain et qui, dépositaire de son autorité pour agir, est obligé d'en éclairer l'usage par les conseils... »[150] Le Parlement est une magistrature civile qui a servi de premier plaid avant que l'anarchie féodale ne le dissocie de la monarchie[151]. La noblesse ne descend pas des conquérants, elle est issue de la magistrature civile : « Ecartons donc sans retour cet absurde système du comte de Boulainvilliers, écrit-il, qui croit flatter la noblesse française en la persuadant qu'elle était sortie toute armée des marais de Germanie ou des forêts du Nord. »[152] Le régime de la noblesse, riposte Moreau, est le service du roi, des offices publics, les bénéfices liés aux magistratures. Sur ce point le légiste du xviiie rejoint celui du xvie siècle : « Et pour avoir suivi la fausse pratique du droit

150. *Principes...*, t. 1, p. 39.
151. *Principes...*, t. 1, p. 83.
152. *Principes...*, t. 14, p. 115-116.

romain, les seigneurs de France, qui de leur origine, n'estoient que simples officiers, ont usurpé la propriété de leur charge et ont converti les offices en seigneuries », disait Loyseau[153]. La magistrature n'est donc jamais que l'administration de la souveraineté. A ce titre elle ne peut être que civile. Ce n'est que par une usurpation extrêmement dommageable que les offices sont devenus d'abord inamovibles[154], puis héréditaires avec la féodalisation de la puissance publique, esquissée sous les Mérovingiens, achevée sous les Carolingiens, arrêtée et brisée par les Capétiens. Dès lors les magistratures qui sont « sous les yeux du prince » n'ont qu'un rôle consultatif.

C'est dans sa conception des lois que Moreau rencontrait le principal écueil semé devant sa théorie. Si l'essence de la monarchie se résumait au pouvoir du souverain limitée par les lois naturelles, les lois positives et les lois divines, si l'essence de la monarchie reposait sur un corps de lois toujours subsistant, garantissant à la nation la conservation des avantages que le gouvernement est destiné à protéger, si du coup la magistrature obligée de veiller à l'exécution constante et uniforme de ces lois, devait avertir le prince des manquements, comment allait-il riposter à la théorie avancée par Montesquieu de la séparation des pouvoirs et de la nécessité de corps intermédiaires pour limiter les caprices des princes ? On a dit sans doute trop rapidement que Moreau a emprunté à Montesquieu sa doctrine de la séparation des pouvoirs. En vérité il fait preuve de plus d'originalité. Dans le célèbre Livre 11 de son grand ouvrage *L'Esprit des lois*, le Bordelais avait distingué : « La puissance législative, la puissance exécutrice des choses qui dépendent du droit des gens, et la puissance exécutrice de celles qui dépendent du droit civil »[155], définition qu'il avait lui-même simplifiée en parlant de puissance législative, puissance exécutrice et de puissance de juger. Le contenu exact de ces trois puissances de même que la réalité de leur séparation et de leur

153. Loyseau, *op. cit.*, *Des offices*, p. 143.
154. *Principes...*, t. 12, p. 4 à 17.
155. Montesquieu, *L'Esprit des lois*, édité par Robert Derathé, Paris, 1973, 2 vol. livre 11, p. 168.

équilibre respectif a fait couler des flots d'encre[156]. Sans entrer dans
cette discussion, nous pouvons remarquer que la distinction faite
à son tour par Jacob-Nicolas Moreau entre plusieurs aspects du
pouvoir ne recoupe pas exactement la classification proposée par
Montesquieu. Selon Moreau, en effet, les fonctions du pouvoir se
divisent en législation, administration et juridiction[157]. Il ne nie
pas l'existence d'une division des fonctions du pouvoir mais à
condition de maintenir une nécessaire hiérarchie : au sommet de
celle-ci l'identité et les limites d'intervention de celui qui détient
l'autorité. Cette identité se confond avec l'exercice de la législation. Dans la loi, nous explique-t-il, il y a deux choses, la règle
et l'autorité : « Règle qui dirige, autorité qui contraint. Comme
règle elle nous montre ce que nous devons faire, comme autorité,
elle nous le commande. En fait elle inflige une peine à la désobéissance. » L'essence du pouvoir législatif réside dans l'autorité ;
le pouvoir législatif n'est autre que cette autorité qui connaît et
qui contraint. C'est au souverain et à lui seul qu'appartient cette
autorité et c'est lui qui détient le pouvoir législatif[158]. Moreau
reprenant là, la vieille analyse de Bodin, distingue ailleurs parmi
les magistrats ceux qui ordonnent le jugement et ceux qui l'exé-
cutent, l'ordonnance du jugement appartenant au souverain. Il
n'est donc aucunement question dans son esprit que le souverain
puisse partager la législation, comme l'avait proposé Montesquieu
dans la subtile esquisse imaginée d'un corps législatif composé
de nobles et de représentants du peuple mais arrêté à chaque
fois qu'il serait nécessaire par la puissance exécutrice. On arrivait là au cœur du débat et au corps du délit : Faut-il associer

156. Cf. en particulier Charles Einsenmann, *L'esprit des lois et la séparation des
pouvoirs*, *Mélanges Carré de Malberg*, Paris, 1933, *reprint* Duchemin, Paris, 1977.
157. « Voilà Monseigneur les trois choses qu'il faut examiner lorsqu'on veut porter
sur un gouvernement quel qu'il soit, un jugement raisonnable. Où est l'autorité ? Quelles
sont les bornes qui modifient son action, où réside la force qui vient à son secours ?
Toutes les fois que ces trois problèmes sont résolus on verra se développer aisément
toutes les fonctions entre lesquelles subdiviser l'exercice de la législation, de l'administration, de la juridiction. N'oublions pas en effet que c'est à ces trois actes que j'ai réduit
dans mes discours précédents l'exercice continu de la souveraineté », *Principes...*, t. 3, p. 5.
158. *Ibid.*

le Parlement à la fonction législative ? Pour brutalement négative qu'elle soit, la réponse de Moreau n'est ni plate ni médiocre. Faut-il donc le pouvoir absolu ? Moreau ne contourne pas l'objection : « Car si c'était établir le despotisme que de soutenir que *le pouvoir de nos rois est absolu* parce que telle est la nature... je crois qu'il faut ou jeter au feu tout ce que j'ai écrit ou répondre dès à présent au reproche. »[159] Mais il entre dans une partie plus défensive de son argumentation. Si, comme il a essayé de l'exposer, la monarchie n'est ni impériale ni dominiale, cela signifie qu'il doit répudier le droit du plus fort. Il ne manque point à cette conséquence : « Gardons-nous d'abuser de ce mot de droit et ne désignons jamais par ce terme l'irrésistible empire de la violence sur la faiblesse. Le droit du plus fort n'est point un droit. Or qu'est-ce que le droit de conquête en vérité, sinon le droit du plus fort qui cessera sitôt que le vaincu aura lui-même acquis des forces supérieures ? Le mot de droit renferme deux idées, celle de pouvoir et celle de justice. Ce mot n'est rien ou il est une puissance avouée par la raison. »[160] Rousseau ne dit pas mieux. Aussi bien Moreau reconnaît-il que les Mérovingiens ont abusé du pouvoir et que c'est précisément parce qu'ils ont voulu disposer de la vie et des propriétés de leurs sujets qu'ils ont fini par perdre leur couronne. « Un roi, dit-il, n'existe que par la constitution, son unique appui et dans la réunion des lois fondamentales et celles-ci se tiennent toutes. »[161] Pourtant Moreau maintient que la souveraineté est absolue non sans souligner qu'il faut un certain courage, à l'époque où il écrit ses livres, pour défendre une telle idée[162] : « Oui Monsieur, j'ai dit avec le grand Bossuet et je dirai toujours que la puissance de nos rois est essentiellement absolue : mais j'ai ajouté et j'ajouterai encore qu'elle est essentiellement réglée et qu'elle ne subsiste que par la règle. Développons cette idée qui doit rassurer mes lecteurs... la souveraineté peut résider sur la tête d'un seul homme,

159. *Principes...*, t. 1, p. 2.
160. *Ibid.*
161. *Principes...*, t. 5, p. 88-89.
162. *Principes...*, t. 1, p. 8.

elle peut appartenir à la multitude, elle est toujours de même nature. »[163] Reprenant l'argumentation des théoriciens classiques de la royauté, celle de Bossuet, opposant avec force le gouvernement arbitraire au gouvernement absolu[164], celle de Massillon s'adressant au roi : « Vous ne commandez pas à des esclaves, vous commandez à une nation libre et belliqueuse aussi jalouse de sa liberté que de sa fidélité »[165], l'argumentation selon laquelle, ce n'est pas le souverain seul mais la loi qui doit régner sur les peuples : la loi sous ses trois occurrences, loi divine, loi naturelle et loi positive : « L'autorité du monarque est essentiellement absolue mais elle ne doit pas être dissolue. »[166] Le roi en France a le droit de dire : « Je veux être obéi mais je punirai si l'on s'écarte de la règle que j'impose », mais sa puissance n'est pas une propriété, elle n'est qu'un pouvoir de gouvernement. Elle doit donc être essentiellement protectrice et bienfaisante, destinée qu'elle est à maintenir les droits qui existaient avant elle. Il faut dire au roi : « Il n'y a pas de loi écrite et promulguée qui ne soit votre volonté mais toutes vos volontés ne sont pas des lois, vous en avez auxquelles vous êtes soumis vous-même et à l'infraction desquelles vous voulez forcer en vain vos sujets. »[167]

Après le pouvoir d'exercer la loi, reste son contenu. Que dit la règle ? « Les Romains furent nos premiers maîtres, écrit-il, et c'est à eux qu'il faut remonter pour nous faire une idée claire et des principes du gouvernement civil en général et de l'ancien mécanisme de notre monarchie en particulier. »[168] Et il ajoute : « Les Romains avaient connu ce grand art de la souveraineté. »[169] Ce romanisme emprunté à l'abbé Dubos mais ici appuyé jusqu'à l'exagération renoue incontestablement avec la pensée légiste des débuts de la monarchie capétienne mais accentue l'archaïsme de Jacob-Nicolas. Il l'éloigne

163. *Principes...*, t. I, p. 10-11.
164. Bossuet, *Politique tirée de l'écriture sainte*, livre VIII, art. 2, cité par Elie Carcassonne, *op. cit.*, Paris, 1827 et Massillon, *Sermon pour le Dimanche des Rameaux, petit carême, sermons et morceaux choisis*, Paris, 1863, cité par Elie Carcassonne, *op. cit., ibid.*
165. *Principes...*, t. I, p. 11-12.
166. *Ibid.*
167. *Principes...*, t. I, p. 43.
168. *Leçons*, p. 1.
169. *Leçons*, p. 2.

des constructions plus subtiles élaborées par les légistes de l'école de
Bourges qui, pour faire pièce aux glossateurs impériaux, avaient
édifié des normes de droit public éloignées du droit romain de Justinien, il l'écarte de la vision innovatrice et historique des juristes
humanistes qui soulignaient d'autant plus l'évolution de l'histoire
des concepts du droit public de la France qu'ils en étaient les novateurs.

Dès lors pour Moreau existent bien, dans la constitution de la
France, le souverain, la loi, l'administration, et dans les devoirs
de la loi, celui de protéger la famille et la propriété mais ni l'égalité
des individus, ni le processus de l'histoire. En cela il est en partie
infidèle à l'inspiration historicisante et républicaine des légistes du
XVIe siècle et se rapproche davantage des légistes des premiers
temps de la monarchie. Comme eux, il établit la constitution de la
France. Mais avec une différence : dans la construction du droit
politique de l'Etat royal, le constitutionnalisme des légistes avait été
prospectif parce qu'ils voyaient dans le droit public une *natura
naturans*, tandis que le constitutionnalisme de Moreau est rétrospectif
parce qu'il décrypte dans la constitution monarchique une *natura
naturata*, parce qu'il s'écarte de toute idée de développement et de
toute idée de progrès, lui qui cherche la vérité de la loi dans la tradition originaire, dans l'établissement, lui qui hypostasie la loi, mais
remet au souverain la propriété de la puissance. Dès lors à son insu,
lui aussi est encyclopédiste, lui aussi est taxinomiste, lui aussi a perdu
l'histoire.

Alors Moreau le petit comme disent tous ses adversaires ? Oui
mais petit comme les agents de l'Etat, petit comme les doctes de
collège, qui n'avaient pas suivi l'irrésistible réaction de la robe en
s'engageant dans la rébellion parlementaire, qui ne s'étaient pas
adonnés à la rébellion furieuse des salons ou à la discussion coton-
neuse des sociétés de pensée. Petit, rapetissé, comme un dernier exemplaire de la *gentry*, comme une première esquisse de la technocratie, surmonté par l'ombre immense et raide de la statuaire des grands légistes.
A l'époque où l'administration royale tentait vainement de
trouver une solution à la crise financière qui l'asphyxiait, de desserrer
le dirigisme qui l'étranglait, le mérite de Jacob-Nicolas Moreau

aura été d'avoir compris qu'il n'y avait pas de réforme de l'Etat sans réforme du droit ; son talent aura été d'avoir essayé de retrouver dans le dépôt des chartes, par la voie de la collation de toutes les ordonnances et de tous les édits, de tous les diplômes et de tous les titres, la réalité de la constitution monarchique ; son innovation d'avoir formé le projet grandiose de rassembler tout le droit pour le réformer. Mais le temps des légistes était passé parce que le temps de l'Etat de justice était révolu, remplacé qu'il avait été par l'Etat de finance, l'Etat d'office, l'Etat de police, et que des légistes, à la veille de la Révolution, on pensait déjà, ce qu'en dira Tocqueville au XIXᵉ siècle : « Lorsque le peuple... se laisse enivrer par ses passions ou se livre à l'entraînement de ses idées, les légistes lui font sentir un frein presque invisible qui le modère et l'arrête. A ses instincts démocratiques, il oppose secrètement leurs penchants aristocratiques ; à son amour de la nouveauté, le respect superstitieux de ce qui est ancien ; à l'immensité de ses desseins, leur vue étroite, à son mépris des règles, leur goût des formes et à sa fougue, leur habitude de procéder avec lenteur. »[170]

170. Alexis de Tocqueville, *La démocratie en Amérique*, Paris, 1957, t. 1, p. 280.

Orientation bibliographique

Notre orientation bibliographique est distribuée livre par livre en essayant d'éviter le plus possible les répétitions. Elle est rangée dans les trois catégories : 1 / *Sources manuscrites*, 2 / *Sources imprimées*, 3 / *Ouvrages consultés*; les livres sont classés par ordre alphabétique des auteurs à l'exception de la bibliographie concernant Mabillon qui suit l'ordre chronologique que nous avons retenu, car il manifeste la strate des intérêts successifs pour le bénédictin. Elle est précédée par une bibliographie sommaire d'histoire de l'histoire et épistémologie de l'histoire.

ABRÉVIATIONS

AN	Archives nationales.
AI	Archives de l'Institut de France.
BN	Bibliothèque nationale.
Ms. Fr.	*Manuscrits français de la BN.*
Ms. Fr. n.a.	*Manuscrits français nouvelles acquisitions de la BN.*
CM	*Collection Moreau de la Bibliothèque nationale.*
MAI	*Mémoires de l'Académie royale des Inscriptions et Belles-Lettres.*
HAI	*Histoire de l'Académie royale des Inscriptions et Belles-Lettres.*
MAI n.i.	*Mémoires de la Nouvelle Académie des Inscriptions et Belles-Lettres.*

PRINCIPAUX JOURNAUX CITÉS

Journal des Savants.
Journal de Trévoux (Mémoire pour l'histoire des sciences et des beaux-arts).
Mercure de France.
La Clef du cabinet des princes.
Journal de Verdun.
L'Europe savante.
L'Observateur français.
Bibliothèque raisonnée des ouvrages des savants de l'Europe.
L'Année littéraire.

PRINCIPAUX DICTIONNAIRES UTILISÉS

Dictionnaire de biographie française.
Dictionnaire de théologie catholique.
Nouvelle Biographie générale.
Encyclopédie ou Dictionnaire des arts et des sciences.
Grande Encyclopédie et nouvelle bibliographie française.
Encyclopedia Britannica.
Encyclopedia Universalis.
La France protestante.

PRINCIPALES REVUES CITÉES

Annales. Economie. Société. Civilisation.
Archives de Philosophie du droit.
Bibliothèque de l'Ecole des Chartes.
Bulletin de la Faculté des Lettres de Strasbourg.
Critique.
XVIIe siècle.
French historical studies.
History and theory.
Nouvelle Revue historique du droit français et étranger.
Revue de Synthèse.
Revue d'Histoire littéraire de la France.
Revue d'Histoire de l'Eglise de France.
Revue historique.
Revue d'Histoire moderne.
Revue Mabillon.
Dépouillement bibliographie Rancœur.

SOURCES MANUSCRITES

BIBLIOTHÈQUE NATIONALE

Ms. Fr. 15477, 15478, 15479, traduction française des *Annales de l'Ordre de saint Benoît*.
Ms. Fr. 15790, Mélanges littéraires et polémiques concernant la Congrégation de Saint-Maur (notamment fol. 1 : « Réponses aux remarques que le R.P. Bastide a faites sur la préface du IVe siècle bénédictin »; fol. 65 : « Abrégé de la réponse du R.P. Mabillon au R.P. Bastide »; fol. 78 : « *De Monasticorum studiorum...* »; fol. 84 : « Questions proposées à tous les religieux bénédictins de la Congrégation de Saint-Maur par le Bureau de littérature »).
Ms. Fr. 17696, 17700, Papiers de Dom Jean Mabillon (notamment 17696, fol. 245 : « Mémoire pour justifier le procédé que jay tenu dans l'édition de nos vies des saints »; fol. 294 : « Brièves réflections sur quelques règles de l'Histoire »; 17698, fol. 197 : « Notes et

extraits divers sur la diplomatique, mémoires et lettres relatifs à des discussions entre Mabillon et le jésuite Germon »; fol. 260 : « Règles générales pour distinguer les anciens titres faux d'avec les véritables »; 17700, fol. 335 : « Apologie du jeusne qui ne peut estre violé... »).

Ms. Fr. 19639, 19649, 19660, Correspondance de Mabillon (cf. Catalogue Sepet).

Ms. Fr. 19699, Papiers de Thierri Ruinard (fol. 168 : « Lettres et mémoires sur la vie de Mabillon », et fol. 404 : « Mémoire au sujet des livres imprimés et manuscrits qu'il devait rechercher en Italie pour la bibliothèque du Roi »).

Collection de Picardie, t. CLXIV, fol. 203 et 297, Lettre de Dom Luc d'Achery au Chapitre général de 1648.

Ms. Fr. n.a. 7426, Remarques sur la Diplomatique.

Ms. Fr. n.a. 74286, Remarques sur le livre du P. Germon contre la diplomatique.

ARCHIVES NATIONALES

L 810, Affaire Bastide.

SOURCES IMPRIMÉES

ŒUVRES DE MABILLON[1]

Hymni in laudem sancti Adhalardi sanctae Bathildis Reginae et officia ecclesiae corbeiensis Sancti Bernardini opera omnia..., Paris, 1667, 9 vol. in-fol.

Acta Sanctorum ordinis sancti Benedicti per saeculorum classes distributa, 1668, 1701, 9 vol. in-fol.

Petri abbatis Cellensis opera omnia, studio unis e Sancti Mauri congregatione monachi, Paris, 1671.

De azymo et fermentato, ad emin. Cardina Bona, Paris, 1674.

Vetera Analecta, sive Collectio veterum aliquot operum et opusculorum omnis generis..., Paris, 1675-1685, 4 vol., et 1723, in-fol.

Animadversiones in « Vindicias Kempenses »..., Paris, 1677.

De Re diplomatica libri VI..., Paris, 1681 et 1709.

Librorum de Re diplomatica supplementum..., Paris, 1704.

De liturgia gallicana libri III..., Paris, 1696.

Museum Italicum seu collectio veterum scriptorum ex bibliothecis italicis erutas, Paris, 1687, 2 vol., et 1689, 2ᵉ éd., 1724.

Eusebii Romani Ad Theophilum Gallum epistola de cultu sanctorum ignotorum, Paris, 1698; trad. franç., Paris, 1698, et Paris, 1705.

Lettre d'un bénédictin à Mgr. l'Evêque de Blois touchant le discernement des anciennes reliques, au sujet d'une dissertation de M. Thiers contre la Sainte-Larme de Vendôme, Paris, 1700.

La mort chrétienne sur le modèle de celle de N.-S. Jésus-Christ et de plusieurs saints et grands personnages de l'Antiquité, Paris, 1702.

1. A l'exception de celles concernant la querelle Mabillon-Rancé que nous énumérons ci-dessous.

Annales Ordinis e Benedicti occidentalium monachorum patriarchae..., Paris, 1703, 1739.

Ouvrages posthumes de Jean Mabillon et de Thierri Ruinart, par D. Vincent Thuillier, Paris, 1724, 3 vol.

Voyage littéraire en Alsace de Dom Mabillon, publié par A. Ingold, Colmar, 1893.

Pensées et conseils de Dom Mabillon éditées à l'occasion de son deuxième centenaire, par A. Corbières, Paris, 1907.

Correspondance inédite de Mabillon et de Montfaucon avec l'Italie contenant un grand nombre de faits sur l'histoire religieuse et littéraire du XVIIe siècle, par M. Valery, Paris, 1846, 3 vol.

Correspondance de Richard Augustin de La Haye avec Dom Mabillon et Dom Ruinart (1699-1708), documents inédits publiés par Henri Jadart, Paris, 1887.

Correspondance inédite entre Dom Mabillon et Dom Montfaucon (1699-1701), signée A. J. Corbières, Paris, 1913.

Lettres de Mabillon (1703) relatives à la découverte du tombeau de saint Caletric, évêque de Chartres, publ. par M. Doublet de Boisthibaut, *Mémoires de la Société royale des Antiquaires de France*, XVII, 1844, p. LXVI-LXX.

Rapports sur la correspondance inédite des Bénédictins de Saint-Maur adressées à S. Exc. le Ministre de l'Instruction publique et des Cultes, par M. Alphonse Dantier, Paris, 1867.

Le Cardinal de Bouillon, Baluze, Mabillon et Th. Ruinart dans l'affaire de l' « Histoire générale de la Maison d'Auvergne », par M. Charles Loriquet (*Travaux de l'Académie impériale de Reims*), XLVII, 1907, p. 265-308.

Lettre de Mabillon à M. de Pontchartrain du 18 juillet 1701 et à M. de Gastinel du 24 août 1701 (*L'Amateur d'autographes*, VII, 1868, p. 121-122).

Lettre de Mabillon à Suzanne de Crussot d'Uzès, abbesse de Notre-Dame d'Yères, du 1er mai 1707... (*Musée des Archives nationales*, Paris, 1872, p. 558).

Lettre de Mabillon à Mgr de Noailles, évêque de Chalons, du 14 septembre 1702, publ. par Edouard de Barthélemy (*Revue de Champagne et de Brie*, V, 1878, p. 236).

Lettre de Mabillon du 16 mars 1695 et du 19 juin 1705 (*Revue de Champagne et de Brie*, XVII, 1884, p. 184-185).

Une lettre inédite de Mabillon par Mgr X. Barbier de Montault (*Bulletin de la Société des Antiquaires de l'Ouest*, 1884, p. 293-296).

Notice sur quelques manuscrits d'Italie, par L. G. Pellissier, Paris, Leclerc et Corman, 1899 (*Extr. du Bulletin du Bibliophile et du Bibliothécaire*, 1890). (Contient une lettre de Mabillon à Magliabecchi du 29 sept. 1687.)

Les Bénédictins de Saint-Germain-des-Prés et les savants français d'après leur correspondance inédite, par M. l'abbé Jean-Baptiste Vanel, Paris, 1894 (Lettres de Mabillon).

Pièces liturgiques composées par Dom Jean Mabillon, publiées par A. J. Corbières, Paris, 1907.

Correspondance inédite échangée entre deux mauristes et Charles de Visch, prieur de Dunes, publ. par Dom Donatien Bruynes, Bruges, 1905.

Correspondance d'Armand de Gérard Latour avec Etienne Baluze et Dom Mabillon, recueillie et annotée par M. Gaston de Gérard, Périgueux, 1891.

Correspondance de Bénédictins normands avec Dom Mabillon et Dom Montfaucon, par M. l'abbé Charles Query, Evreux, 1918.

AUTRES SOURCES IMPRIMÉES[2]

Charles du Cange, *Histoire de l'Empire de Constantinople sous les empereurs français*, Paris, 1657, in-fol.
— *Glossarium ad scriptores mediae et infimae latinatis*, Paris, 1678, 3 vol. in-fol.
— *Histoire de Saint Louis roi de France* écrite par Joinville, Paris, 1688, in-fol.
— *Glossarium mediae et infimae graeciae...*, Paris, 1688, in-fol.
Etienne Baluze, *Regum Capitularia*, Paris, 1677, 1 vol. in-fol.
— *Epistolae Innocenti papae III*, Paris, 1682, in-fol.
Barthélemy d'Herbelot, *La Bibliothèque orientale ou dictionnaire universel contenant tout ce qui regarde la connaissance des peuples de l'Orient*, Paris, 1697, in-fol.
Etienne Baluze, *Histoire généalogique de la maison d'Auvergne justifiée par les chartes, titres, histoires anciennes et autres preuves authentiques par M. Baluze*, Paris, 1708.

OUVRAGES CONSULTÉS SUR MABILLON

(par ordre chronologique)

Matricula monachorum professorum congregationis St-Mauri, Paris, 1669, in-fol.
G. B. Raguet, *Histoire des contestations de la Diplomatique avec l'analyse de cet ouvrage composé par Mabillon*, Paris, 1708.
Gros de Boze, Eloge de Dom Mabillon (17 avril 1708), in *Histoire de l'Académie royale des Inscriptions et Belles-Lettres*, I, Paris, 1717 (1re éd., Paris, 1708).
Dom Thierri Ruinart, *Abrégé de la vie de Dom Mabillon, prêtre et religieux bénédictin de la Congrégation de Saint-Maur...*, Paris, 1709.
Dom Vincent Thuillier, *Histoire de la nouvelle édition de saint Augustin donnée par les R.P. bénédictins de la Congrégation de Saint-Maur* (s.l.), 1736.
Pierre Niceron, *Mémoires pour servir à l'histoire des hommes illustres dans la République des lettres*, Paris, 1724, 1745, 44 vol., t. VII, p. 336 à 371.
Toustain et Tassin, *Nouveau Traité de Diplomatique par deux religieux de la Congrégation de Saint-Maur*, Paris, 1740, 1765, 6 vol.
Dom Prosper Tassin, *Histoire littéraire de la Congrégation de Saint-Maur où l'on trouve la vie et les travaux des auteurs qu'elle a produits depuis son origine jusqu'à présent*, Bruxelles et Paris, 1770.
Abbé Picot, *Mémoires pour servir à l'histoire ecclésiastique pendant le XVIIe siècle*, Paris, 1815, 4 vol., t. I, p. xxxiii.
Jean Labourerie, *Notice historique sur Dom Mabillon*, Paris, 1825.
Michaud, *Biographie universelle*, Paris, 1811, 1828, 52 vol., art. « Mabillon ».
Abbé Bouillot, *Biographie ardennaise ou Histoire des Ardennais qui se sont fait remarquer par leurs écrits, leurs actions, leurs vertus ou leurs erreurs*, Paris, 1830, 2 vol., t. 2, p. 150 à 164.
E. Chavin de Malan, *Histoire de Dom Mabillon et de la Congrégation de Saint-Maur*, Paris, 1843.
M. Deloche, *Etienne Baluze, sa vie et ses œuvres*, Paris, 1856.

---

2. La bibliographie de la querelle Mabillon-Rancé est reportée ci-après. Cf. aussi la bibliographie de la Congrégation de Saint-Maur sur l'érudition laïque.

Dr Hoefer, *Biographie générale*, Paris, 1860, t. XXXII, p. 437-449, Notice sur Mabillon de B. Haureau.

Léon Gautier, *Quelques mots sur la paléographie et la diplomatique*, Paris, 1859.

Victor Fournel, *La littérature indépendante et les écrivains oubliés au XVIIe siècle*, Paris, **1862**.

Ernest Babelon, *Une querelle scientifique entre jésuites et bénédictins, origine de la diplomatique* (« Le Contemporain », 1878, I, p. 297-320).

Henri Jadart, *Dom Jean Mabillon (1632-1707)* ; étude suivie de documents inédits sur sa vie, ses œuvres, sa mémoire, Reims, 1879.

Abbé V. Tourneur, Allocution prononcée le 26 novembre 1878, à la bénédiction du monument de Mabillon dans l'église de Saint-Pierremont, Travaux de l'Académie nationale de Reims, LXIV, 1877-1878, p. 297-302 (cf. *Revue de Champagne et de Brie*, V, p. 497-498).

Henri Jadart, *Les relations de Dom Jean Mabillon avec le pays laonnais*, Laon, 1880 (Extr. du *Bulletin de la Société académique de Laon*, XXIV, 1879-1880, p. 17-32).

Henri Jadart, Notice sur l'ancienne abbaye de Saint-Remi de Reims (*Mémoire de la Société nationale des Antiquaires de France*, XLV, 1884, p. 155-187).

Henri Jadart, *Mabillon et la réforme des prisons...*, Paris, 1885.

Henri Jadart, *La Maison natale de Mabillon et son monument commémoratif dans l'église de Saint-Pierremont...*, Caen, 1885 (Extr. du *Bulletin monumental*, LI, 1885, p. 487-501).

Edmond Bonnafe, *Dictionnaire des amateurs du XVIIe siècle*, Paris, 1886.

Henri Jadart, *Dom Thierry Ruinart (1657-1709)...*, Paris, Reims, 1886.

Emmanuel de Broglie, *Mabillon et la société de l'abbaye de Saint-Germain-des-Prés à la fin du XVIIe siècle, 1664-1707*, Paris, 1888, 2 vol.

Amédée de Margerie, *Une querelle de moines au XVIIe siècle*, Lille, 1892.

J. B. Vanel, *Les Bénédictins de Saint-Maur à Saint-Germain-des-Prés (1630-1792)*, Paris, 1896.

Dom J. M. Besse, *Les études ecclésiastiques d'après la méthode de Mabillon*, Paris, 1700.

A. M. P. Ingold, Mabillon en Alsace (*Revue catholique d'Alsace*, t. XX, XXI) et tiré à part, Colmar, 1901.

Henri Menu, Recherches sur les portraits de Mabillon, *Revue d'Ardennes et d'Argonne*, X, 1902-1904, p. 61-74.

A. M. P. Ingold, *Histoire de l'édition bénédictine de saint Augustin avec le journal inédit de Dom Ruinart*, Paris, 1902.

Lettre du P. Germon à Dom Thierri Ruinart sur la mort de Mabillon du 22 janvier 1708 (*Bibliothèque de l'Ecole des chartes*, LXVII, 1906, p. 588-589).

Revue Mabillon à partir de 1907 (BN, n° Lc 18 607).

Corberie, *Premier Inventaire des lettres imprimées de Dom Mabillon*, Paris, 1907.

Léopold Delisle, *Dom Jean Mabillon, sa probité d'historien*, Ligugé, 1908.

Mélanges et documents publiés à l'occasion du deuxième centenaire de la mort de Mabillon, Paris, Ligugé, 1908.

Dom Antoine du Bourcy, *Dom Jean Mabillon*, Poitiers, 1908.

Dom P. Denis, *Dom Mabillon et sa méthode historique*, Mémoire justificatif sur son édition des *Acta Sanctorum O.S.B.*, Ligugé, 1920.

Geoffrey Atkinson, *Les relations de voyage au XVIIe siècle et l'évolution des idées. Contribution à l'étude de la formation de l'esprit du XVIIIe siècle*, Paris, 1924, Slatkine reprint, 1972.

Léon Deries, *Un moine et un savant, Dom Jean Mabillon, 1632-1707*, Ligugé, 1932.

Michel Beaulieu, *Contribution à l'étude de la mode à Paris et transformation du costume élégant sous le règne de Louis XIII, 1610-1643*, Paris, 1976.

Dom Martène, *Histoire de la Congrégation de Saint-Maur (1612-1647)*, Ligugé, 1928, 1943, 9 vol.

Paul Benichou, *Morales du Grand Siècle*, Paris, 1941, 2ᵉ éd., 1973.

René Pintard, *Le libertinage érudit dans la première moitié du XVIIᵉ siècle*, Paris, 1943.

Jean Orcibal, *Louis XIV contre Innocent XI*, Paris, 1949.

Dom Henri Leclerq, *Dom Mabillon*, Paris, 1953, 2 vol.

Lucien Goldmann, *Le Dieu caché*, Paris, 1955.

Pierre Chaunu, *La civilisation de l'Europe classique*, Paris, 1966.

Orest Ranum, *Les parisiens au XVIIᵉ siècle*, Paris, 1973.

Louise Godart de Donville, *Signification de la mode sous Louis XVIII*, Paris, 1976.

Pierre Lavedan, *Nouvelle histoire de l'urbanisme à Paris*, Paris, 1978.

George Huppert, *Bourgeois et gentilshommes, la réussite sociale en France au XVIᵉ siècle*, trad. franç. P. Braudel et A. Bonnet, Paris, 1983.

Michel Prigent, *Le héros et l'Etat dans la tragédie de Pierre Corneille*, Paris, 1986.

La querelle Mabillon-Rancé

SOURCES MANUSCRITES

Ms. Fr. 17700 (notamment fol. 1 : « Histoire du livre de l'abbé de la Trappe contre Jean Mabillon et de la réponse à ce livre; fol. 129 : « Sentimens sur la contestation des Estudes monastiques et sur le fond de la question par M. François Lami. Lettres de Rancé »).

Ms. Fr. 19639, fol. 391, 404.

Ms. Fr. 23497, Portefeuille Corbie : « Réflexions sur les devoirs monastiques avec les réponses de l'auteur de ce livre ».

SOURCES IMPRIMÉES

Constitutions de l'abbaye de la Trappe, avec un discours sur la réforme, Paris, 1671.

Règlements de l'abbaye de la Trappe, s.l., 1672, 2 vol.

A. J. B. de Rancé, *Lettre du R.P. abbé de la Trappe à M. Le Roy, abbé de Haute Fontaine, sur les humiliations et autres pratiques de la religion*, Paris, 1672.

A. J. B. de Rancé, *De la sainteté et des devoirs de la vie monastique*, Paris, 1683, 2 vol., réédité en 1684 et 1701.

Anonyme attribué au protestant Daniel de Larroque, *Les véritables motifs de la conversion de l'abbé de la Trappe, avec quelques réflexions sur sa vie et sur ses écrits ou Entretiens de Timocrate et de Philandre sur un livre qui a pour titre « Les saints devoirs de la vie monastique »*, s.l., s.d.

A. J. B. de Rancé, *Eclaircissemens sur quelques difficultés que l'on a... sur le livre de la sainteté et des devoirs de la vie monastique*, Paris, 1685.

D. J. Mabillon, *Réponse des religieux bénédictins de la province de Bourgogne à un écrit des chanoines réguliers de la même province touchant la préséance dans les Etats*, s.l., s.d.

D. J. Mabillon, *Réplique des religieux bénédictins de la province de Bourgogne au second écrit des chanoines réguliers de la même province*, s.l., 1687.

Abbé de Maupeou, *La conduite et les sentiments de M. l'abbé de la Trappe, pour servir de réponse aux calomnies de l'auteur des entretiens de Timocrate et de Philandre*, Paris, 1687.

Père Mège, *Commentaire sur la règle de saint Benoît où les sentiments et les maximes de ce saint sont expliqués par la doctrine des conciles, des Pères, des plus illustres solitaires et des principaux auteurs qui ont hérité de la discipline monastique*, Paris, 1687.

A. J. B. de Rancé, *La règle de saint Benoît avec des dates de Dom Claude de Vert, trésorier de Cluny*, Paris, 1687.

A. J. B. de Rancé, *La règle de saint Benoît nouvellement traduite et expliquée selon un véritable esprit par l'auteur des devoirs de la vie monastique*, Paris, 1681, 2 vol.

Dom Martène, *Commentarius in Regulam S.P. Benedicti litteratis, moralis e historicus ; ex variis scriptorum, commentationibus, acti sanctorum monasteriorum vitibus aliisque monumentis, cum editis, cum manuscriptis concinnatus*, publié dans Migne, *Patr. Lat.*, t. LXVI, vol. 219-932.

Dom J. Mabillon, *Traité des études monastiques dans les cloîtres*, Paris, 1691, 2 vol. in-12, ou Paris, 1692, 1 vol.

A. J. B. de Rancé, *Réponse au Traité des études monastiques par M. l'abbé de la Trappe*, Paris, 1692.

Denys de Sainte-Marthe, *Recueil de quelques pièces qui concernent les quatre lettres écrites à M. l'abbé de la Trappe*, s.l., 1692.

D. J. Mabillon, *Réflexions sur la réponse de M. l'abbé de la Trappe au Traité des études monastiques*, Paris, 1692, *Œuvres posthumes*, Paris, 1934.

OUVRAGES CONSULTÉS

Pierre de Maupeou, *La vie du T.R.P. Dom Armand Jean le Bouthillier de Rancé, abbé et réformateur du monastère de la Trappe*, Paris, 1702, 2 vol.

Abbé Dubois, *Histoire de l'abbé de Rancé et de sa réforme*, Paris, 1866, 2 vol.

Chanoine Henri Didio, *La querelle de Mabillon et de l'abbé de Rancé*, *Revue des Sciences ecclésiastiques*, t. IV, LXIII, 1811.

Chateaubriand, *Vie de Rancé*, Paris, 1844, et Paris, 1969.

Sainte-Beuve, *Port-Royal*, Paris, 1860, 5 vol. (t. 3).

Henri Bremond, *L'abbé tempête, Armand de Rancé, réformateur de la Trappe*, Paris, 1929.

A. J. Kreilshemer, *Armand Jean de Rancé, Abbot of la Trappe, his influence on the cloister and the world*, Oxford, 1964.

Et Rancé, *Dictionnaire de théologie catholique*.

Et sur Mabillon, cf. Jadart, Chavin de Malan, E. de Broglie, H. Leclercq.

Nicolas Fréret (1688-1749)[3]

SOURCES MANUSCRITES

Papiers Fréret aux Archives de l'Académie des Inscriptions et Belles-Lettres, C34, C35, C36, C37 et C37 *bis*, notamment documents recueillis pour la rédaction d'un mémoire sur les états généraux.

ŒUVRES IMPRIMÉES

Œuvres complètes de M. Fréret..., Londres, 1775, 2 vol.
Œuvres de Fréret..., Londres, 1787, t. I, II, III, V.
Œuvres complètes de Fréret..., Edition augmentée de plusieurs ouvrages inédits et rédigée par feu M. de Septchênes..., t. IV.
Œuvres complètes de Fréret..., Nouvelle édition, Paris, an VII, 20 vol.
Œuvres complètes de Fréret... mises dans un nouvel ordre..., par M. Champollion-Figeac, t. I, seul paru, 1825.
Lettre de M***, de l'Académie des Inscriptions et Belles-Lettres (M. Fréret), à l'auteur des « Mémoires pour servir à l'histoire des hommes illustres », etc., pour la défense de M. Guillaume Delisle contre ce qui en a été dit dans ces Mémoires..., Paris, 1731.
William Warburton, *Remarques sur la chronologie et sur la première écriture des chinois ; Essai sur les hiéroglyphes des Egyptiens*, trad. franç., Paris, 1744.
Nicolas Fréret, *Observations générales sur l'origine et sur l'ancienne histoire des premiers habitans de la Grèce, par N. Fréret*, Paris, 1805.
Nicolas Fréret, *Œuvres philosophiques de M. Fréret*, Londres, 1776.
Scipione Maffei, *Merope, tragédie...*, Paris, 1718.
Isaac Newton, *Abrégé de la chronologie...*, Paris, 1725 (texte de Fréret).
Nicolas Fréret, *Défense de la chronologie fondée sur les monuments de l'histoire ancienne, contre le système chronologique de M. Newton, par M. Fréret..., secrétaire perpétuel de l'Académie royale des Belles-Lettres, publiée depuis la mort de l'auteur (par J.-P. de Bougainville) pour servir de suite aux Mémoires de cette Académie*, Paris, Durand, 1758.

---

3. Comme l'a écrit fort justement Madeleine V. David : « Il y a lieu de déplorer qu'une édition complète et exacte des écrits académiques, et autres de Fréret, fasse défaut, puisque la méritoire tentative de Champollion-Figeac qui prévoyait dix volumes (avec index détaillé), s'est arrêtée au tome premier en 1825. L'édition de Leclerc de Septchênes (vingt tomes in-12, 1796) ne répondant pas aux exigences requises, force est de recourir aux textes originaux des *Mémoires de l'Académie*. »

MÉMOIRES PUBLIÉS À L'ACADÉMIE DES INSCRIPTIONS

CRITIQUE

Réflexions sur l'étude des anciennes histoires et sur le degré de certitude de leurs preuves, *MAI*, t. IV, 1729.

Observations sur l'époque d'une ancienne inscription grecque apportée de Tripoli, d'Afrique en Provence et placée dans le cabinet de M. le Bret, *MAI*, XXI, 1747.

Supplément aux observations sur l'époque de l'ancienne inscription de Tripoli, *MAI*, XXI, 1748.

Sur l'inscription de Brumt communiquée à l'Académie par M. Schoepflin, *HAI*, XVIII, 1745.

CHRONOLOGIE

Essais sur l'histoire et la chronologie des Assyriens de Ninive (avec une carte), *MAI*, V, 1721-1724.

Recherches sur la chronologie de l'histoire de Lydie, *MAI*, V, 1725.

Observations sur le temps auquel a vécu Bellerophon, *HAI*, VII, 1729.

Remarques sur les fondements historiques de la fable de Bellerophon..., *MAI*, VII, 1729.

De l'antiquité et de la certitude de la chronologie chinoise, *MAI*, X, 1733.

Eclaircissement sur le mémoire touchant l'antiquité et la certitude de la chronologie chinoise, *MAI*, XV, 1739.

Suite du traité touchant la certitude et l'antiquité de la chronologie chinoise, *MAI*, XVII, 1739.

Observation sur les années employées à Babylone, avant et depuis la conquête de cette ville par Alexandre, *MAI*, XVI, 1742.

De l'antiquité et de la certitude de la chronologie chinoise, *MAI*, X, 1733.

Observations sur la généalogie de Pythagore et sur l'usage chronologique que l'on en a tiré pour déterminer l'époque de la prise de Troie, *MAI*, XIV, 1738.

Recherches sur le temps auquel le philosophe Pythagore fondateur de la secte italique peut avoir vécu, *MAI*, 1738.

Sur la durée des générations dans les familles royales, *HAI*, XIV, 1740.

Observations sur les années employées à Babylone avant et depuis la conquête de cette ville par Alexandre, *MAI*, LXVI.

De l'ancienne année des Perses, de l'intercalation qui leur est propre, et de l'usage qu'on peut en faire pour confirmer ou déterminer quelques dates de leur histoire, *MAI*, XVI, 1742.

De l'ère des Grecs nommée plus ordinairement ère des Séleucides, *MAI*, XVI, 1742.

Sur la forme de l'année employée par les Bithyniens sous la domination romaine, *HAI*, XVIII, 1746.

Observation sur les fêtes religieuses de l'année persane et en particulier sur celles de Mithra tant chez les Persans que chez les Romains, *MAI*, XVI, 1743.

Recherches sur la tradition religieuse et philosophique des Indiens pour servir de préliminaire à l'examen de leur chronologie, *HAI*, XVIII, 1744.

De l'année vague cappadocienne, *MAI*, XIX, 1744.

De l'origine et de l'antiquité des royaumes de Cappadoce et du Pont, *MAI*, XIX, 1744.

De l'année arménienne ou suite des observations sur l'année vague des Perses, *MAI*, XIX, 1745.

Recherches sur les traditions religieuses et philosophiques des Indiens, pour servir de préliminaire à l'examen de leur chronologie, *HAI*, 1744.

Remarques sur le canon astronomique qui se trouve dans le manuscrit de Théon d'Alexandrie et dans lequel la suite des rois de Babylone, de Perse et d'Egypte et celle des empereurs romains sont marquées par les années égyptiennes de l'ère de Nabonassar, *MAI*, XXVII.

Sur la date de la bataille de Marathon, *HAI*, XVIII, 1746.

Sur la date de la bataille de Platée, *HAI*, XVIII.

Réflexions sur l'opinion dans laquelle on prétend que Jules César, lors de la réformation de l'année romaine, n'a fait autre chose qu'adapter à cette année la forme de celle qui était employée depuis 280 ans dans l'usage civil par les Grecs d'Alexandrie, *MAI*, XVI, 1747.

Essai sur la chronologie générale de l'Ecriture, *HAI*, XXIII.

Observations sur plusieurs époques de la chronique de Paros, *MAI*, XXVI, 1747.

Sur quelques points de technique de la chronologie grecque considérée en général, *HAI*, XVIII.

Eclaircissement sur la nature des années employées par l'auteur de la chronique de Paros, *MAI*, XXVI, 1747.

Observations sur l'histoire des Amazones, *MAI*, XXI, 1748.

Observations sur les deux déluges ou inondations d'Ogyges et de Deucalion, *MAI*, XXIII, 1749.

Eclaircissement sur l'année et sur le temps précis de la mort d'Hérode le Grand, roi de Judée, *MAI*, XXI, 1748.

Observations générales sur la géographie ancienne, *MAI*, XVI, 1850.

HISTOIRE ANCIENNE

Recherches sur le dieu Hercule Endovellicus et sur quelques autres divinités ibériques, *HAI*, III, 1714.

Observations sur la Cyropédie de Xénophon, principalement par rapport à la géographie, *MAI*, IV, 1715.

Réflexion sur les prodiges rapportés par les Anciens, *MAI*, IV, 1715.

Recherches sur la bataille donnée à Thrymbée contre les armées de Cyrus et de Crésus (avec une planche), *MAI*, VI, 1724.

L'origine du jeu d'échecs, *HAI*, V, 1729.

Recherches sur l'ancienneté et l'origine de l'art de l'équitation dans la Grèce, *MAI*, VII, 1730.

Suite des Observations sur la Cyropédie de Xénophon, *MAI*, VII, 1726.

Vues générales sur l'origine et le mélange des anciennes nations et sur la manière d'en étudier l'histoire, *HAI*, XVIII.

Observations générales sur l'origine et sur l'ancienne histoire des premiers habitants de la Grèce, *HAI*, XXI, 1746.

Observations générales sur l'ancienne histoire des habitants de la Grèce, *MAI*, XLVII, 1746.

Recherches sur l'origine et l'ancienne histoire des différents peuples de l'Italie, *HAI*, XVIII.

Réflexions générales sur la nature de la religion des Grecs et l'idée qu'on doit se former de leur mythologie, *HAI*, XXIII.

Recherches sur le culte de Bacchus parmi les Grecs, *MAI*, XXIII, 1749.

Recherches pour servir à l'histoire des Cyclopes, *HAI*, XXIII.

Recherches sur les Cabires, *HAI*, XXVII.

De la nature du culte rendu dans la Grèce aux lares et en particulier à celui d'Esculape, *HAI*, XXI.

Observations sur les oracles rendus par les âmes des morts, *MAI*, XXIII, 1749.

Observations sur le recueil de prédictions qui portaient le nom de Musée de Bacri et de la Sybille, *MAI*, XXIII, 1749.

Remarques sur le mot Barritus ou Barditus dont il est parlé dans Tacite, *HAI*, XXIII, 1749.

HISTOIRE CHINOISE

Réflexions sur les principes généraux de l'art d'écrire et, en particulier, sur les fondements de l'écriture chinoise, *MAI*, VI, 1718.

Sur la langue chinoise, *HAI*, III, 1720.

De la poésie des Chinois, *HAI*, III, 1714.

GÉOGRAPHIE ET ASTRONOMIE

Réflexions sur les prodiges rapportés par les Anciens, *MAI*, IV, 1717.

Si Crissa et Cirrha étaient une même ville sous ces deux noms (avec Valois et l'abbé Gédoyn), *HAI*, V, 1725.

Réflexions sur un ancien phénomène céleste observé au temps d'Ogygès, *MAI*, X, 1732.

Sur la comparaison des mesures des itinéraires romains avec celles qui ont été prises géométriquement par M. Cassini dans une partie de la France, *HAI*, XIV, 1739.

Sur la table itinéraire publiée par les Velses sous le nom de Table de Peutinger, *HAI*, XIV, 1738.

Sur les colonnes itinéraires de la France où les distances sont marquées par le mot lengau, *HAI*, XIV, 1739.

De l'accroissement ou élévation du sol de l'Egypte par le débordement du Nil, *MAI*, XVI, 1742.

Sur le peu d'accord des observations faites jusqu'à présent pour déterminer la latitude d'Athènes, *HAI*, XVIII, 1744.

Sur la situation du pays des Hyperboréens, *HAI*, XVIII, 1744.

Mémoire sur les Cimmériens et principalement sur la partie de cette nation qui habitait au nord du Danube et à l'occident du Pont-Euxin, *MAI*, XX, 1745.

Observations sur les mesures grecques et les mesures romaines, *MAI*, XXIV.

Essai sur les mesures longues des Anciens, *MAI*, XXIV.

Observations sur la situation de quelques peuples de la Belgique et sur la position de quelques places de ce pays lors de sa conquête par les Romains, *MAI*, XLVII.

Observations générales sur la géographie ancienne, *HAI* n.i., XVI, 1845-1848.

PHILOSOPHIE

Observations sur les causes et sur quelques circonstances de la condamnation de Socrate, *MAI*, XLVII, 1736.
Observations générales sur l'étude de la philosophie ancienne, *MAI*, XVIII, 1744.

HISTOIRE DES PEUPLES ANCIENS

Observations sur la religion des Gaulois et sur celle des Germains, *MAI*, XXIV, 1747.
Sur la nature des dogmes les plus connus de la religion gauloise, *HAI*, XVIII.
Sur l'usage des sacrifices humains établis chez différentes nations et notamment chez les Gaulois, *HAI*, XVII.
Sur l'étymologie du nom de druide, *HAI*, XVIII.

HISTOIRE DE FRANCE

Observations sur le nom de Mérovingiens, *MAI*, XX, 1746.
Eclaircissements sur quelques points de l'histoire de Gondevald, fils naturel de Clotaire Ier (avec Bonamy), *HAI*, XXI, 1747.

AUTRES SOURCES IMPRIMÉES

Abbé Barthélemy, Réflexions sur l'alphabet et la langue dont on se servait autrefois à Palmyre, *MAI*, XXVI, 1754.
Abbé Barthélemy, Réflexions sur quelques monuments phéniciens et sur les alphabets qui en résultent, *MAI*, XXX, 1758.

OUVRAGES CONSULTÉS[4]

Jean-Pierre de Bougainville, Vie de Fréret, *HAI*, XXIII, 1756.
Champollion le Jeune, *Précis du système hiéroglyphique des anciens Egyptiens ou recherches sur les éléments premiers de cette écriture sacrée, sur leurs diverses combinaisons, et sur les rapports de ce système avec les autres méthodes graphiques égyptiennes*, 2e éd., Paris, 1828.
Champollion-Figeac, Vie de Fréret, *Œuvres complètes de Fréret*, Paris, 1825, t. 1.
Augustin Cochin, *L'esprit du jacobinisme* présenté par J. Baechler, Paris, 1979.
Madeleine V. David, *Le débat sur les écritures et l'hiéroglyphe aux XVIIe et XVIIIe siècles*, Paris, 1965.
Madeleine V. David, Nicolas Fréret (1688-1749) et le cadre de l'histoire ancienne, *Le Journal des Savants*, oct.-déc. 1978.
E. Egger, *L'hellénisme en France. Leçons sur l'influence des études grecques dans le développement de la langue et de la littérature françaises*, Paris, 1869, 2 vol.

4. Par ordre alphabétique.

François Furet, Augustin Cochin : la théorie du jacobinisme, *Penser la Révolution française*, Paris, 1978.

Lionel Gossmann, *Medievalism and the ideology of the enlightenment. Work and Life of Lacurne de Sainte-Palaye*, Baltimore, 1968.

Hermine Hartleben, *Champollion, sa vie, son œuvre*, présentation de Christiane Desroche-Noblecourt, Paris, 1983.

Erik Iversen, *The myth of Egypt and its hieroglyphs in european tradition*, Copenhague, 1961.

Virgile Pinot, *La Chine et la formation de l'esprit philosophique en France*, Paris, 1932.

Virgile Pinot, Etude de la correspondance de Nicolas Fréret avec les missionnaires jésuites chinois, *Mélanges offerts à Gustave Lanson*, Paris, 1922.

Renée Simon, Nicolas Fréret, académicien, *Studies on Voltaire and the eighteenth century*, vol. XVIII, Genève, 1961.

Renée Simon, *Henry de Boulainvilliers, historien, politique, philosophe, astrologue, 1658-1722*, Paris, 1940.

Turgot, Etymologie, *Encyclopédie*, t. VI.

Paul Vernières, *Spinoza et la pensée française avant la Révolution*, Paris, 1954, 2e éd., 1982.

Ira O. Wade, *The clandestine organisation and diffusion of philosophic ideas from 1700 to 1750*, Princeton, 1938.

Walckenaer, Rapport sur les manuscrits laissés par Fréret, *MAI*, XVI, 1850.

Jacob-Nicolas Moreau

SOURCES MANUSCRITES

Cf. Bibliographie du Cabinet des Chartes.

SOURCES IMPRIMÉES

J.-N. Moreau (publications par ordre alphabétique)[5] :

Abrégé chronologique de l'histoire d'Italie, pour servir à l'intelligence de toutes les révolutions que ses differens Etats ont éprouvées... par M. Moreau, Paris, 1784.

Bibliothèque de Madame la Dauphine (par J.-N. Moreau), n° 1, *Histoire*, Paris, 1770.

Les Devoirs du prince réduits à un seul principe, ou Discours sur la justice..., Versailles, 1775.

Doutes modestes sur la « Richesse de l'Etat » (De Roussel de La Tour), ou Lettre écrite à l'auteur de ce système par un de ses confrères, Paris, 1763.

Entendons-nous, ou le Radotage du vieux notaire, Où il vous plaira, s.l., 1763.

5. On comparera cette bibliographie avec la liste des œuvres de Jean-Nicolas Moreau publiée dans *Mes souvenirs*, éd. Camille Hermelin, *op. cit.*, bibliographie.

Essai sur les bornes des connaissances humaines, par M. G. Vve D. V., Lausanne; Paris, 1784.

L'Europe ridicule, ou Réflexions politiques sur la guerre présente, Cologne, 1757.

Examen des effets que doivent produire dans le commerce de France l'usage et la fabrication des toiles peintes, ou Réponse à l'ouvrage intitulé : « Réflexions sur les avantages de la libre fabrication et de l'usage des toiles peintes », Paris, 1759.

Exposé historique des administrations populaires, aux plus anciennes époques de notre monarchie ; dans lequel on fait connoître leurs rapports et avec la puissance royale et avec la liberté de la nation, par J.-N. Moreau, Paris, 1789.

Exposition et défense de notre Constitution monarchique françoise, précédé de l'historique de toutes nos assemblées nationales, dans deux mémoires, par M. Moreau, Paris, 1789, 2 vol.

Leçons de morale, de politique et de droit public, puisées dans l'histoire de notre monarchie, ou Nouveau plan d'étude de l'histoire de France, rédigé par J.-N. Moreau, Versailles, 1773.

Lettre d'un magistrat, dans laquelle on examine également ce que la justice du Roi doit aux protestants, et ce que l'intérêt de son peuple ne lui permet pas de leur accorder, Avignon; Paris, 1787.

*Lettre sur la paix à M. le Cte de ***, Lyon, 1763.

Lettres historiques sur le comtat Venaissin et sur la seigneurie d'Avignon, Amsterdam, 1768.

Maximes fondamentales du gouvernement françois, ou Profession de foi nationale, renfermant tous les dogmes essentiels de notre symbole politique, Paris, 1789.

Mémoire pour le premier conseiller de Mgr. le Cte de Provence, sur la question de préséance entre MM. les secrétaires des commandemens et lui, Paris (s.d.).

Mémoire sur la constitution politique de la ville et cité de Périgueux... Recueil de titres employés dans le « Mémoire sur la constitution politique de Périgueux », Paris, 1775.

Mémoires contenant le précis des faits avec leurs pièces justificatives, pour servir de réponse aux « Observations » envoyées par les ministres d'Angleterre dans les Cours d'Europe, Paris, 1756.

Mémoires pour servir à l'histoire de notre tems, contenans des réflections politiques sur la guerre présente, par l'Observateur hollandais (J.-N. Moreau), rédigez et augmentez par M. D. V. (de Vattel), Francfort et Leipzig, aux dépens de la Compagnie, 1758-1759.

Mes souvenirs, par Jacob-Nicolas Moreau, né en 1717, mort en 1803, collationnés, annotés et publiés par Camille Hermelin, Paris, 1898-1901, 2 vol.

Le Moniteur françois (par J.-N. Moreau) (t. I, nos 1 à 5, t. II, nº 1), Avignon; Paris, 1770.

Nouveau mémoire pour servir à l'histoire des Cacouacs, Amsterdam, 1757.

Plan des travaux littéraires ordonnés par S.M., pour la recherche, la collection et l'emploi des monumens de l'histoire et du droit public de la monarchie françoise, Paris, 1782.

Le Pot-pourri de Ville-d'Avray, Paris, 1781.

Principes de morale, de politique et de droit public puisés dans l'histoire de notre monarchie, ou Discours sur l'histoire de France... par M. Moreau..., Paris, 1777-1789, 21 vol. in-8°.

Progrès des travaux littéraires ordonnés par S.M. et relatifs à la législation, à l'histoire et au droit public de la monarchie françoise, par M. Moreau, Paris, 1787.

Réfutation des prétentions du pape sur Avignon et le comté Venaissin, Liège, 1769.

Supplément aux deux mémoires destinés à faire connoître les travaux littéraires ordonnés par S.M. et relatifs à la législation, à l'histoire et au droit public, ou Lettre de M. Moreau..., à l'occasion des dépenses assignées à ces travaux (s.l.), 1788.

Variétés morales et philosophiques, Paris, 1785, 2 vol.

AUTRES SOURCES IMPRIMÉES

Henri de Boulainvilliers, *L'état de la France*, Londres, 1727-1728, 3 vol.
Henri de Boulainvilliers, *Histoire de l'ancien gouvernement de la France*, Amsterdam et La Haye, 1727.
Guy Coquille, *Institution au droict des françois*, Paris, 1607.
Guy Coquille, *Les Œuvres...*, Paris, 1646.
Charles Dumoulin, *La première partie du traité de l'origine, progrès et excellence du royaume et monarchie des françois et couronne de France proposée par Messire Charles Dumoulin*, s.l., 1773.
A. Bardoux, *Les légistes, leur influence sur la société française*, Paris, 1877.
Charles de Grassailles, *Regalium franciae libri duo, jura omnia et dignitates christianissimorum galliae regum continentes*, Paris, 1538.
Fénelon, *Lettre à Louis XIV*, Neufchâtel, 1961.
Fénelon, *Ecrits et lettres politiques publiées avec une introduction et des notes par Charles Urbain*, Paris, 1891.
Le Laboureur, *Histoire de la pairie en France et du Parlement...*, Paris, Londres, 1740.
Mlle de Lézardière, *Théorie des lois politiques de la monarchie française*, Paris, 1844, 4 vol.
Mlle de Lézardière, *Ecrits inédits*, publiés par Elie Carcassonne, Paris, 1927.
Antoine Loysel, *Institutes coutumières*, Paris, 1607.
Mably, *Observations sur l'histoire de France*, Genève, 1765, 2 vol.
Mirabeau, *Essai sur le despotisme*, Londres, 1776.
Montesquieu, *L'esprit des lois*, éd. Lavigne, Paris, 1844; éd. R. Derathé, Paris, 1973, 2 vol.
Abbé Morellet, *Réflexions sur les avantages de la libre fabrication et de l'usage des toiles peintes*, Paris, 1759.
Jacques Necker, *Sur la législation et le commerce des grains*, Paris, 1775.

OUVRAGES CONSULTÉS

R. d'Amet et D. Prévost, Bertin, *Dictionnaire de biographie française*, Paris, 1954.
Michel Antoine, *Le secrétariat d'Etat de Bertin, 1763-1780*, thèse dact. de l'Ecole des Chartes, Paris, 1948.
Michel Antoine, *Le Conseil du roi sous Louis XVI*, Genève, 1970.
Michel Antoine, *Le gouvernement et l'administration sous Louis XV, dictionnaire biographique*, Paris, 1978.
Elizabeth Badinter, *Les remontrances de Malesherbes (1771-1775)*, Paris, 1978.
P. H. Beik, *A judgment of the old regime*, New York, 1944.
J.-P. Belin, *Le mouvement philosophique de 1748 à 1749*, Paris, 1913.
François Bluche, *L'origine des magistrats du parlement de Paris (1715-1771)*, Paris, 1960.
Maurice Bordes, *La réforme municipale du contrôleur général L'Averdy et son application (1764-1771)*, Toulouse, 1961.
Georges Bussière, Henri Bertin et sa famille, *Bulletin de la Société historique et archéologique du Périgord*, t. 35, 1908.

Elie Carcassonne, *Montesquieu et le problème de la Constitution française au XVIIIe siècle*, Paris, 1927; Genève, 1978.

Pierre Chaunu, *La civilisation de l'Europe des Lumières*, Paris, 1960.

Clamageran, *Histoire de l'impôt en France*, Paris, 1867-1876, 3 vol.

Jean Egret, *Louis XV et l'opposition parlementaire, 1715-1774*, Paris, 1970.

Dieter Gembicki, *Histoire et politique à la fin de l'Ancien Régime, Jacob-Nicolas Moreau (1718-1803)*, Paris, 1979.

P. Godard, *La querelle du refus des sacrements, 1730-1765*, Paris, 1937.

Maurice Gresset, *Le monde judiciaire à Besançon de la conquête par Louis XIV à la Révolution française (1674-1789)*, Lille, 1975, 2 vol.

François Hincker, *Les Français devant l'impôt sous l'Ancien Régime*, Paris, 1971.

Steven L. Kaplan, *Le pain, le peuple et le roi. La bataille du libéralisme sous Louis XV*, préface d'Emmanuel Le Roy Ladurie, Paris, 1976.

Marcel Marion, *Les impôts directs sous l'Ancien Régime*, Paris, 1920.

Jean Meyer, *La noblesse bretonne au XVIIIe siècle*, Paris, 1966, 2 vol.

Daniel Mornet, *Les origines intellectuelles de la Révolution française*, Paris, 1913.

Roland Mousnier, *Les institutions de la France sous la monarchie absolue*, Paris, 1980, 2 vol.

Alexis de Tocqueville, *La démocratie en Amérique*, Paris, 1957, 2 vol.

Index

Errata à paraître dans le volume IV.

Table des matières

Moreau du jansénisme au service de l'administration royale. Moreau avocat, courtisan, publiciste. Ecrits antiparlementaires, antiphilosophiques, antiphysiocratiques. Moreau magistrat à la cour des aides d'Aix-en-Provence : disputes avec Ripert de Monclar. Le rôle de Moreau pendant la réforme Maupeou. Moreau commis au ministère des Affaires étrangères et au Contrôle général des Finances. La réforme administrative et la réforme juridique : le projet du Cabinet des Chartes. La grande œuvre de Moreau en vingt et un volumes : *Principes de morale, de politique et de droit public puisés dans l'histoire de notre monarchie (1777-1781)*. La critique de la féodalité : l'idée de constitution primitive. Les droits naturels, le despotisme, le romanisme. Moreau héritier et répudiateur de la tradition légiste. L'échec du légisme.

Imprimé en France
Imprimerie des Presses Universitaires de France
73, avenue Ronsard, 41100 Vendôme
Octobre 1988 — N° 33 816

OUVRAGES DE BLANDINE BARRET-KRIEGEL

L'Etat et les esclaves, Paris, Calmann-Lévy, 1979, 2ᵉ éd., 1980, 262 p.
Les Chemins de l'Etat, Paris, Calmann-Lévy, 1986, 302 p.
L'Etat et la démocratie. Rapport à François Mitterrand, président de la République française, Paris, La Documentation française, 1986, 218 p.

Les Historiens et la Monarchie :

Jean Mabillon, Paris, PUF, 1988, 304 p.
La Défaite de l'érudition, Paris, PUF, 1988, 352 p.
Les Académies de l'Histoire, Paris, PUF, 1988 (à paraître).
La République incertaine, Paris, PUF, 1988 (à paraître).

En collaboration

Moi Pierre Rivière... un cas de parricide du XIXᵉ siècle, sous la direction de Michel Foucault, Paris, Gallimard, 1973.
Le Philosophe et les Pouvoirs, entretiens avec Jean Toussaint Desanti et Pascal Lainé, Paris, Calmann-Lévy, 1976.
Les Machines à guérir (aux origines de l'hôpital moderne), sous la direction de Michel Foucault, Paris, Institut de l'Environnement, 1976; Bruxelles, Mardaga, 1978.